Hitler – Motive und Methoden
einer unwahrscheinlichen Karriere

D1720410

Heinz Schreckenberg

Hitler – Motive und Methoden einer unwahrscheinlichen Karriere

Eine biographische Studie

PETER LANG

Frankfurt am Main · Berlin · Bern · Bruxelles · New York · Oxford · Wien

Bibliografische Information Der Deutschen Bibliothek
Die Deutsche Bibliothek verzeichnet diese Publikation in der
Deutschen Nationalbibliografie; detaillierte bibliografische
Daten sind im Internet über <http://dnb.ddb.de> abrufbar.

Layout: www.kumpernatz-bromann.de

Gedruckt auf alterungsbeständigem,
säurefreiem Papier.

ISBN 3-631-54616-5

© Peter Lang GmbH
Europäischer Verlag der Wissenschaften
Frankfurt am Main 2006
Alle Rechte vorbehalten.

Das Werk einschließlich aller seiner Teile ist urheberrechtlich
geschützt. Jede Verwertung außerhalb der engen Grenzen des
Urheberrechtsgesetzes ist ohne Zustimmung des Verlages
unzulässig und strafbar. Das gilt insbesondere für
Vervielfältigungen, Übersetzungen, Mikroverfilmungen und die
Einspeicherung und Verarbeitung in elektronischen Systemen.

Printed in Germany 1 2 4 5 6 7

www.peterlang.de

Inhalt

Vorwort

Wer heute über Hitler schreiben und so die Zahl der sprichwörtlichen Eulen Athens noch vergrößern will, benötigt, wie es heißt, mindestens zwei gute Gründe: die Heranziehung neuer Quellen und neue Ideen zur Beantwortung offener Fragen. Da wirklich neue Quellen kaum noch zu ermitteln sind, genügt vielleicht auch die energische Erfassung der vorhandenen Texte. Allein schon die direkte und indirekte Hitlerüberlieferung ist ja so umfangreich, dass eine kritische Gesamtausgabe, wenn sie denn je gemacht würde, mehrere Dutzend Bände umfassen könnte. Dieser reiche Fundus ist, wie der Leser dieser Studie erkennen wird, bislang noch keineswegs im wünschenswerten Umfang zur Kenntnis genommen worden.

Auch was neue Ideen betrifft, die aus einem intensiven Quellenstudium zu gewinnen sind, darf man optimistisch sein. Dank der ungeheuren Geschwätzigkeit vor allem der Herren Hitler und Goebbels, die der Nachwelt buchstäblich Myriaden von Wörtern hinterlassen haben, besteht die Aussicht, erfolgreicher als bisher nach ihren Handlungsmotiven zu fahnden; denn kein Mensch, wie schlau er auch zu Werke geht, kann Jahrzehnte hindurch die Antriebe seines Tuns perfekt verschleiern.

Der hier vorgelegten Studie gehen einige Versuche des Verfassers voraus, das Thema „Nationalsozialismus" zu erörtern. Erstes Ergebnis dieser Auseinandersetzung war „Erziehung, Lebenswelt und Kriegseinsatz der deutschen Jugend unter Hitler" (Münster 2001; Geschichte der Jugend, hg. von Arno Klönne, Bd. 25); dann „Der Antisemitismus der Hitlerjugendführer und die ‚Endlösung der Judenfrage in Europa'", in: Grenzgänge. Menschen und Schicksale zwischen jüdischer, christlicher und deutscher Identität, hg. von Folker Siegert (Münster 2002; Münsteraner Judaistische Studien, Bd. 11); weiter „Ideologie und Alltag im Dritten Reich" (Frankfurt am Main 2003) und zuletzt „Erlösungsantisemitismus? Überlegungen zu Hitlers Genozidbefehl im Dezember 1941", in: Gottes Wege in der Zeit, hg. von Christoph Barnbrock/Werner Klän (Münster 2005).

Auch hier ist der Autor wieder in besonderer Weise dem Münchener Institut für Zeitgeschichte verpflichtet: einmal durch die großzügig geförderte Arbeit in der dortigen Bibliothek im Jahre 1997, während der ich sehr viele sonst nur schwer zugängliche Druckschriften der NS-Zeit einsehen konnte, zum anderen wegen der von diesem Institut jährlich herausgegebenen „Bibliographie zur Zeitgeschichte" – eine schlechthin unverzichtbare Informationsquelle.

Großen Dank schulde ich einmal mehr der Universitäts- und Landesbibliothek Münster. Ohne ihre außerordentlich großen Bestände von Quellentexten zum Nationalsozialismus wäre meine Arbeit kaum möglich gewesen; und selbst in vielen aussichtslos erscheinenden Fällen hat mir ihre Fernleihe oft helfen können.

Münster, im Juni 2005   H. Schreckenberg

Einleitung

Eine weitläufige forschungsgeschichtliche Einführung in das Thema erübrigt sich hier, finden sich doch überzeugende Beispiele in den einschlägigen Werken der Bibliographie am Ende dieses Buches. Genannt sei besonders Ian Kershaw im ersten Band seiner großen Hitler-Biographie. So bedarf es nur einiger Umrisslinien, um den Hintergrund zu skizzieren, vor dem die Studie über „Motive und Methoden" der unwahrscheinlichen Karriere des Weltkriegsgefreiten Hitler unternommen wird.

Bis auf den heutigen Tag ist Hitler der international bekannteste Deutsche, und das Nachdenken über ihn und den Nationalsozialismus hält – nicht nur in Deutschland – an. Manche erinnern sich an den „Führer" wie an ein Albtraumgespenst oder kokettieren gar mit ihrer Traumatisierung durch den Zweiten Weltkrieg und ihrer Zeitzeugenschaft.

Eine bemerkenswerte Station der Verarbeitungsgeschichte war im Jahre 2004 Bernd Eichingers Film „Der Untergang", der das Gespenst Hitler freilich nicht bannen konnte oder wollte, vielmehr es beklemmend und bedrängend ins Bild setzte und viel Betroffenheit auslöste, auch bei Menschen, die gemeint hatten, dieses Thema ginge sie wenig oder nichts mehr an.

Den Bann zu lösen versucht hat vor einiger Zeit Hans Magnus Enzensberger (* 1929), als er erklärte, nicht auch noch ein 55. Buch über Hitler lesen zu wollen. Doch verrät gerade das Lesen von 54 Büchern das Betroffensein seiner Alterskohorte, und Thomas Mann war schon in seinem Essay „Bruder Hitler" (1939) überzeugt: „Niemand ist der Beschäftigung mit seiner trüben Figur überhoben". Von einer geradezu „katalysatorischen Macht", die Hitler „zumindest auf meine Generation ausübte", wusste Joachim Fest (* 1926), und er sprach von der Schlüsselrolle Hitlers, dies im Zusammenhang von Begegnungen z.B. mit Sebastian Haffner und Johannes Groß und im Rahmen von Essays etwa zu Hannah Arendt und Golo Mann. – Eine besondere Gruppe von Zeitzeugen bilden Leute aus der Entourage des Mannes aus Braunau, solche, die zu seinem engeren Kreis gehörten und ihn lange aus der Nähe erlebten. Die Texte, welche einige von ihnen hinterließen, haben eine auffallende Gemeinsamkeit: Ihr Chef ist in ihnen eine „dämonische Gestalt ungeheuren Formats" (Alfred Rosenberg, 1893–1946), ein „dämonischer Sendling des Teufels", ein „dämonisches Wesen", eine „zauber-magische teuflische Vernichtungsfigur", ein „Großmagier" von „dämonischer Gottlosigkeit" (Hans Frank, 1900–1946). Andere aus dieser Gruppe sahen im Charakter des „Führers" etwas „Fremdartiges" und „Diabolisches" (Otto Wagener, 1888–1971). Ernst Hanfstaengl (1887–1975) wusste von seiner „dämonischen Eloquenz" und wähnte, dass seit 1933 „der Dämon in ihn gefahren war". Schließlich Albert Speer (1905–1981), auch er ein „Zeit-zeuge in eigener Sache": Für ihn war Hitler eine „dämonische Erscheinung"[1].

Solche Deutungen aus dem ehemaligen Gefolge des Mannes aus Braunau geben in scheinbarer Ratlosigkeit eine sowohl naive wie irreführende Erklä-rung des deutschen Schicksals oder bieten gar eine „Mischung aus kriecheri-scher Bewunderung und Ehrfurcht", wie Kershaw erkannt hat. Gelegentliche Gemeinsamkeiten mit Aussagen der Gegenseite können nicht überraschen. So sah einer der Widerständler des 20. Juli 1944, vor dem Volksgerichtshof ste-hend, „im Führer die Inkarnation des bösen Weltprinzips". Eine gewisse Ver-legenheit spricht noch aus jüngeren Deutungen, denen zufolge Albert Speer des „Teufels Architekt" war (Golo Mann) und Hitler ein „welthistorisches Un-geheuer", also eine Art Monster[2]. Überhaupt wird der Diktator bis heute oft als Besessener betrachtet, zu dessen Obsessionen besonders auch sein Judenhass gehört habe.

Gewiss gibt des „Führers" Verhalten manche Rätsel auf, eine Deutung als Besessener, als Dämon oder Teufel befriedigt aber nicht, solange nicht alle Möglichkeiten rationaler Erklärung erschöpft sind. Wenn heute in der zeitge-schichtlichen Forschung die historisierende Methode überwiegt, so könnte ähn-lich auch Hitlers charakterliche Entwicklung mehr von seinen jeweiligen Le-bensumständen her in den Blick gefasst werden. Schließlich war auch er ein Mensch, freilich einer, der zum Unmenschen wurde.

Von der Dämonisierung zur Historisierung

Es sprechen gute Gründe dafür, den Mann aus Braunau nicht in mythologisie-render Vereinfachung als inkarnierten Satan abzutun, sondern zu erkennen als charakterlich labilen Opportunisten („Unperson"), ja als nihilistischen Gesin-nungslumpen, dessen Werdegang nachvollziehbare Gründe hat und dessen konsequenter Untergang als Schurke ebenso folgerichtig kam, wie er ohne auch nur eine Spur von Tragik oder gar tragischer Würde war. Sieht man genau hin und betrachtet die Dinge anhand der heute verfügbaren Quellen aus der na-tionalsozialistischen Binnensicht, erweist sich der große „Führer" vielleicht als Person dürftigster menschlicher Kultur, der es glänzend verstand, seine innere Hohlheit hinter einer Schauspielermaske zu verbergen und so eine Rolle auf der politischen Bühne zu spielen. Mit anderen Worten: Es lohnt einen neuen Versuch, Hitler zu entdämonisieren, den Menschen, seine Handlungsmotive und seine Rolle zu erkunden, mit der er, so scheint es, derartig verschmolz, dass die Welt schließlich nur noch die Maske sah, ohne die Erbärmlichkeit der Person dahinter.

In der Geschichtswissenschaft gibt es bald für jedes Jahrhundert eine ei-gene Zeitschrift, und die Spezialisierung nimmt so sehr zu, dass ein Gesamt-überblick kaum noch möglich erscheint. Diese Unübersichtlichkeit täuscht darüber hinweg, dass das Ereignisfeld des Nationalsozialismus (1919–1945) noch weithin *Terra incognita* ist. Glücklicherweise sind einige steril geworde-ne Diskussionen inzwischen abgeebbt oder rücken doch in den Hintergrund des Interesses: Der Historiker Fritz Fischer gab mit seinem Buch „Griff nach der Weltmacht. Die Kriegszielpolitik des Kaiserreichs Deutschland 1914–1918" von 1961 (daneben unter anderem „Hitler war kein Betriebsunfall" von 1992) dem Kaiserreich die Hauptschuld am Entstehen des Ersten Weltkrieges und sah das Hitlerreich als konsequente Endstation einer längeren Entwicklung – was von den seinerzeit überwiegend nationalkonservativ eingestellten deutschen Historikern heftig zurückgewiesen wurde. Gegenwärtig zieht man in diesen Dingen eher eine mittlere Linie.

Zu einer ähnlich erbitterten Debatte kam es nach 1970 bezüglich des Ju-denthemas zwischen den sog. Intentionalisten (Programmologen) und Struktu-ralisten (Funktionalisten). Jene glaubten an die planmäßige Umsetzung einer von vornherein vorhandenen, lang gehegten Genozidabsicht; diese, z.B. vertre-ten durch Hans Mommsen, meinten, wegen der Natur der polykratischen Herr-schaftsstruktur mit ihrem Kompetenzwirrwarr und infolge der Eigendynamik von Sachzwängen (Hitler oft gedacht als „schwacher Diktator") sei es fast wie von selbst allmählich zu einer Radikalisierung gekommen, bis hin zum Mas-senmord in den Vernichtungslagern. Dies konnte als Verdrängung von Ver-antwortung gedeutet werden. Zuletzt hat beispielsweise Rafael Seligmann im Jahre 2004 eine Lanze für den Intentionalismus eingelegt, und er betont stark den zielorientierten Vernichtungswillen des „Führers". Es scheint aber, dass die Intentionalisten den skrupellosen Opportunismus der NS-Oberen unter-schätzen. Indes ist auch hier vielleicht eine vermittelnde Position möglich in dem Sinne, dass auf die Juden zwar bereits seit dem Programm der (NS)DAP (Februar 1920) ein nachhaltiger Auswanderungsdruck ausgeübt werden sollte, dass aber erst mit dem Beginn des Zweiten Weltkrieges (1939) zur systemati-schen Ermordung größerer Gruppen übergegangen wurde; dass die Radikali-sierung jedoch erst im Winter 1941/1942 eskalierte und es zu einem in dieser Form nicht geplanten umfassenden Genozidauftrag kam, weil die unerwartet hohen „Blutverluste" der deutschen Ostarmee nur durch die totale Vernichtung der nach Hitlers Wahnglauben eigentlich Kriegsschuldigen vergolten werden konnten[3].

Noch nicht ganz abgeebbt ist der „Historikerstreit", die Kontroverse um die Einzigartigkeit der nationalsozialistischen Judenvernichtung, die Ernst Nol-te in verschiedenen Publikationen vor allem der achtziger Jahre des vorigen Jahrhunderts in Gang setzte. Nolte zufolge besteht ein – bis fast zur Gleichset-zung reichender – ursächlicher Zusammenhang zwischen dem (jüdisch-)bol-schewistischen Terror der frühen zwanziger Jahre des 20. Jahrhunderts, dessen Übergreifen auf Deutschland Hitler gefürchtet habe, und dessen späteren Ver-brechen. Noltes Vorstoß wurde zu Recht allgemein verstanden als revisionisti-

sche Minderung der deutschen Verantwortung und als verharmlosender Angriff auf die Einzigartigkeit des Holocaust[4].

Kaum noch Bedeutung hat die Diskussion um die Unterschiedlichkeit von
(italienischem) Faschismus und Nationalsozialismus. Erst spät und gedrängt
von seinem Bündnispartner nördlich der Alpen ließ sich Mussolini zu drasti-
schen antijüdischen Maßnahmen bewegen, da ihm der dort grassierende völkische Antisemitismus von Haus aus eher fremd war[5].

Marginal geworden ist auch die lange anhaltende Debatte um das deutsche „Tätervolk" (Täter-Opfer-Schema), weil dieser Begriff vor allem als
Funktion des anderen Begriffs „Kollektivschuld" Gewicht hat, der noch nie
ganz überzeugte. Wohl aber spricht man, zu Recht nach 1945 weithin akzep-
tiert, von einer Kollektivscham, Deutscher zu sein (Theodor Heuss), auch von
einer zur deutschen Identität gehörenden, moralisch verpflichtenden (Mit-)Ver-
antwortung jedes Deutschen für die deutsche Geschichte, die sich unter anderem im historiographischen Aufarbeiten der NS-Verbrechen und im erinnern-
den Tradieren des Geschehens bewähren müsse. Letztlich ist wohl „Tätervolk"
ein Unwort; denn wie sollte man die seinerzeitigen Kinder einstufen, wie die
zehnjährigen Pimpfe und Jungmädel der Pflicht-HJ oder wie die Hitlerjungen
und zwangsverpflichteten Flakhelfer der Jahrgänge 1927–1928 (darunter z.B.
Günter Grass und Benedikt XVI.)? Es geht also wohl nicht ohne Differenzie-
rungen, eine stufende Bewertung je nach dem Mittun und der Position in der
nationalsozialistischen Hierarchie, und jeder in Frage Kommende muss sich
selbst fragen, ob und wie viel er mitgetan hat[6].

Die Frage nach den Handlungsmotiven und Karrieremethoden des Emporkömmlings Hitler hat, so lässt sich vermuten, auch zu tun mit seiner geistigen und seelischen Entwicklung in Verbindung mit den kleinbürgerlichen Le-
bensumständen des Jungen und des jungen Mannes aus einer Provinzstadt der
österreichisch-ungarischen Donaumonarchie. Deshalb ist einleitend auch ein
Blick zu werfen auf sachdienliche neuere Werke und ihr Bild vom Lebensweg
des Diktators und seinen politischen Zielen, ohne dass dabei hier schon eine
kritische Erörterung einzelner historiographischer Positionen beabsichtigt ist.

Hitlers Charakterbild in der gegenwärtigen Geschichtsschreibung

Es schwankt nicht oder kaum; denn über das zutiefst Verbrecherische seines
Wesens besteht kein Zweifel. Es geht eher um Nuancen. So hatte Alan Bullock
schon 1952 in der ersten wissenschaftlichen Biographie den „Führer" als prinzipienlosen, vorgefundene Ideologien nur kompilierenden Opportunisten, beherrscht von einem Willen zur Macht definiert; dies noch ohne die heute weit
bessere Quellenkenntnis. Angeregt wurde Bullock dabei durch Hermann
Rauschnings Buch über den „Nihilismus" des Dritten Reiches (1938). Ein Ge-
genbild zu Bullocks Darstellung entwarf wenig später Hugh R. Trevor-Roper

in verschiedenen Publikationen: Hitler als Demagoge, der selbst eine weitge-spannte durchdachte politische Konzeption entwickelte. – Bis heute anregend wirkt auch Albrecht Tyrells Untersuchung zum Selbstverständnis Hitlers zwi-schen 1919 und 1924 (1975). Tyrell glaubte, im Anschluss an Eberhard Jäckels Darstellung von Hitlers Weltanschauung (1969), einen ideologisch eigenstän-digen, „bemerkenswert folgerichtigen Stufenplan (Hitlers) zur Rettung Deutschlands" ermitteln zu können. Wie Jäckel sah Tyrell im „Führer" nicht einen prinzipienlosen machthungrigen Opportunisten, sondern wertete seine Forderung nach politischer Macht als Mittel zum Zweck des Erreichens eines „schon früh proklamierten politischen Fernziels". – Viel Zustimmung und Wi-derspruch erfuhr Hans Mommsen, der 1976 von einer „kumulativen Radikali-sierung und Selbstzerstörung des Regimes" sprach. Daneben begründete der Autor auch in verschiedenen anderen Veröffentlichungen seine Auffassung, die Ermordung der europäischen Juden sei nicht nach einem von vornherein fest-liegenden Konzept erfolgt[7].

Gegen Alan Bullock und im Sinne Eberhard Jäckels hat auch Sebastian Haffner Hitler eine eigene Weltanschauung zugesprochen[8]. In einem bereits 1940 in England erschienenen Buch gab er allerdings eine etwas andere Deu-tung. Hier erkannte er in Hitler einen „Schwindler in der Maske eines Staats-mannes" und „einen schlecht getarnten Banditen", und die sog. NS-Weltan-schauung existiere eigentlich gar nicht, sei jedenfalls hohl und substanzlos wie eine leere Worthülse – eine noch heute bestechende Analyse. Haffner sprach aber hier auch vom „Rätsel Hitler" und davon, „dass der Schlüssel zu seiner Persönlichkeit und seinem Verhalten noch nicht gefunden wurde". Noch für Toland (2005) ist Hitler ein „Mysterium" und ein „Herrscher von luziferischer Grausamkeit"[9].

Unter den zahlreichen auf viele Fragen Antwort gebenden Publikationen von Wolfgang Benz sind hier hervorzuheben seine „Geschichte des Dritten Reiches" (2000) und die zusammen mit Hermann Graml und Hermann Weiß herausgegebene „Enzyklopädie des Nationalsozialismus" (1997) und nach wie vor Karl Dietrich Brachers „Deutsche Diktatur" (1997[7]). Henry Friedlander („Der Weg zum NS-Genozid", 1997) weist nach, dass die nationalsozialisti-sche Rassenideologie nicht in Richtung auf einen eliminatorischen Antisemi-tismus verengt werden kann, sondern auch überhaupt Erbkranke, Behinderte, Sinti und Roma betraf, die Opfer der Sterilisation, Euthanasie und einer mas-senhaften Ermordung wurden, dass also systematisch alle potenziellen Störfak-toren der geplanten reinrassigen „Volksgemeinschaft" und ihres „Lebensrau-mes" ausgegrenzt wurden und letztlich beseitigt werden sollten. Daneben gilt sein besonderes Interesse den Täterbiographien. – Für Michael Burleigh ist in seinem Buch „Die Zeit des Nationalsozialismus" (2000) Hitler als „welthistori-sches Ungeheuer" ein sich zu Höherem berufen fühlender „Außenseiter", des-sen Überzeugungen mehr waren als nur eine „demagogische Pose oder ein

Trick"; „ihre scheinbare Klarheit war der Ersatz für den Tumult in seinem Innern, sowie ein Weg, in das scheinbare Chaos der Welt da draußen einen Sinn
zu bringen". Es handle sich um einen „eingefleischten Antisemiten", in dessen
Kopf „ein zusammengestoppelter ideologischer Eintopf zum Ersatz für die seelischen Entfremdungen eines Mannes wurde" (S. 109, 111, 115, 118).

Sehr gefördert wurde die Kenntnis von Hitlers Lebensweg und Handlungsmotiven – wie zuvor schon durch Tyrell – von Anton Joachimsthalers
Werk „Hitlers Weg begann in München" (2000). Er belegt z.b. detailliert, dass
Hitler nicht schon in Wien, sondern erst seit 1919 in der Münchener rechtsori-
entierten Reichswehr und ihrem geistigen Umfeld richtig politisch wach wurde
und näher bekannt wurde mit den Vorstellungen des seinerzeitigen politischen
Spektrums, vom Marxismus hin bis zu den völkisch-antisemitischen Gruppie-
rungen. Ähnlich hilfreich bei der Ermittlung von Hitlers politischer Frühzeit ist
Anton Neumayr (2001). Wie schon Brigitte Hamann in ihrer Studie „Hitlers
Wien" (1996) kommt auch er zu dem Schluss, dass der Mann aus Braunau in
seiner Wiener Zeit (1907–1913) jüdische Freunde und Bekannte hatte und
noch kein Judenhasser war. So bleibt eigentlich nur, den Beginn seines aggressiven Antisemitismus in die Umbruchszeit des Jahres 1919 zu setzen. Neumayr
sieht im Übrigen Hitlers politische „Identitätsfindung" „als das Ergebnis eines
glücklichen Zufalls, der dem bis dahin in passiver Unsicherheit nach opportunistischen Möglichkeiten spähenden ‚Nobody' entgegenkam", das heißt als er
nach der politischen Schulung durch die Reichswehr im Herbst 1919 auf die
Deutsche Arbeiter-Partei (DAP) stieß (S. 144).

Für Ian Kershaw ist in seiner ebenso bedeutenden wie umfangreichen Hit-
lerbiographie (2001) der spätere Diktator ein „vulgärer, ungebildeter Emporkömmling" (I, 22), ein „vulgärer, großsprecherischer Emporkömmling"
(I, 561), ein „Opportunist" (z.B. I, 395) und „der größte Demagoge aller Zeiten" (II, 1009). Im Anschluss an Hans Mommsen konstatiert er eine kumulative ideologische Radikalisierung des NS-Regimes und NS-Programms (z.B.
I, 665; II, 427). Für Kershaw hat das Funktionieren des Hitlerreichs auch damit
zu tun, dass man allenthalben im Sinne des „Führers" ihm entgegenarbeitete
und zuarbeitete. Geradezu ein Schlüsselwort für das Verhältnis von Volk und
Führer sei gewesen: „Dem Führer entgegenarbeiten" (I, 663–744). Auch Kershaw sucht nach Gründen für Hitlers bisher nicht recht verstandenen „paranoi-
den Antisemitismus", spricht von seiner „rätselhaften Persönlichkeit" und einer
„fortgesetzten Verpflichtung, immer wieder neu zu fragen, wie Hitler möglich
war" (I, 11, 443, 759). Hier möchte man kommentieren, dass gerade Rätsel und
Paranoia nach rationalen Erklärungen rufen, wie solche ja auch immer wieder
versucht werden, z.B. von Christopher Browning (2001 und 2003). Er weist
nach, dass bis in das Jahr 1941 hinein noch nicht die systematische Auslö-
schung aller europäischen Juden das Ziel war, sondern ihre Vertreibung. Aus
seiner Sicht gab es kein von langer Hand intendiertes Vernichtungsprogramm,

das planmäßig umgesetzt wurde. Er setzt die Entscheidung für eine umfassende (durch anfängliche Erfolge des Ostfeldzuges stimulierte) Judenvernichtung zwischen Sommer und Herbst 1941 an.

Der Umsetzung von Ideologie in politische Realität geht nach Isabel Heinemann in ihrem Werk „Rasse, Siedlung, deutsches Blut" (2003). Sie sieht in der parallel mit dem Kriegsbeginn 1939 begonnenen rassischen Säuberung des europäischen Kontinents das strategische Hauptziel des NS-Regimes und erbringt einen eindrucksvollen Beitrag zur Täterforschung. – Wie Neumayr untersucht auch Manfred Koch-Hillebrecht (2003) den Menschen Hitler mit den Mitteln der wissenschaftlichen Psychologie. Er hält ihn für seelisch schwer geschädigt durch sein Weltkriegserlebnis, das erst sein aggressives Weltbild geformt und seinen Charakter nachhaltig verändert habe.

Historiographisch und biographisch konventionell operiert dagegen wieder Ralf Georg Reuth (2003). Auch er lässt den Mann aus Braunau erst nach dem Ersten Weltkrieg in München zum Judenhasser werden, beeinflusst von den dortigen Vertretern eines völkischen Antisemitismus. Seine Karriere habe zu tun mit der unbewältigten Niederlage von 1918, mit dem sog. Versailler Diktat und mit der verbreiteten Angst vor dem Bolschewismus. Aus seiner rassenideologischen Obsession heraus konzipiere er seit der Mitte der zwanziger Jahre ein Programm des Aufstiegs Deutschlands zur Weltmacht. Für Reuth ist Hitler kein opportunistischer, die Revision des Versailler Vertrages nur vorschiebender Karrierist, sondern ein langfristig planender Machtpolitiker, der ein germanisches europäisches Großreich errichten wollte, in dem für Juden und Bolschewisten kein Platz war (z.B. 323, 336, 407, 421, 424).

Der „Historisierung des Nationalsozialismus" auf von Martin Broszat bereits vor zwei Jahrzehnten begonnenen Wegen ist auch Hans-Ulrich Wehler verpflichtet im vierten Band seiner eindrucksvollen „Deutschen Gesellschaftsgeschichte" (2003). Er wendet sich gegen die strukturalistische Deutung Mommsens: Der NS-Antisemitismus habe sich weniger in „kumulativer Radikalisierung" quasi automatisch zum Genozid hin entwickelt, sondern Hitler habe hier als Motor – also nicht als „schwacher Diktator" – die entscheidende planerische und realisierende Rolle gespielt. In Wehlers Gesellschaftsgeschichte wird unter anderem erkennbar, wie in den Jahren vor 1933 die wirtschaftliche Depression seit dem Herbst 1929 und das damit einhergehende Warten auf eine politische Rettergestalt Bedingungen für das Hochkommen radikalnationaler Gedanken und Hitlers Machtübernahme schufen. Wehler zufolge hat für die Geschichte der Jahre 1918–1945 die gesellschaftliche Situation mehr Bedeutung als Hitlers mentale Disposition.

In gewisser Weise gegen Daniel Jonah Goldhagens Buch „Hitlers willige Vollstrecker" (1998) wendet sich Massimo Ferrari Zumbini mit seinem Werk über die Geschichte des deutschen Antisemitismus in dem halben Jahrhundert vor 1933 (2003); denn einerseits stellt er zwar die katholischen, protestanti-

schen, wirtschaftlichen und politischen Antisemiten vor, ausführlich z.B. Theodor Fritsch, also Leute, deren Denkmustern auch Hitler, wenigstens indirekt,
verpflichtet war; andererseits weist er nach, dass die deutsche Gesellschaft der
Kaiserzeit keineswegs „im Netz eines feinverästelten, alles durchdringenden
und omnipräsenten Antisemitismus" gefangen gewesen sei.

Eine flüssig erzählte Gesamtdarstellung für ein breites Publikum bietet
Richard C. Evans' „Drittes Reich" (2004), ein Werk, das u.a. durch Zeitzeu-
generinnerungen Farbigkeit erhält, in dem sich aber der Autor moralische Urteile versagt, weil er nicht wissen könne, wie er selbst sich im Hitlerreich verhalten hätte – nicht einfach angesichts eines massenhaften weltgeschichtlich
einzigartigen Verbrechertums. – In die entgegengesetzte Richtung gehen
Klaus-Michael Mallmann und Gerhard Paul (Hg.): „Karrieren der Gewalt"
(2004). Sie ermitteln die Biographien von 23 tatnahen „Tätern" und versuchen
eine Beschreibung ihrer Gefühlslage und ihres geistigen Horizonts. So ver-
dienstvoll solche Untersuchungen einerseits sind, so wecken sie doch andererseits den Wunsch nach Informationen und mentalitätsgeschichtlichen Erkun-
dungen auch zu einflussreichen tatfernen „Tätern", in erster Linie zu Hitler, aber
auch etwa zu bedeutenden NS-Poeten, welche die deutsche Jugend vor 1945
mit ihren ideologiegesättigten Texten verseuchten[10].

Ganz anderer Art ist Christian Leitz' Werk „Nazi Foreign Policy, 1933–
1941" (2004). Er erweist als Hitlers ideologisches und außenpolitisches Hauptziel nach 1933 die (gewaltsame) Lebensraumerweiterung, ein Ziel, dem die –
letztlich auch intendierte – Vernichtung des Judentums zunächst nachgeordnet
gewesen sei. – Rafael Seligmann („Hitler, die Deutschen und ihr Führer",
2004) will die unverständliche, unerklärliche Hingabe und Loyalität der Deutschen zu Hitler erhellen, dem bis fast zuletzt die Treue gehalten wurde. Für den
Autor war der „Führer" kein politischer Opportunist, sondern ein Machtmensch, der planvoll die Sehnsüchte der Deutschen und ihre Angst vor der
Moderne benutzte, dies im Sinne einer von Liebe und Furcht bestimmten Be-
ziehung zwischen Führer und Volk. Als Machtmensch habe Hitler konstant
seine langfristigen Ziele verfolgt, und er habe sein Volk in einen Befreiungs-
krieg gegen die Juden geführt. – Götz Aly („Hitlers Volksstaat", 2005) möchte
das NS-Regime als wohltätige „Gefälligkeitsdiktatur" erweisen, mit der sich
Hitler die Zustimmung der Deutschen erkauft habe. Er konstatiert mit guten
Gründen: „Der Meinung, in Deutschland habe sich (in den Jahrzehnten vor
Hitler) ein spezieller, ein exterminatorischer Antisemitismus und Fremdenhass
früh entwickelt, fehlt jede empirische Basis. Es ist irrig anzunehmen, für eine
besonders folgenschwere Fehlentwicklung müssten sich spezielle, langfristig
angelegte Gründe finden" (S. 35–36).

Abschließend zu diesem auswählenden Überblick ist ein Buch zu nennen,
das auf den ersten Blick nicht sehr themarelevant zu sein scheint, Michael
Buddrus' „Totale Erziehung für den totalen Krieg" (2003). Buddrus legt dar,

dass die Jugend unter Hitler konsequent für den Einsatz in dem geplanten Krieg erzogen wurde. Ertragreich ist dieses Werk auch insofern, als es unter anderem erkennen lässt, wie ein sorgfältig retuschiertes, verlogenes Charakterbild des „Führers" der Jugend vermittelt wurde, wie also ein ausgemachter Schurke als vorbildliche Lichtgestalt erscheinen konnte, dies vor allem durch die sog. weltanschauliche Schulung und, so darf man ergänzen, durch eine Fülle einschlägiger Lieder. Dem von den Hitlerjugendführern entworfenen Bild seiner Person hat im Übrigen der Diktator nie widersprochen, es vielmehr stillschweigend gebilligt und so abgesegnet, sozusagen als erwünschte Spiegelung einer Rolle, die seinem eigenen Selbstverständnis entsprach und die er nur allzu gern spielte.

Vor dem hier skizzierten Hintergrund sollte der Versuch gesehen werden, Hitlers Karrieremotive und -methoden zu erkunden. Offene Fragen gibt es mehr als genug.

Offene Fragen zu Hitlers Motiven, Methoden und ideologischen Zielen

Der Versuch, über die Handlungsmotive und Karrieremethoden sich dem Menschen Hitler, seiner Gedankenwelt und seinen Absichten zu nähern, erscheint lohnend. Hat er doch selbst, wie auch sein Sprachrohr Goebbels, eine immense Fülle von bis heute nicht allgemein bekannten Texten hinterlassen, die – bei angemessener Quellenkritik – hier gute Zugänge ermöglichen. *Wie* die NS-Diktatur operierte und welche Resultate ihre Aktivitäten hatten, das ist infolge der „weit überwiegend verbrechenszentrierten Geschichtsschreibung" (Aly 2005, 11) viel mehr bekannt als das *Warum*.

Die Zeitgeschichtsforschung hat seit langem die ideologischen Hauptziele des Mannes aus Braunau definiert: Revision des Versailler Friedensvertrages von 1919, Kampf gegen Bolschewisten und Juden und um „Lebensraum". Auch die Brutalität und Einzigartigkeit des Genozids sind kaum umstritten. Wenig erkundet sind jedoch die lebensgeschichtlich bedingten Antriebe des „Führers" und der Prioritätenwechsel seiner Agenda-Liste. Im Einzelnen ist, so scheint es, mehr als bisher zu unterscheiden zwischen den angeblichen und den wahren Handlungsgründen des Aufsteigers und Parvenüs, der im November 1918 ein Niemand und dessen Karriere ganz unwahrscheinlich war. Angesichts der bekannten Skrupellosigkeit des bis dahin ebenso unbedeutenden wie geltungsbedürftigen Mannes, der 1918 mit seiner bevorstehenden Entlassung aus dem Militär erneut ins soziale Abseits geraten wäre, ist von vornherein die Vermutung berechtigt, dass er mit vorgeschobenen edlen Motiven die Münchener politische Bühne betrat, und es ist dieser Vermutung in den Quellen nachzugehen.

Vielleicht war der spätere „Führer" tatsächlich, wie schon Alan Bullock –
noch ohne die heute weit bessere Quellenkenntnis – vermutete, ein Opportunist, dem, so darf man weiterdenken, als Konjunkturritter unerwartet eine Rolle
zufiel, die es ihm gestattete, seine dürftige Person hinter einer ansehnlichen
Maske zu verbergen. Direkter gefragt: Waren vielleicht gar die seit 1919 mit
großem Getöse verkündeten politischen Parolen und ideologischen Ziele nur
Schauspielerei? Nur der Versuch eines intelligenten Nobody, sich auf diesem
Wege einen Namen zu machen? Besaß er wirklich schon vor Beginn seiner
unglaublichen politischen Laufbahn das „granitene Fundament" einer Weltanschauung, wie er 1925 in „Mein Kampf" behauptet (S. 21)? Oder war das nur –
wie oft vermutet wurde – die verlogene, selbststilisierende Rückprojektion dessen, der sich, als er dieses Buch schrieb, als Politiker schon einen gewissen
Namen gemacht hatte?

Damit verknüpft ist die immer noch nicht sicher beantwortete Frage, wann
und warum der aggressive Antisemitismus dieses Mannes entstand; denn vor
1918 und in seiner Wiener Zeit war er zwar deutschnational eingestellt, doch
finden sich für eine nennenswerte Judenfeindschaft keine stichhaltigen Belege,
nur die unglaubwürdigen autobiographischen Fiktionen eines Menschen, der,
wie noch zu sehen sein wird, ein notorischer Lügner war.

Der Versuch, solche und ähnliche Probleme zu lösen, verlangt eine gewisse Empathie in die Mentalität des Mannes aus Braunau – was durchaus Ekelge-
fühle auslösen kann. Man versteht auch das Diktum Golo Manns: „Es schickt
sich nicht, die Biographie eines Massenmörders zu schreiben". Sebastian Haffner erkannte hellsichtig schon 1940 den Schauspieler Hitler als „Schwindler in
der Maske eines Staatsmannes" und als „schlecht getarnten Banditen". Dem ist
in den reichlich erhaltenen Texten nachzugehen, auch den entsprechenden Methoden des Machterwerbs und Machterhalts des Karrieristen. Und: Wie konnte
überhaupt ein zwar intelligenter, aber bestenfalls halbgebildeter Mensch klein-
bürgerlicher Herkunft wie Hitler eine derart unwahrscheinliche Karriere machen? Mit Intelligenz allein war das nicht zu bewerkstelligen. Da mussten wohl
schon starke Emotionen im Spiel sein.

Was also waren die Antriebe zu Beginn und im Laufe der Karriere seit
1919? Die Suche nach einem Rettungsboot, das ihn vor der drohenden Proleta-
risierung retten konnte und vielleicht noch in den Hafen bürgerlicher Reputation brachte, die er vor 1914 vergeblich erstrebt hatte? Oder war es doch die
Rettung des Vaterlandes, um die es ihm angeblich ging, als er im November
1918 „beschloß, Politiker zu werden" („Mein Kampf", S. 225)? Was war eigentlich sein Ziel? Glaubte er tatsächlich, „Deutschland den Weg zur nationalen ‚Erlösung' zu zeigen", wie Kershaw annimmt (I, 330), oder „zählte nur der
Weg zur Macht" für ihn, wie Kershaw an gleicher Stelle ebenfalls meint? Was
also?

Vielleicht dies: Mit politischer Macht waren aus der Sicht des Möchtegernaufsteigers Prestige und Ruhm verbunden, und das war es vermutlich, was der frustrierte „Niemand aus Wien" letztlich wollte: sich einen Namen machen, der zum Staunen der Welt werden sollte. Schon 1936 hatte er dieses Ziel fast erreicht; denn kein Geringerer als der ehemalige englische Premierminister David Lloyd-George war nach einer dreistündigen Begegnung mit dem „Führer" überzeugt, dieser sei „wirklich ein großer Mann"[11].

Die Situation im München der Jahre 1919 bis 1920 war für den „unbekannten Gefreiten" des Weltkrieges offenbar diese: Als er schon mehr als sein halbes Leben hinter sich hatte, schien sich für ihn endlich ein Weg nach oben aufzutun. Die viele Jahre angestaute und wohl schon fast aufgegebene Karrierehoffnung konnte sich nun in einer ihn selbst überraschenden Art und Weise auf ein Ziel richten.

Schon von daher erscheint es wenig glaubhaft, dass Hitler als „Esoteriker" und „Erlöser" eine neue Religion begründen wollte, wie Michael Hesemann zu beweisen versucht hat (2004, 15–22, 28–32, 441–443; gegen die Annahme eines „Erlösungsantisemitismus" s. auch Schreckenberg 2005).

Erstes Kapitel

Die beiden wichtigsten Quellen für die frühen Jahre Hitlers sind eigene Angaben des Mannes, der in der „Kampfzeit" (1919–1933) und auch später noch oft und gern über seine Jugend erzählte, sodann August Kubizek, sein Jugendfreund der Jahre 1904 bis 1908, dessen Bericht zwar einigen Wert hat, aber kritisch zu benutzen ist, weil der Autor nicht selten ungenau, ausschmückend und parteiisch informiert[1]. Noch weit stärker als Kubizek stilisiert und schönt der Mann aus Braunau selbst seine frühe Zeit in Linz und Wien. Der kritische Blick hinter die Fassade dieser Quellen enthüllt aber, wie Adolf vor „Gustl" Kubizek sein Geltungsbedürfnis auslebt, ihn als geduldigen Zuhörer seiner ausschweifenden Monologe benutzt und sich als künftig bedeutenden Künstler aufspielt, ja sich geradezu in eine Rolle dieser Art hineinträumt. Es war dies ein eher harmloses „Ineinandergreifen von Traum und Wirklichkeit", und ähnlich noch recht normal und im Grunde alterstypisch war es, dass er lange chancenlos ein etwa zwei Jahre älteres Mädchen bürgerlichen Standes von fern anschwärmte, das später einen Offizier heiratete[2].

Hitlers Vater, von kleinbäuerlicher Herkunft, hatte sich strebsam bis zum beamteten „Zollamtsoffizial" hochgedient, gehörte, so gesehen, also wohl zur unteren Mittelschicht. In „Mein Kampf" erwähnt sein Sohn zwar eine „väterliche Bibliothek", was aber wohl mächtig übertrieben ist. In Wahrheit wird sie aus nicht viel mehr bestanden haben als aus der an gleicher Stelle genannten bebilderten „Volksausgabe des Deutsch-Französischen Krieges 1870/71" – des Knaben frühe Quelle von „Kriegsbegeisterung". Schaut man auf seinen Vater und seine Mutter, so ist offensichtlich, dass beide, vor allem wegen des Fehlens einer guten Schulbildung, eher dem bildungsfernen Kleinbürgertum angehörten. Von Kontakten seiner Eltern zur besseren, bürgerlichen Gesellschaft ist im Übrigen nie die Rede. Schon gar nicht konnte aus Adolfs Stammbaum irgendeine bürgerliche Reputation hergeleitet werden; denn einiges in seiner Familiengeschichte ist unklar, und die vor 1945 publizierte Version retuschiert offenbar[3].

Zu den frühen Prägungen Hitlers in seinem Elternhaus gehörte ziemlich sicher das lebenslang andauernde Interesse für militär- und kriegsgeschichtliche Dinge. Auf dieser Entwicklungslinie bewegt sich wohl auch seine oft bezeugte Verehrung Friedrichs des Großen (1740–1786 König von Preußen), eine Verehrung, die bis zum Selbstmord im Berliner Bunker währte. Hier und schon im Münchener Braunen Haus und auf dem Obersalzberg lebte er im Blickfeld des Porträts dieses Herrschers. Er scheint sich ihm wie einem Vorbild immer geistig nahe gefühlt zu haben und kannte seine Lebensgeschichte und Kriegstaten so gut, dass er sich in Gesprächen oder Reden oft darauf bezog. Fast alle, die mit dem „Führer" Umgang hatten, berichten von seiner fast bis zur Anverwandlung gehenden Einfühlung in diesen Herrscher[4].

Schon früh scheint der spätere „Führer" Identifikationsmöglichkeiten bei eindrucksvollen Persönlichkeiten wahrgenommen zu haben. So versteht sich gerade auch seine fast lebenslange Lektüre der Abenteuerromane Karl Mays. Am 22. Mai 1912 hört er gar dessen Vortrag in Wien. Freilich verfuhr er mit diesem Lieblingsautor in der üblichen Weise eines halbgebildeten Autodidakten, nämlich selektiv; denn seinen Pazifismus ignorierte er durchaus. Es imponierten ihm vor allem Mays Helden als edelmütige und taktisch kluge Alleskönner. Auch im Zweiten Weltkrieg galt ihm etwa Winnetou als Vorbild eines Kompanieführers, und noch als Reichskanzler soll er die Romane des Vielschreibers gelesen haben. Was ihn sehr faszinierte, war anscheinend auch, dass der Autor, obwohl ohne wirkliche Kenntnis der von ihm detailliert beschriebenen Weltregionen und ihrer Bewohner, die Dinge einleuchtend zu beurteilen schien, dass die Helden seiner Romane jeder Situation gewachsen waren und dank ihrer Überlegenheit als Wohltäter wirkten und, sozusagen weltverbessernd, die Bösen bestraften. Eine Fernwirkung seiner Lektüre zeigt sich vielleicht noch darin, dass er als Feldherr des Ostkrieges ohne Kenntnis bzw. Wahr-haben-Wollen der realen Frontlage katastrophale Fehlentscheidungen traf. Möglicherweise sah er sich, Machtmensch, der er war, auch deshalb als nationalen Heilbringer oder gar als Menschheitsbeglücker selbst bei verbrecherischen Weichenstellungen. Oft bezeugt ist jedenfalls, dass er sich als Wohltäter besonders der „kleinen Leute" verstand[4].

In der frühen Münchener „Kampfzeit" der zwanziger Jahre pflegte Hitler ein betont unbürgerliches Outfit. Er trug einen Trenchcoat (statt des bürgerlichen Paletots), dazu einen weichen Schlapphut mit breiter Krempe und einen (gefüllten!) Revolvergürtel. Zu seiner Ausstattung gehörte lange Zeit auch eine Hundepeitsche. Alles war „auf Wirkung berechnet" und „erinnerte an Karl May", wie ein Zeitzeuge erkannte[6]. Kein Zweifel, der Mann aus Braunau spielte hier die Rolle eines einzelkämpferischen Abenteurers, eine Art einsamen Wolf, genauer: den zu allem fähigen Desperado.

Zum Sonntag, den 20. Dezember 1936, als der „Führer" wieder einmal die halbe Nacht bei seinen Propagandaminister hockt und sich menschlich anwärmt, notiert dieser in seinem privaten Tagebuch unter anderem: „Wir erzählen von Karl May und seinem abenteuerlichen Leben. Der Führer liebt und liest ihn gerne. Ein Mordskerl"[7]. Diese offensichtlich über mehrere Jahrzehnte gehende Leitbildfunktion Mays und seiner Romanhelden lässt tief blicken. Hitlers Machtphantasien sind vielleicht auch durch solche trüben Quellen nachhaltig inspiriert. Ein Nachhall früherer sozialer Frustrationen? Offenbar hat ihn ein Element von Infantilität nie verlassen. Dazu könnte passen, dass André François-Poncet, 1931–1938 französischer Botschafter in Berlin, bei ihm unter anderem „Puerilismus" erkennt[8].

Damit zu tun hat auch eine andere lebenslange große Liebe, die zu Wagners Opern. Ob und wie weit er sich phantasievoll einfühlte oder gar identifizierte mit Gestalten wie Rienzi oder Siegfried, ist nicht so sicher, wie mitunter angenommen wird[9]. Das mag für bestimmte Gefühlslagen des Jünglings zutreffen. Der spätere Politiker war wohl überwiegend ein kühl kalkulierender Opportunist, der zwar die Theatralik und das Pathos Wagners (und Bruckners) liebte, aber seine Emotionen meist unter Kontrolle hatte und politische Entscheidungen nicht in der Trance verschmelzender Einfühlung in eine Opernrolle traf. Gelegentlich schauspielerisch eingenommene Attitüden des politischen Vaterlandsretters sind, so scheint es, noch kein „Eintauchen in puren Messianismus"[10]. Hitler war freilich ebenso sehr Schauspieler wie Desperado.

Bis er im Sommer 1914 endlich als Soldat festen Boden unter die Füße bekam, hatte er ohnehin nur noch wenig Zeit zu Tagträumen und zum Lustwandeln in Phantasiewelten wie noch zu Lebzeiten seiner Eltern. Ohne wirkliche soziale Bindungen, ohne Frau und Kinder und ohne vorzeigbaren Beruf lebte er einigermaßen ziellos am Rande der bürgerlichen Gesellschaft, in Obdachlosenasylen, Männerheimen oder bestenfalls in ärmlichen möblierten Zimmern. Weder in Wien noch in München hatte er Kontakte zu den Kreisen dortiger Künstler und Literaten. Ja, er war nicht einmal eine „verkrachte Existenz", denn er hatte ja zuvor überhaupt noch nie über eine achtbare bürgerliche Existenz verfügt. Den Möchtegernkünstler beherrschte wohl vor allem die Angst, aus dem Kleinbürgertum, von dem er hergekommen war, weiter ins Proletariat abzurutschen. Es war vielleicht diese Existenz auf einer schiefen Ebene, auf der er sich lange befand, die aus Hitler auch einen Mann mit „Minderwertigkeitsgefühlen" und einer „tiefinneren Unsicherheit" machte[11]. Als die Situation sich seit 1919 für ihn allmählich besserte und er Oberwasser bekam, überdeckte er seine Schwächen oft durch arrogantes oder gar revoluzzerhaftes Gebaren.

Die ganze Verlegenheit und Misere eines Mannes ohne festes Einkommen und ohne sicheren Beruf oder wenigstens Aussichten darauf ist abzulesen an dem seltsam breiten Spektrum seiner eigenen diesbezüglichen Angaben, zunächst in Wien, seit dem 17. Februar 1908: Künstler, Student, Schriftsteller, Kunstmaler[12].

Zum November 1918 schrieb Hitler, vom Jahre 1925 aus zurückblickend, in „Mein Kampf" (S. 225): „Ich aber beschloß Politiker zu werden" – eine weitere Lüge; denn in Wahrheit ließ er sich im Winter 1918 / 1919 ziellos treiben und versuchte, seine drohende Entlassung aus dem Soldatsein zu verzögern und sich irgendwie über Wasser zu halten. Erst im Oktober und November des Jahres 1919 findet er zu einer annähernd realistischen Selbstaussage, nachdem er erste rhetorische Erfolge hatte. Jetzt will er „Kaufmann" sein und „berufsmäßiger Werberedner" – also ein besserer Marktschreier – werden[13].

Aufschlussreich für das oszillierende berufliche Selbstverständnis Hitlers ist auch sein Brief vom 29. November 1921, geschrieben zu einer Zeit, zu der er schon einige Erfolge als Parteiredner („Werbeobmann") hatte. Hier nennt er als frühen Berufswunsch „Baumeister"; er sei aber nach Stationen als „gewöhnlicher Arbeiter" bzw. „Hilfsarbeiter auf einem Bau" und „Taglöhner" schließlich als „Maler" bzw. „Architektur-Zeichner" und „Architektur-Maler" selbstständig geworden. Nach 1918 sei er in der Reichswehr als „Bildungsoffizier" eingesetzt gewesen. Tatsächlich war Hitler nie „Bildungsoffizier", doch gefiel ihm wohl diese Bezeichnung, die ihm ein höflicher Regimentskommandeur angehängt hatte, dies als Etikett seiner rednerischen Betätigung in der Reichswehr[14]. Im Hitler-Prozess von 1924 lässt sich der Angeklagte gleich am ersten Verhandlungstag vom vorsitzenden Richter – ohne ihn zu berichtigen – als „Bildungsoffizier" bezeichnen. Auch dies ist als höfliche Geste gegenüber dem 1924 schon recht bekannten Angeklagten zu verstehen[15].

Im ersten 1925 erschienenen Band von „Mein Kampf" (S. 19, 20, 35) spricht Hitler von seinem „Künstlertraum", von seinem Wunsch, „Baumeister" zu werden, von seiner Zeit als „Hilfsarbeiter" und „kleiner Zeichner" und als „Zeichner und Aquarellist". Den angeblichen frühen Herzenswunsch, Baumeister zu werden, pflegte der „Führer" später noch oft seiner engeren Umgebung aufzutischen, die dergleichen wohl als rührende Legende tradieren sollte[16]. Überhaupt kokettierte er – typisch für einen etablierten Emporkömmling – nach 1933 gern mit seiner ehemals bescheidenen Existenz als „unbekannter Arbeiter und Soldat meines Volkes" und als „einfacher Arbeiter", etwa in einer Reichstagsrede am 28. April 1939 und am 12. Februar 1942 in einer Ansprache beim Staatsakt anlässlich des Todes von Reichsminister Fritz Todt[17]. Es fehlt auch nicht an weiteren Ausschmückungen und verklärenden Legenden vor und nach 1945[18].

Ohne Matura und Studium konnte Hitler nicht Architekt oder Akademischer Maler werden, und so blieben ihm, der sich als verhinderter Künstler zu Höherem berufen fühlte, in seiner Berufsnot nur (berufsrechtlich ungeschützte) Ersatztitel und Verlegenheitsberufe. Kein Wunder, wenn er, der lange vergeblich bürgerliche Reputation ersehnt hatte, „jedesmal in Zorn und Erregung" geriet, wenn er, wie im Sommer 1921, von Mitgliedern der frühen NSDAP gefragt wurde, „von was er denn eigentlich lebe und welchen Beruf er denn früher gehabt habe"[19].

Zweites Kapitel

Der zur Entlassung vorgesehene berufslose und im Grunde heimatlose Gefreite Hitler, dessen Regiment zugleich auch seine Heimat war, steht im Winter 1918 / 19 vor dem sozialen Nichts. Fast dreißigjährig hatte er schon sein halbes Leben hinter sich, ohne ein Ziel vor sich zu sehen. Entscheidungsscheu, wie er phasenweise in seinem ganzen Leben war, ließ er sich auch hier passiv im Strom seiner Kameraden treiben, nahm aber Gelegenheiten wahr, seine Entlassung hinauszuzögern. Noch im Oktober 1941 erinnert sich der „größte Feldherr aller Zeiten", wie ihn Wilhelm Keitel pries, wohlig an 1914–1920 als die „einzige Zeit", „in der ich keine Sorgen hatte: die sechs Jahre beim Militär; da [...] bekam man alles geliefert, das Essen auch, desgleichen das Quartier"[1].

Einen gewissen – freilich verklärenden und pathetischen – Eindruck von der Stimmung mancher Soldaten im November 1918 kann vielleicht ein Gedicht, „Heimkehr 1918", vermitteln, das einige Jahre nach dem Krieg in der frühen Hitlerjugend entstand:

> „Nun kehren wir heim – ein stilles Heer/Niemals geschlagen! Doch das Herz schlägt uns schwer/[...] So einsam waren wir nie./Wir haben keine Heimat mehr,/ Nur noch die Kompanie!"[2].

Treffend charakterisiert Hauptmann Karl Mayr, als Reichswehroffizier Hitlers Vorgesetzter und Mentor, dessen Misere:

> „Nach dem Ersten Weltkrieg war er [...] nur einer der vielen tausend Ex-Soldaten, die auf der Straße waren und nach Arbeit suchten [...]. In dieser Zeit war Hitler bereit, von irgendjemandem einen Posten anzunehmen, der ihm freundlich gesinnt war [...]. Er hätte für einen jüdischen oder französischen Auftraggeber genau so gern gearbeitet, wie für einen Arier. Als ich ihn das erste Mal traf, glich er einem müden streunenden Hund, der nach einem Herrn suchte."[3]

In dieser Situation musste der orientierungslose Gefreite, ein Außenseiter der Gesellschaft, in die er gern aufgestiegen wäre, nach jeder sich bietenden Chance greifen, um dem Rückfall in die Nichtbeachtung zu entgehen.

Tatsächlich war Hitler in einer schlimmen Verfassung, als er im November 1918 aus dem Larazett Pasewalk entlassen wurde. Doch litt er wohl nicht für den Rest seines Lebens unter den Folgen einer dort vorgenommenen, aber nicht zu Ende geführten Hypnose-Therapie[4]. Sein Problem war eher ein anderes: Bei zahllosen Gelegenheiten kommt er später, direkt oder indirekt, immer wieder darauf zurück, und es gibt wenigstens hier keinen Grund, ihm nicht zu glauben: Was ihn tief niederdrückte, war die totale Bedeutungslosigkeit, in die hinein er als „Namenloser" entlassen werden sollte. Bei späteren Rückblicken spielt sicher auch die Eitelkeit des Arrivierten, des Parvenüs, eine Rolle, der mit Behagen auf den erfolgreichen Aufstieg von ganz unten zurückblickt, aber auch ein Schauder angesichts des schlimmen Schicksals der Namenlosigkeit, dem er durch den glücklichen Zufall entgangen war, dass die im Aufbau befindliche Reichswehr damals nach geeigneten politischen Agitatoren Ausschau hielt. Die Häufigkeit, mit welcher der spätere „Führer" auf dieses Thema zu sprechen kommt, enthüllt seine damalige Angst vor dem sozialen Nichts; und da dieser Anfang einer ganz unwahrscheinlichen Karriere Bedeutung hat für die Erkundung von Hitlers Handlungsmotiven, macht die nähere Inaugenscheinnahme seiner einschlägigen Aussagen hier Sinn:

Am 22. Februar 1922 erscheint im „Völkischen Beobachter" ein Aufsatz Hitlers, in dem er auf das (NS)DAP-Gründungsdatum (bzw. die Verkündung des Parteiprogramms vom 24.2.1920) zurückblickt:

> „Eine Handvoll Menschen waren wir damals, hatten nichts hinter uns außer Armut, *keinen Namen*, ja, wenn es gut ging, Haß und Verachtung, meistens aber mitleidiger Spott".

Am 24. Dezember 1924, gerade aus der Landsberger Haft entlassen, erinnert er sich im Hause Ernst Hanfstaengls an die Zeit, zu der er „von ganz unten heraufkommt, weder *Namen* noch eine besondere Stellung oder Verbindung hat", als er ein *„Namenloser"* war, der erst jetzt, nach dem Putsch, „kein *Unbekannter* mehr ist". – Im Jahre 1925, im ersten Band von „Mein Kampf", spricht er von sich als dem *„Namenlosen"*, der er im Winter 1918 / 19 war. – Nach 1918 war er „ohne prominenten *Namen*" und „nur ein deutscher Soldat, *namenlos*, mit einer ganz kleinen Zinknummer auf der Brust" (d.h. mit der „Rekognitionsmarke"), so in seiner Rede vor dem Industrie-Club in Düsseldorf am 26. Januar 1932. – In einer Rede zum 17. Jahrestag der „nationalen Erhebung", am 24. Februar 1937, memoriert er ähnlich, nach 1918 sei er ein Mann gewesen, der „hat gar nichts hinter sich; nichts, keinen *Namen*, kein Vermögen, keine Presse, gar nichts, überhaupt nichts". – Am 28. April 1939 spricht er im Rahmen einer langen Reichstagsrede den amerikanischen Präsidenten Roosevelt direkt an, der, wie er weiß, aus der Oberschicht kommt, und er vergleicht sich selbst als einen „noch vor 21 Jahren *unbekannten* Arbeiter und Soldat meines Volkes" mit ihm; ähnlich am 30. Januar 1940 in einer Rede im Berliner Sportpalast zu seinen Anfängen in der Frühzeit der Partei: „ein einsamer, *unbekannter* Mann", und in München am 24. Februar 1940:

> „Ich war damals ein ganz kleiner *unbekannter* Soldat ohne jeden politischen Einfluß [...] mir als dem vollständig *Unbekannten*, *Namenlosen* und Machtlosen [...] ein ganz *unbekannter*, kleiner deutscher Soldat".

Vor Arbeitern in einem Berliner Rüstungsbetrieb, am 10. Dezember 1940:

> „Was bin ich vor dem Weltkrieg gewesen? Ein unbekannter, *namenloser* Mensch. Was war ich im Krieg? Ein ganz kleiner, gewöhnlicher Soldat [...], als ich im Jahre 1919 meinen Weg begann als *unbekannter*, *namenloser* Soldat [...] der Weg vom *Namenlosen*, *Unbekannten* bis zum Führer der deutschen Nation."

In München, am 24. Februar 1941: „Als ich vor 21 Jahren zum erstenmal in diesen Saal hereinkam, war ich ein *Unbekannter* und *Namenloser*". – Wieder in München, am 8. November 1941, erinnert er an die Zeit, zu der er „noch als *unbekannter* Mann in dieser Stadt meinen Weg zu beschreiten anfing". – In einer Reichstagsrede am 11. Dezember vergleicht er sich erneut mit dem „herkunftsmäßig protegierten" Oberschichtmenschen Roosevelt:

> „Ich selbst war nur das Kind einer kleinen und armen Familie [...] gewöhnlicher Soldat [...] kämpfte ich als *namenloser Unbekannter* für die Wiedererhebung meines Volkes".

Erneut rühmt er sich und seinesgleichen in einer Rede zum 30. Januar 1942, im Berliner Sportpalast, als ehedem „kleinen Soldaten" und *„unbekannte Namenlose"*; er sei in den Jahren 1919–1923 als „vollständiger Narr" und „Verrückter" verspottet worden, und man habe von ihm gesagt: „Der hat nicht einmal einen *Namen*, der hat kein Kapital [...]." – Ebenfalls im Berliner Sportpalast, in einer Rede vor Offizieren und Offiziersanwärtern am 15. Februar 1942, erinnert er einmal mehr an seine unwahrscheinliche Karriere:

> „Erst als kleiner Soldat, dann als der Mann, der es unternahm, als *unbekannter Namenloser* einen Staat zu erobern und ein diesem Staat fremdes und schädliches Regime zu beseitigen, und heute als Oberster Befehlshaber der Wehrmacht [...]".

Noch am 28. Dezember 1944, in einer Ansprache vor Divisionskommandeuren, rühmt er sich: „Ich habe den Begriff Kapitulation in meinem Leben nie kennengelernt, und bin einer der Männer, die sich *vom Nichts emporgearbeitet* haben."

Dass Goebbels, seines Chefs Sprachrohr und Echo, solche Töne aufnahm und reproduzierte, kann nicht verwundern. Für ihn wie für andere Wortführer im Dunstkreis der NSDAP ist der „Führer" regelmäßig „der unbekannte Gefreite des Weltkrieges". Darüber hinaus lässt der Propagandaminister (in einer Notiz zum 16.1.1933) erkennen, wie zynisch die NS-Oberen im Grunde ihre Karriere sahen; denn er bemerkt zu Gregor Strasser, seinem unterliegenden Konkurrenten, hämisch:

> „Seine Aktien werden nicht mehr gefragt. Ein kurzes Gastspiel auf der Bühne der Bedeutung. Nun versinkt er wieder ins Nichts, aus dem er gekommen ist."[6]

Der ganze Sachverhalt erlaubt den Schluss auf einen Wesenszug Hitlers: Sein Hauptziel war wohl die Flucht aus der Bedeutungslosigkeit und Nichtbeachtung, die ihn vermutlich stets am meisten geschmerzt und gekränkt hatte: Der Namenlose wollte sich irgendwie einen Namen machen, und im Laufe des Jahres 1919 kam endlich seine Chance – auch wenn sie ganz anders aussah, als er lange gehofft hatte. Wenn er schon nicht ein renommierter Künstler werden konnte, so doch ein politischer Propagandist von Format. Und das nährte seinen Mann recht gut, wie er bald merkte.

Ähnlich tief in Hitlers Mentalität blicken lässt die von ihm oft verwendete Metapher „Wurm", dies für sich selbst vor seiner Karriere, später für die Masse der Volksgenossen, auf die er nach gelungenem eigenen Aufstieg gern von oben herabblickte. Als Varianten erscheinen etwa „kleiner Wurm" (Hitler, „Mein Kampf", S. 529; ders., „Reden etc.", III, 1, S. 158; Hitler / Kotze / Krausnick, 1966, 135, 326, 358), „einzelner Wurm" (Hitler, „Reden etc.", III, 1, S. 157; IV, 1, S. 316 [„ein Wurm, der zertreten wird"]), „unbekannter Wurm" (ebd., V, 2, S. 94), „Unglückswurm" (Hitler / Bouhler II, 298), „armer Wurm" vom Infanteristen (Schramm VII, 51). Parallel findet sich gelegentlich auch „der kleine Musketier" und „dieser ganz kleine Musketier, dieser kleine Prolet" (Hitler / Bouhler II, 354).

Kurz gesagt: Er schwelgt geradezu in Formulierungen, durch die er seine eigene Vergangenheit als „Niemand" fast sentimental oder auch eitel heraufbeschwört und über die er mitunter seine Wohltäter-Gefühle für die „kleinen Leute" da unten artikuliert, zu denen er selbst einmal gehörte. Es ist ein Element von leutseliger Herablassung dabei, die auch demonstrativ-theatralisch sein konnte, wenn der große „Führer" zum Beispiel seinen Fahrer an dessen 30. Geburtstag bei Tische zu seiner Rechten sitzen ließ. Eine Nebenrolle spielt in solchem Zusammenhang vermutlich der naive Stolz eines erfolgreichen Aufsteigers, zu dem die „kleinen Leute" aufschauen konnten und sollten[7].

Als Hitler am 21. November 1918 vom Larazett in Pasewalk in die Münchener Kaserne zurückkam, hatten dort „Soldatenräte" das Sagen. In der bayerischen Metropole hatte am 7. November Kurt Eisner, der dann Vorsitzender eines Arbeiter-, Bauern- und Soldatenrates wurde sowie Ministerpräsident einer Regierung von Mehrheitssozialisten (SPD) und der von der SPD abgefallenen „Unabhängigen" (USPD), einen republikanischen „Freistaat Bayern" ausgerufen. Nach Eisners Ermordung (21.2.1919) kam es zu einer gewissen politischen Radikalisierung. Hitler ließ sich anscheinend passiv im Strom seiner Kameraden treiben, trug vermutlich selbst – vielleicht halbherzig, aber doch anpasserisch – die bei den „roten" Räten übliche rote Armbinde, nachdem er zum „(Ersatz-)Bataillonsrat" des Demobilmachungs-Bataillons des 2. Infanterieregiments gewählt worden war. Als das Blatt sich allmählich wendete und die Münchener linksradikale rote Räterepublik (13.4.–3.5.1919) von der Reichswehr in Verbindung mit Freikorpstruppen aufgelöst war, wendete sich auch Hitler, rückte vom Mittun als (sozialdemokratisch orientierter) Bataillonsrat ab, reihte sich in den Rechtstrend der Reichswehr ein und sicherte so sein Verbleiben in der Truppe.[8] Was er selbst in diesem Zusammenhang in „Mein Kampf" (S. 226–227) sagt, ist überwiegend unwahr.

Als wohl schon Mitte Februar 1919 gewählter „Vertrauensmann" des Demobilmachungs-Bataillons gehörte Hitler nach der Auflösung der Räterepublik ab dem 9. Mai 1919 zu einer „Untersuchungs- und Entlassungskommission", die im Zusammenhang mit der Entlassung der Soldaten „festzustellen hatte", wer bei der Roten Armee mitgemacht hatte bzw. wem „spartakistische, bolschewistische, kommunistische Umtriebe nachgewiesen werden konnten"[9].

Zu den Obliegenheiten des „Vertrauensmannes" der sich bildenden Reichswehr gehörte es, politische antibolschewistische Vorträge zu hören, und zwar in der Universität München (Anfang Juni 1919); ab dem 20. August 1919 nahm er überdies an einem seiner politischen Bildung dienenden fünftägigen Kursus im Lager Lechfeld teil. Sein so erworbenes Wissen sollte er als auch selbst Vorträge haltender Agitator an die zur Entlassung vorgesehenen Soldaten weitergeben, dies als Prävention gegen eine Gefährdung durch bolschewistisches Gedankengut.

Dem Gefreiten Hitler hat seine Tätigkeit als Agitator und Propagandist der Reichswehr offensichtlich gefallen, konnte er so doch als „Bildungsoffizier" gelten[10] und mit einer gewissen Autorität alsbald anspruchslose Vorträge halten über den Versailler Vertrag, den Friedensvertrag von Brest-Litowsk, über Auswanderung, Bekämpfung des Marxismus usw. Hier fühlte er sich offensichtlich endlich respektiert und als richtiger Mann am richtigen Ort. Vor 1918 hatte er anscheinend nicht einmal Unteroffizier werden können oder wollen, und kurz vor der „Machtübernahme" Ende Januar 1933 schlug er bekanntlich hartnäckig den ihm angetragenen Posten eines Vizekanzlers aus. Beide Fälle haben möglicherweise etwas gemeinsam: Das Subalternsein war ihm zuwider oder jedenfalls kein würdiges Karriereziel[11].

Im Laufe des Jahres 1919 spürte Hitler mehr und mehr Aufwind. Das angestaute Geltungsbedürfnis des Möchtegernaufsteigers konnte sich überraschend entladen, als er nun regelmäßig vor anspruchslosen Zuhörern reden durfte, die sich durch seine Art von Tour d'horizon über aktuelle Themen beeindrucken ließen. Doch blieb er sich immer wieder einmal, auch noch bis kurz vor seinem Selbstmord, bewusst, ein „Emporkömmling" zu sein[12], der seine fast manische Geltungssucht unverhüllt oft als Wunsch nach Ruhm und Nachruhm zum Ausdruck brachte. Es freute ihn offensichtlich, wenn seine Umgebung, etwa Joseph Goebbels, ihn bestaunte, „wie schwer er sich emporgearbeitet" hatte, „um auf diese Höhe heraufzugelangen" und welch „phantastische Laufbahn" er überhaupt hinter sich habe[13].

Der lange Weg nach oben hatte in dem Emporkömmling und Aufsteiger Spuren hinterlassen, etwa ein unausgeglichenes Wesen, das oft schwankte zwischen Minderwertigkeitsgefühlen und Arroganz. Humor und Selbstironie darüber, wie herrlich weit er es denn gebracht habe, fehlten. Sein Lachen „hatte stets einen Beigeschmack von Hohn und Sarkasmus. Es verriet Spuren vergangener Enttäuschungen und unterdrückter Ambitionen"[14]. Es fehlte überhaupt an Großzügigkeit sowie Gelassenheit bei Misserfolgen.

Ein Beispiel entgleisender Arroganz hat Hitlers Adjutant Wiedemann überliefert: Während des Parteitages in Nürnberg, Anfang September 1938, warteten die drei deutschen Botschafter von Paris, London und Washington in der

Halle von Hitlers Hotel, um beim „Führer" vorgelassen zu werden zum Bericht und zur Übermittlung politischer Botschaften. Dem Diktator waren die wartenden Herren irgendwie lästig, und erst auf das Drängen Wiedemanns ließ er sich schließlich herab: „Na schön, lassen sie die drei Arschlöcher halt heraufkommen!" (Wiedemann, 175). Das war der Jargon seiner Fahrer und Leibwächter, benutzt zum Ausdruck der Verachtung seitens eines Mannes, der ohnehin bereits alles zu wissen glaubte, auch ohne Informationen aus erster Hand über die Situation in fernen Ländern und die Denkweise der dortigen Entscheidungsträger, eines Mannes, der die Welt eher seiner Vorstellung und seinem Willen anzupassen geneigt war, statt sie so zu sehen, wie sie wirklich war (trivialisierter Schopenhauer und Einfluss seiner Karl-May-Lektüre?).

Drittes Kapitel

Die seit dem Winter 1938/39 im Aufbau begriffene Reichswehr hatte ein Interesse daran, im Sinne einer Stabilisierung der labilen politischen Situation die zu entlassenden Soldaten antibolschewistisch zu belehren und gegen spartakistisch-kommunistische Einflüsse zu immunisieren. Die deutsche Arbeiterschaft sollte nicht radikalsozialistisch werden. Hier kamen Leute wie der redegewandte Gefreite Hitler gerade recht. Mit anderen zusammen hatte er zunächst vom 5. bis 12. Juni 1919 in einem Hörsaal der Münchener Universität Vorträge anzuhören zu diversen historischen, politischen und wirtschaftlichen Themen. Zu den Vortragenden gehörten ein Professor Karl Alexander von Müller und der Diplomingenieur Gottfried Feder.

Zur weiteren Ausbildung als „Aufklärer" und „Propagandist", dies bereits verbunden mit dem praktischen Einsatz als Vortragender, wurde Hitler zusammen mit etlichen anderen im Rahmen eines „Aufklärungskommandos" in das westlich von München gelegene Durchgangslager Lechfeld abkommandiert. Er sprach über Themen wie „Friedensbedingungen und Wiederaufbau", „Auswanderung" und „Sozial- und wirtschaftliche Schlagworte", „Die Befruchtung des Kapitals auf internationalem Wege". Auch äußerte er sich in längeren Diskussionsbeiträgen zur „Schuld am Weltkrieg". Bei Erörterungen des Themas „Kapitalismus" streifte er einmal auch die „Judenfrage", woraufhin er von seinem Vorgesetzten ermahnt wurde, hier zurückhaltend zu sein, damit nicht von jüdischer Seite der Vorwurf der „Judenhetze" gemacht werden könne.

Hitler und seine Kollegen im „Aufklärungskommando" erhielten als Informations- und Lehrmaterial für sich und zur Verteilung 5.000 Exemplare einer Broschüre von Ernst Lindenau („Was man wissen muß vom Bolschewismus"), ferner etliche Flugblätter, dazu Weiteres in Form einer vermutlich sehr kleinen Handbibliothek[1].

Zum Verständnis solcher frühen Aktivitäten des Mannes aus Braunau ist ein Umstand von Bedeutung, der zwar bekannt ist, in diesem Zusammenhang aber kaum beachtet wurde: Hitler war von jeher, schon in seiner Wiener Zeit, aber auch in München bis 1914 und als Soldat ein regelmäßiger, ausdauernder Zeitungsleser, der sich so innen- und außenpolitisch auf dem Laufenden hielt und dank seines vorzüglichen Gedächtnisses dazu jederzeit extemporieren konnte. Zeitungen und Zeitschriften las er zum Beispiel im Lesezimmer des Wiener Männerheims in der Meldemannstraße 27, aber auch in Cafés und Wirtshäusern und ebenso 1924 im Landsberger Gefängnis. Er war eben ein Mann, „der alle Zeitungen liebte", er war „zeitungssüchtig" und „verschlang" sie geradezu, und dieses Interesse hielt bis in die letzten Wochen des Zweiten Weltkrieges an[2].

Aber es war eine Art Cento-Wissen aus zweiter und dritter Hand, das so entstand, zufällig und unkritisch zusammengestoppelt und meist willkürlich an bereits vorhandenes fragmentarisches Wissen angeflickt, zumal wenn er sich bestätigt fühlen konnte durch Berichte, die „auf seiner Linie lagen"[3]. Auch wenn er, wie nicht selten, Aussagen bedeutender Autoren und historischer Personen zitierte, geschah das meist indirekt, über eine (von ihm verschwiegene) Zwischenquelle in Gestalt von Zeitungen und populären Broschüren. Er brachte nur selten die Geduld auf zur Lektüre wissenschaftlicher Werke und gelehrter Handbücher.

Seine Art zu lesen – in Verbindung mit einem guten Gedächtnis – versetzte ihn in die Lage, einigermaßen flüssig und mit dem Anschein von Kenntnis über viele Themen zu schwadronieren. So hielt er schon vor 1918 seinen Soldatenkameraden spontan politische Vorträge und „philosophierte in der primitiven Art der kleinen Leute"[4]. Das Arsenal politischer Phrasen, über das er so wohl schon früh verfügen konnte, mochte vielleicht noch seine Kameraden im Schützengraben oder Unterstand beeindruckt haben, ging aber einigermaßen gebildeten und informierten Leuten später meist auf die Nerven. Ein Beispiel: Aus dem Tagebuch des italienischen Außenministers Graf Ciano (zum 22.5.1939) ist bekannt, dass Goebbels' Ehefrau Magda sich bei dem Grafen über die Langeweile beklagte, unter der sie litt, wenn der „Führer" – er war oft bei Goebbels zu Gast – unentwegt rede und „immer die gleichen Dinge wiederhole"[5]. Diese Wiederholungen betrafen vermutlich nicht nur des Reichskanzlers entbehrungsreiche Jugend, den Krieg und die Frühgeschichte der NSDAP, sondern wohl auch politische Parolen und Tiraden, deren Zahl begrenzt war und die deshalb auch in der Fülle seiner erhaltenen Texte immer wiederkehren.

Kein Zweifel, Hitlers angebliches Selbststudium, auf das er sich viel zugute hielt, bestand vorzugsweise in Zeitungslektüre, war jedenfalls eklektisch und unsystematisch. Gefiel ihm etwas und bestätigte es seine Denkschemata, so eignete er es sich an, gab es gern als sein Eigenes aus und pflegte überhaupt zu sagen, er habe „immer" schon diese oder jene Auffassung vertreten[6].

Typisch für ihn ist, dass er seinen gedruckten Texten weder Fußnoten beigibt noch kaum je vermerkt, aus welchen Quellen er sein angelesenes Wissen und seine Weisheiten hat. Wo er sich gelegentlich auf Philosophen oder Wissenschaftler bezieht, bleibt es bei einzelnen Schlagwörtern und trivialen sprichwörtlichen Redensarten, wie sie immer wieder auch in Zeitungsartikeln zu finden waren. Den Umgang mit wirklich gebildeten Menschen suchte er verständlicherweise zu vermeiden oder ließ sie monologisierend kaum zu Wort kommen, und „alle ernsten Wissenschaftler bedachte er mit einer, ich möchte fast sagen, haßerfüllten Abneigung"[7]. Sie hätten ja die Hohlheit seines nur dem Schein nach universalen Wissens zu schnell durchschaut, das er durch geschickt eingestreute Anspielungen und, wie man heute sagt, *Namedropping*, gern vortäuschte. Er war jedenfalls alles andere als ein kluger, gebildeter Mann, der in der Lage ist, neues Wissen jeweils flexibel und dialektisch offen zu verarbeiten. Hitler verfügte vor allem als Folge seiner Reichswehrschulung über das starre Gerüst eines Weltbildes, das er wohl noch da und dort autodidaktisch ergänzend ausfüllte, im Ganzen aber nicht mehr änderte. Hier, nicht schon in Wien, wie er in „Mein Kampf" (S. 21) behauptet, entstand das „granitene Fundament" seiner Weltanschauung – wenn es überhaupt ein solches Fundament gab und nicht vielmehr blanker Opportunismus das Hauptmotiv seiner Karriere wurde. Einem Kenner wie Victor Klemperer galt der Autodidakt Hitler gar als „nicht etwa halb-, sondern allerhöchstens zehntelgebildet", und:

> „Ich glaube überhaupt nicht, daß er irgendetwas ernstlich gelesen hat. Er hat immer nur Brocken von Allerweltswissen aufgeschnappt, nur immer wirr nachgebetet und übertrieben, was er für sein Irrsinnssystem gebrauchen konnte".[8]

So unsicher einerseits ein detaillierter Nachweis der Quellen des Mannes aus Braunau ist, so sicher kann andererseits festgestellt werden, dass sein Kriegserlebnis ihn nachhaltig geprägt hat[9]; denn er bezieht sich nach 1918 und bis zu seinem Ende unzählige Male auf die Zeit 1914 bis 1918, etwa am 10. Oktober 1939 in Berlin: „Aus dem Kriege sind wir gekommen einst, aus dem Kriege ist unsere Gedankenwelt entstanden", und entsprechend galt dem NS-Regime „der Weltkrieg als die Geburtsstätte des Nationalsozialismus"[10].

Zu dieser Gedankenwelt, deren Elemente vor und nach dem Krieg 1914/18 fast sämtlich auch in den Zeitungen ihren Niederschlag fanden, gehörte die Vorstellung vom „Platz an der Sonne", der Deutschland gebühre. Zuerst durch den späteren Reichskanzler von Bülow am 6. Dezember 1897 im Reichstag geprägt, war sie auch dem „Führer" so bekannt, dass er sie noch am 14. und 25. Februar 1945 in den Bormann-Diktaten verwendete[11].

Ein weiteres triviales Denkelement war die „Einkreisung" vor 1914, die ein aus englischer Sicht großmachtsüchtiges Deutsches Reich politisch isolieren sollte, die aus deutscher bzw. Hitlers Sicht einen Verteidigungskrieg notwendig gemacht habe, weil das Ziel dieser Einkreisung „die Zertrümmerung Deutschlands" gewesen sei – ein Denkschema des Diktators noch im Zweiten Weltkrieg, um diesen u.a. dadurch zu rechtfertigen[12].

Einen festen Platz in Hitlers Denkgerüst nehmen auch die (ebenfalls trivialen) Begriffe Blockade-Hungersnot-Autarkie ein. Im Deutschen Reich wurde zwischen 1916 und 1919, besonders im „Steckrübenwinter" 1916/17 gehungert, dies vor allem als Folge der britischen Seeblockade, und es gab 700.000 bis 800.000 Tote als direkte oder indirekte Folge der Unterernährung – einer der Gründe der Novemberrevolution von 1918. Schon 1914–1918 wurde als deutsches Kriegsziel ins Auge gefasst ein blockaderesistentes europäisches Kontinentalimperium, und Hitler führte diesen Gedanken zeitlebens weiter[13]. Konsequent vertrat er deshalb meist nur halbherzig den deutschen Anspruch auf überseeische Kolonien, deren Nutzung ja durch eine starke feindliche Seemacht verhindert werden konnte. Ebenso skeptisch war er deshalb hinsichtlich einer arbeitsteiligen gemeinsamen Weltwirtschaft[14]. Aus seiner Sicht schuf eine weltweite Arbeitsteilung Abhängigkeiten, und gegen den „Internationalismus" war er ja schon immer[15]. Mithin ergab sich ein Weiterführen der bereits 1914–1918 von nationalistischen Strategen ersonnenen Idee einer territorialen Erweiterung des Deutschen Reiches nach Osten.

In einer Rede am 13. August 1920 bekannte der Mann aus Braunau: „Ich bin und bleibe deutschnationaler Sozialist". Dementsprechend war er gegen Internationalismus in jeder Form, besonders in dessen radikalmarxistischer kommunistischer Variante, und er lag hier ganz auf der Linie der Reichswehr, die in Verbindung mit den in Berlin regierenden Sozialdemokraten die nationale, antirevolutionäre Stabilisierung betrieb[16].

Zu den ebenfalls um 1919 trivialen Denkelementen Hitlers gehörte die Gegnerschaft gegen den Friedensvertrag von Versailles (28.6.1919) und seine harten Bedingungen. Noch am 27. August 1939, in einem Brief an den französischen Ministerpräsidenten Daladier, erregt er sich weitläufig über das „Versailler Diktat" und die darin enthaltene „Lüge von der deutschen Aggression" (Hitler/Bouhler 1, 14–15).

In der für einen halbgebildeten Autodidakten typischen Art und Weise verschweigt oder vernebelt er zumeist seine Quellen und stellt fast alles, was er so von sich gibt, als aus eigener kritischer Erkenntnis gewonnen hin. Ein gutes Beispiel ist der Philosoph Schopenhauer, von dem er angeblich 1914–1918 fünf Reclam-Bändchen („Welt als Wille und Vorstellung") „im Tornister" mit sich herumtrug. Er zitierte einmal, lange nach 1918, daraus und gab das seiner Sekretärin gegenüber dreist als eigene Einsicht aus – was ausnahmsweise misslang, weil diese Sekretärin zufällig die Provenienz des Zitats erkannte. Schon einige Zeit vor 1914 wurde der angebliche Schopenhauer-Kenner einmal als Ignorant überführt und blamierte sich[17]. Von Autoren vom Range Schopenhauers wird Hitler meist nur einige gängige Begriffe und geflügelte Worte gekannt haben, durch deren Zitieren er sich den Anschein höherer Bildung geben konnte.

So zitiert er zu seinem gefälligen Bedarf den viel kolportierten Satz „Die Rassenfrage ist der Schlüssel zur Weltgeschichte" des Benjamin Disraeli (1804–1881). Er konnte ihn lesen in einem Text von 1919 des Gottfried Feder[18], dessen wirtschafts- und finanzpolitische Begrifflichkeit er fast vollständig übernahm und immer wieder als Eigenes reproduzierte.

Bedeutender als Feder war der Historiker Theodor Mommsen, dessen Rede von den Juden als „Ferment der Dekomposition" zur oft benutzten Waffe der Antisemiten und Hitlers wurde, ein Satz, der aber nur in verkürzter, entstellter Form brauchbar war; denn Mommsen hatte geschrieben:

„Auch in der Alten Welt war das Judentum ein wirksames Ferment des Kosmopolitismus und der nationalen Dekomposition und insofern ein vorzugsweise berech-

tigtes Mitglied in dem Caesarischen Staate, dessen Politie doch nichts als Welt-
bürgertum, dessen Volkstümlichkeit im Grunde nichts als Humanität war."[19]

Das Ausmaß der opportunistischen Verfälschung ist leicht zu erkennen! – Zu
den Juden, die als bequeme Kronzeugen gegen ihre eigenen Glaubensgenossen
ins Feld geführt wurden, gehört Otto Weininger (1880–1903). Auch hier hatte
Hitler seine Weisheit aus zweiter Hand: „Dietrich Eckart hat mir einmal gesagt, er habe nur einen anständigen Juden kennengelernt, den Otto Weininger,
der sich das Leben genommen hat, als er erkannte, daß der Jude von der Zer-
setzung anderen Volkstums lebt!"[20]

Lehrreich ist auch der Fall Nietzsche, von dem der „Führer" und die ton-
angebenden NS-Führer lediglich einige geflügelte Worte und deren Derivate
kannten, besonders „Wille zur Macht", „Gelobt sei, was hart macht", „Herren-
volk", (fanatischer, eiserner, unerschütterlicher) „Wille", „Triumph des Willens". Ein Meinungsführer wie Helmut Stellrecht sprach im Hinblick auf den
„Führer" vom „gestaltenden Willen dieses Mannes, der über Deutschland und
Europa liegt". Am stärksten scheint aber, selektiv adaptiert, Nietzsches Immo-
ralismus Beifall gefunden zu haben[21].

Fast das ganze völkische Ideenkonglomerat im München der ersten Jahre
nach dem Ersten Weltkrieg war versammelt in der „Thule-Gesellschaft" (Mitglieder u.a. Dietrich Eckart, Gottfried Feder, Hans Frank, Rudolf Heß, Alfred
Rosenberg), einer logenartigen Vereinigung, die ihrerseits völkische und antisemitische Traditionen schon der Zeit vor 1914 weitertrug. Gemeinsamkeiten
dieses elitären, esoterisch angehauchten Ordens bestanden mit der „Deutschsozialistischen Partei auf judenreiner und kapitalloser Grundlage", die Alfred
Brunner im Dezember 1918 ins Leben gerufen hatte. Dieser wollte nicht das
Kapital überhaupt bekämpfen, „sondern nur das angeblich fast ausschließlich
in jüdischen Händen befindliche internationale Groß- und Leihkapital"[22]. Das
berührte sich eng mit Gottfried Feders „Kampf gegen die Hochfinanz" und
„Brechung der Zinsknechtschaft". Laut Feder ging es im Weltkrieg „um den
Endkampf der internationalen Geldmächte um die endgültige Weltherrschaft",
und er bekämpfte die „internationale Plutokratie" bzw. die „überstaatlichen
Geldmächte" und das „internationale Großkapital", das „Groß-Leihkapital",
die „weltbeherrschenden Plutokraten" usw.[23]. Hitler kannte die frühen Abhandlungen seines Lehrers Feder offenbar gut, benutzte sie ungeniert zeitlebens ohne Quellenangabe, erwähnte ihn aber immerhin pauschal in „Mein Kampf"
(S. 228, 232, 237). Es spricht jedenfalls einiges für Kershaws Annahme,

> „daß Feders Ideen zur Zinsknechtschaft und zum Kapitalismus für Hitler der ent-
> scheidende ideologische Durchbruch waren und ihn befähigten, seine lang geheg-
> ten Vorurteile zu rationalisieren und mit Hilfe einer ‚wissenschaftlich' fundierten
> Argumentation zu bestätigen"[24].

Das ging bis ins Detail, wenn zum Beispiel, wie schon zu sehen war, er von
Feder das Disraeli-Zitat übernahm. In der Tat, liest man heute Feders frühe Texte

und vergleicht sie mit Hitlers Reden und „Mein Kampf", so sind die Übereinstimmungen zu den Themen Kapitalismus, Bolschewismus und Marxismus, Judentum und Antisemitismus frappierend, und man ist geneigt, Kershaws Urteil dahingehend zu präzisieren, dass der Mann aus Braunau Züge eines Plagiators hatte, der Feders und anderer Texte skrupellos benutzte, aber nur höchst selten, wenn überhaupt, seine Quellen angab.

Feder stand in Verbindung mit dem „Alldeutschen Verband", der seit 1890 existierte, 1939 aufgelöst wurde, wie auch andere Anreger und Ideenlieferanten des Nationalsozialismus inzwischen nutzlos geworden und entsprechend ausgemustert. Hitler kannte den Alldeutschen Verband seit langem. Diese rechtsradikale und radikalnationalistische Bewegung propagierte ein mächtiges Großdeutschland und sah die Juden als Sündenböcke und „Blitzableiter" der Niederlage im Zweiten Weltkrieg. Heinrich Claß, Führer des Verbandes, rief diesbezüglich im Oktober 1918 zu offenem Judenhass auf, was vermutlich auch der Mann aus Braunau zur Kenntnis nahm[25].

Der Münchener Poet, antisemitische Literat und Publizist Dietrich Eckart (1868–1923) war geraume Zeit Hitlers Mentor und Förderer. Seit Dezember 1918 gab er die Zeitschrift „Auf gut deutsch" (hernach „Völkischer Beobachter") heraus. Tendenz: antidemokratisch, antijüdisch, antikapitalistisch. Bei diesem Blatt arbeitete seit der Jahreswende 1918/19 Alfred Rosenberg mit, der einige Jahre nach Eckarts Tod einen Sammelband mit dessen Texten herausgab und ausführlich einleitete[26]. Wie von Feder hat der Mann aus Braunau auch von Eckart und dessen Mitarbeiter Rosenberg viel übernommen, u.a. wohl den Versuch, mit den unechten „Protokollen der Weisen von Zion" eine jüdische Weltverschwörung zu erweisen und die begriffliche Verknüpfung „jüdischer Bolschewismus", obwohl dergleichen völkisch-antisemitische und antibolschewistische Propaganda auch anderswo betrieben wurde. Eckart wurde im Übrigen, seit Hitler ihm den zweiten Band von „Mein Kampf" gewidmet hatte, eine Art Heiliger der NSDAP, dessen Todestages (26.12.1923) jedes Jahr gedacht wurde.

Gut gekannt hat der Mann aus Braunau auch die im August 1919 in München publizierte autobiographische Schrift des Anton Drexler (1884–1942) „Mein politisches Erwachen. Aus dem Tagebuch eines deutschen sozialistischen Arbeiters". Vielleicht variiert noch sein eigenes Werk „Mein Kampf" (1925–1927) kontrapunktisch und übertrumpfend diesen vierzigseitigen Text. Drexler hatte am 5. Januar 1919 zusammen mit Karl Harrer (1890–1926) die „Deutsche Arbeiter-Partei" (DAP, hernach in NSDAP umbenannt) gegründet, deren Vorsitz Hitler am 29. Juli 1921 übernahm. Wie Feder, der allmählich marginalisiert wurde, geriet auch Drexler ins Abseits der NSDAP: Die in der NS-Zeit erschienenen Werke „Meyers Lexikon" und „Der Neue Brockhaus" erwähnten beide eher beiläufig, gaben ihnen aber kein eigenes Stichwort außerhalb der NS-Geschichte – was fast einer *Damnatio memoriae* gleichkam.

Eckart hätte vielleicht Ähnliches erlebt, wäre er nicht schon 1923 gestorben. – Drexler erstrebte, wie der Zeitzeuge Frank berichtete, eine Verbesserung der Lage der Arbeiterschaft „auf nicht-marxistischer, nicht-internationaler, nicht-klassenkämpferischer Grundlage", und das Programm seiner DAP „war national und völkisch, aber nicht gewaltantisemitisch"[27].

Ein instruktives Beispiel für Hitlers Eigenart, Zitate über Zwischenquellen vereinfachend und verfälschend zu benutzen, bietet seine Rede auf einer NSDAP-Versammlung in Passau am 7. August 1922, in der er im Zusammenhang der „Judenfrage" von der „Weltherrschaft jener 300 Männer, die heute Deutschlands Schicksal in der Hand haben", spricht. Er meint einen Text Walther Rathenaus (1867–1922), der in einem Aufsatz des Jahres 1919 „freilich gar nicht von Juden gesprochen und im Gegensatz zu der ihm unterstellten Aussage die Selbstergänzung dieser Oligarchie kritisiert (hatte)"; der Mann aus Braunau hatte diese ihm willkommene Stelle offensichtlich von Feder oder Drexler übernommen. Erst sekundär bzw. tertiär werden seit 1919 die 300 Kapitalisten zu 300 Juden: *Fama crescit eundo*.[28]

Die Methode der ignoranten und skrupellos opportunistischen Kolportage erscheint auch bei der angeblichen Aussage von Clemenceau bzw. Briand: „20 Millionen Deutsche sind zuviel in der Welt", die Hitler in seinen Reden oft als Gehässigkeit französischer Politiker zitiert. In Wahrheit stammt der Satz aus dem Buch von J. und F. Régamey, L'Allemagne enemie (Paris 1913), wie längst erwiesen ist.[29]

Zu den lehrreichsten Beispielen für Hitlers selektive, fast nur der Vorurteilsbestätigung dienende Lektüre und Quellenbenutzung gehören die seit 1919 /20 in Deutschland und international bekannt werdenden „Protokolle der Weisen von Zion". Diese 1905 zuerst in Russland publizierte angebliche Niederschrift einer jüdischen Geheimtagung (mit Plänen für die Errichtung einer jüdischen Weltherrschaft) wurde seit 1921 immer wieder als Fälschung erwiesen, was den Mann aus Braunau aber nicht beeindruckte. So beruft er sich, vermutlich durch Eckart und Rosenberg auf sie hingewiesen, oft auf diesen Text, ohne auch nur einen Zweifel an seiner Echtheit.[30]

Hitler, ohne höhere oder gar wissenschaftliche Bildung, las, so ist deutlich, unkritisch wie eben ein Autodidakt, eklektisch und kompilativ aus den Quellen heraus und in sie hinein, was ihm zupass kam. Er griff zu Informationen, die aus oft dubiosen Mittelquellen (Zeitungen, drittklassigen Druckschriften, Kontakten zu Leuten aus dem Dunstkreis der Thule-Gesellschaft) gespeist waren. Dass er sich aus erster Hand, etwa bei angesehenen jüdischen Gelehrten seiner Zeit, informiert hätte, ist nicht bekannt.

Gelogen ist im Übrigen, er habe im November 1918 beschlossen, Politiker zu werden („Mein Kampf", S. 225). Keinesfalls verfügte er zu diesem Zeitpunkt über eine – ihn zu solchen Entschlüssen motivierende – eigene strukturierte Weltanschauung, bestenfalls kannte er oberflächlich einige triviale völki-

sche Anschauungen und hatte ein diffuses Unbehagen, aber wohl mehr an seiner persönlichen misslichen Lage als über den Zustand des Vaterlandes. Jetzt
griff er opportunistisch die politischen Ziele der Reichswehr auf, vermengte sie
– was sich in München anbot – populistisch mit nationalistisch-antisemitischen
Parolen und brachte dieses Potpourri rhetorisch begabt unter die Leute. So sicherte er sich zunächst seine ökonomische Basis und machte sich, was er schon
immer gewollt hatte, „einen Namen". Die Revision des Versailler Vertrages
war ein attraktives Thema, und die Juden waren allemal bequeme Sündenböcke. In Rahmen seiner manipulativen Quellenbenutzung nahmen sie sogar einen Vorzugsplatz ein, fanden sich doch hier reichlich Zeugnisse von Juden gegen ihre eigenen Glaubensgenossen, die als besonders beweiskräftig galten –
eine Methode, die das Christentum fast zwei Jahrtausende lang erfolgreich mit
dem antijüdischen Kronzeugen Flavius Josephus (37–100 n.Chr.) praktiziert
hatte. Was den Christen schon immer ihr Josephus war, wurden den Nationalsozialisten jetzt die „Protokolle" und manches andere[31].

Der spätere „Führer" war in den frühen zwanziger Jahren des 20. Jahrhunderts ein ebenso skrupelloser wie intelligenter, fast genialer Kompilator:

> „Was er in den Münchner Bierkellern zu Markte trug, war nicht neu oder origi-
> nell. Die Gedanken gehörten zum Grundstock der verschiedenen völkischen
> Gruppen und Sekten und waren schon von den Alldeutschen vor dem Krieg ver-
> breitet worden."[32]

Ergänzend dazu sollte auch gesehen werden, dass hinter den „verschiedenen
völkischen Gruppen und Sekten" und ihnen zeitlich meist vorangehend sozial-
utopische Schriften stehen, „Staatsutopien" enthaltend, die „dem Traum einer
wahren Volksgemeinschaft anhingen". Zu Recht wird bedauert, dass solche
Visionen, Utopien und Zukunftsromane bei der Erforschung der Vorgeschichte
des Nationalsozialismus bisher weitgehend übersehen wurden[33].

Viertes Kapitel

Am 12. September 1919 erschien der Gefreite Hitler – von seinem Vorgesetzten Hauptmann Mayr beauftragt – in seiner Eigenschaft als Vertrauensmann
der Reichswehr bei einer Versammlung der Deutschen Arbeiter-Partei (DAP)
im Münchener Sterneckerbräu; denn die Reichswehr hatte ein Interesse daran,
die lokalen politischen Gruppen durch ihre „V-Männer" im Auge zu behalten.
Innerhalb der DAP fungierte als eine Art Kerntruppe und Leitungsorgan ein
„politischer Arbeiter-Zirkel" mit Karl Harrer an der Spitze. Die Partei und der
Zirkel befassten sich u.a. mit der Frage, warum der Krieg nicht gewonnen,
sondern verloren wurde, mit den Folgen des verlorenen Krieges, mit der Revolution vom November 1918 und ihren Ursachen, schließlich auch mit „den Juden" als „Deutschlands größter Feind". Die durch Drexler und Harrer als Par-
teigründer bzw. Vorsitzende vorgegebenen Ziele und Themen der kleinen jungen Partei – darunter: die Arbeiterschaft nicht der marxistischen Internationale
anheimfallen zu lassen, Absage an den Klassenkampf – konvergierten aus Hitlers Sicht so weitgehend mit den Intentionen der Reichswehr, dass er am
16. September 1919 ihr Mitglied wurde. Auch konnte er nun diese interessante
neue Gruppe von innen her kennen lernen und ihre Entwicklung besser verfolgen. Vorerst, bis zum 31. März 1920, war er ja noch Reichswehrsoldat.

Auffällig ist, dass der Antisemitismus zwar auch in der DAP existierte, aber
offensichtlich nur als ein Thema neben anderen, also ähnlich wie in der
Reichswehr; denn etwa der Hauptmann Mayr hatte in einem – in diesem Zusammenhang nicht unwichtigen – Brief („an Gemlich") vom 17. September
1919 geschrieben, „daß das, was man Regierungssozialdemokratie nennt, vollständig an der Kette der Juden liegt [...] Alle schädlichen Elemente müssen wie
Krankheitserreger ausgestoßen oder verkapselt werden. So auch die Juden
[...]." Hitlers einschlägiger „Brief an Gemlich" vom Vortag (16.9.), von Mayr
veranlasst, gilt als seine früheste antisemitische Aussage; ihr Ziel: planmäßige,
gesetzlich geregelte Repression, letztlich „Entfernung", also wohl Auswanderung der Juden aus dem Deutschen Reich. Das lag, vergleicht man beide Briefe, ungefähr auf der Linie der Reichwehr, wie sie von Mayr vertreten wurde[1].

Hitlers Engagement in der DAP hatte aber auch einen persönlichen Aspekt, der in der offiziellen Geschichte der (NS-)DAP mit Fleiß ignoriert wurde:
Der Eintritt war ein „zufällig gefundener Ausweg aus der Misere einer [...] be-
rufs- und zukunftslosen Existenz", in der sich der zur Entlassung vorgesehene
„namenlose" Gefreite befand[2].

Als Hitler, zunächst eher widerstrebend und nach einigem Hin und Her
(samt Parteiaustritt am 11. Juli und Wiedereintritt kurz danach) am 29. Juli
1921 Parteivorsitzender wurde, war er schon geraume Zeit „1. Werbeobmann"

von insgesamt drei Werbeobmännern. Als führender Kopf dieser Dreiergruppe konnte er im Bericht einer Münchener Zeitung vom 28. Januar 1921 „Leiter des Propagandadienstes" der Partei genannt werden[3].

Es ist bekannt, dass der Mann aus Braunau nur zögernd Parteivorsitzender wurde und dass er noch Jahre danach sich als „Trommler" der nationalen Freiheitsbewegung und als Wegbereiter eines deutschen Wiederaufstiegs unter einem künftigen Diktator sah. In der „Trommler"-Rolle betrat er die öffentliche politische Bühne am 16. Oktober 1919 mit einer halbstündigen Rede (nach einem Vorredner) im Hofbräukeller vor mehr als 100 Zuhörern. Bereits vor über 2.000 Personen sprach er im Festsaal des Hofbräuhauses am 24. Februar 1920 und verlas das Programm der DAP, das – laut „Völkischem Beobachter" vom 28. Februar – „in den Grundzügen dem Programm der Deutschsozialistischen Partei nahekommt"[4].

Sein Rollenverständnis wandelte sich also erst im Laufe der frühen Jahre allmählich vom Propagandisten hin zum „Führer". Die „Führer"-Apostrophierung beginnt zwar bereits im Dezember 1922, aber beide Bezeichnungen finden sich lange nebeneinander. Es ist schwer zu sagen, ob und wieweit das „Trommler"-Selbstverständnis Ausdruck von Bescheidenheit war oder nicht vielleicht doch Ausdruck von Vorsicht und Berechnung; denn als werbender Parteipropagandist hatte er sich unentbehrlich gemacht, sich eine – wie noch zu sehen sein wird – einträgliche Existenzbasis geschaffen und sich bereits einen gewissen Namen gemacht. Als führender Parteipolitiker konnte er leicht wieder abgewählt werden, erneut ins Abseits geraten und in die Namenlosigkeit zurücksinken, aus der er gekommen war; denn im turbulenten politischen Geschehen der Weimarer Republik, in dem Politiker und Minister wie auf einer Drehbühne erschienen und wieder verschwanden, war dergleichen trivial. Er aber wollte oben bleiben und einen Platz auf der politischen Bühne besetzen, von dem er nicht so bald wieder hätte abtreten müssen. Anders gesagt: Wenn schon nach oben, dann keine halben Sachen und nicht in irgendeiner wackligen Nebenrolle. So wartete er, Opportunist, der er war, auf eine wirklich große Rolle[5].

Das Prädikat „Trommler" löst in der NS-Zeit ein bemerkenswertes Echo aus in Gestalt des um 1936 entstandenen Liedes „Eine Trommel geht in Deutschland um", und in Morgenfeiern der Hitlerjugend wurde zu „Führers" Geburtstag am 20. April ein preisendes Gedicht rezitiert, in dem es heißt: „Aus dem Jahrtausend wächst Dein Werk empor [...] Du bist der Trommler, der den Marsch begann [...] Du aber schufst das Reich und hast sein Volk zur Ewigkeit getragen."[6]

Es muss für den frisch gebackenen DAP-„Werbeobmann" Hitler eine freudige Überraschung gewesen sein, dass er nicht nur gut reden, sondern damit auch gut verdienen konnte. Zwar erklärte er im „Völkischen Beobachter" vom 9. September 1920, dass er nur „für Vorträge, die er außerhalb des Rahmens der Partei für andere Organisationen und deutschvölkische Verbände halte, selbstverständlich Honorar beziehen müsse", nicht aber von der NSDAP solches erhalte; doch gab er, vermutlich untertreibend, im Prozess gegen die „Münchener Post" vom 5. Dezember 1921 zu, „er werde von Parteigenossen in bescheidener Weise unterstützt"[7].

Hitler sprach meist in den Bierhallen großer Münchener Brauereien, gelegentlich auch im Zirkus Krone, und es musste natürlich Saalmiete gezahlt werden. Das war nur möglich über das Erheben von Eintrittsgeldern, weil die Parteimitgliedsbeiträge allein dafür nicht ausreichten. Aber es gab oft stattliche Einnahmen nicht nur durch Eintrittsgelder, sondern auch durch Sammlungen und Spenden in Verbindung mit solchen Biersaalreden bzw. durch die Überschüsse nach Abzug der Saal- oder Zeltmiete. Als Hitler beispielsweise am 27. Februar 1925 vor über 3.000 Leuten redete, betrug der Eintrittspreis eine Reichsmark. Später, bei einer Rede in Görlitz am 18. April 1932, kam es zu einer geschätzten Gesamteinnahme von 55.000 Reichsmark[8].

Jedenfalls erhielt der Mann aus Braunau seit seiner Entlassung aus der Reichswehr (am 31.3.1920) nicht unbeträchtliche Rednerhonorare (z.T. deklariert und kaschiert als Unkostenersatz bzw. Aufwandsentschädigung), dazu – seit Oktober 1921 – ein Monatsgehalt als Mitarbeiter (bzw. Autor des NSDAP-Blattes „Völkischer Beobachter") Dietrich Eckarts. Bedenkt man, dass der ehemals „namenlose" Gefreite bereits bis Ende des Jahres 1920 mehr als dreißigmal vor bis zu 2.000 Zuhörern geredet hatte und dass zwischen dem 24. Februar 1920 und dem 22. Februar 1922 allein in München neunzigmal vor jeweils bis zu 7.000 Menschen geredet wurde, wie Hitler selbst einigermaßen glaubwürdig in einem Aufsatz vom 22. Februar 1922 im „Völkischen Beobachter" bekundet, so lässt sich annehmen, dass der im November 1918 berufslose und zukunftslose ärmliche Mann jetzt sozusagen sein Glück gemacht hatte: Durch sein „Trommeln" hatte er es zu etwas gebracht, war der Nichtbeachtung, unter der er am meisten gelitten hatte, entkommen und wurde nun eine respektable Persönlichkeit, die bald mit Leuten wie dem General Ludendorff auf gleicher Augenhöhe verkehrte[9].

Es ist bekannt, dass der frühe Hitler der Jahre 1920–1921 seine Einkünfte zu vernebeln suchte, ja zornig wurde, wenn man ihn darauf ansprach. Ähnlichen Nebel verbreitet er, dem eigenen Ruhm zuliebe, über seine früheste (NS-)DAP-Zeit, nämlich durch die Sieben-Mann-Legende, Teil seiner Parteilegende, mit der er später viele seiner Reden einleitete. In dieser Legende rühmte er sich, aus einem einst winzigen, bedeutungslosen Verein eine große, schlagkräftige Bewegung gemacht zu haben, um das Vaterland aus seiner Not zu retten. Ein Beispiel: In der Rede auf einer NSDAP-Versammlung in Delmenhorst am 25. Mai 1932 heißt es: „Als ich vor 13 Jahren die nationalsozialistische Bewegung [...] mit sieben Mann gründete, da wurde ich ausgelacht, verhöhnt, verspottet; heute stehen über 13 Millionen hinter der Idee."[10] Das ist ebenso unwahr wie die Behauptung auf einer NSDAP-Versammlung am 29. Juni 1921 in München:

> „Vor Jahren trat ich der Bewegung bei, wir waren damals 3 Mitglieder. Drei Monate mußten wir uns herumstreiten, um das erste Mal auftreten zu können. Es war am 24. 2. (19)20, wo wir uns an die Öffentlichkeit wagten. Mit unserem Programm, das ich selbst mitausgearbeitet habe, falle ich, sobald ein Punkt nicht erfüllt werden kann."

Die Wahrheit ist, dass Hitler in seiner Eigenschaft als „1. Werbeobmann" nur das 7. Mitglied des Arbeitsausschusses einer bereits weit zahlreicheren und nicht von ihm gegründeten Partei war[12].

Dass er selbst das 25-Punkte-Parteiprogramm vom 24. Februar 1920 mit ausgearbeitet habe, ist zwar nicht völlig gelogen, aber doch massiv übertrieben; denn es ist im Wesentlichen wohl eher die Leistung des Anton Drexler, der seinerseits (wie schon in seinem Text „Mein politisches Erwachen") zusammen mit Karl Harrer den nationalen, sozialistischen und völkischen Zeitgeist programmatisch verdichtete. In den Text sind sicher auch etliche Denkelemente Feders und Eckarts eingegangen, während Hitler vermutlich redaktionell für griffige Formulierungen gesorgt hat, wie anscheinend auch Hans Frank, der dies in seinen Memoiren mitteilte (1955, 25). Dass Feder sehr erheblich mitwirkte, wird durch die Tatsache gestützt, dass er – sozusagen als zuständiger Theoretiker – im Jahre 1927 einen Kommentar zu diesem Programm veröffentlichen konnte. Der 1940 erschienene 8. Band von „Meyers Lexikon" spricht von „dem von ihm (Hitler) unter Mitwirkung Gottfried Feders und Drexlers entworfenen Programm" (Sp. 133) – eine Verdrehung im Interesse der offiziellen Parteilegende, die aber die große Bedeutung Feders und Drexlers noch erkennen lässt.

Es scheint im Übrigen, dass Hitler mit seiner Schrift „*Mein Kampf*" in gewisser Weise Drexlers sechs Jahre älteren Text „*Mein (politisches) Erwachen*" übertrumpfen und in den Schatten stellen will. Dieser, ein Münchener Reichsbahn-Schlosser (er nennt sich „Eisenbahnarbeiter"), hatte schon 1919, im Vorwort der (im August dieses Jahres erschienenen) 1. Auflage seiner 40-seitigen Broschüre und noch vor seiner Bekanntschaft mit Hitler, seinen „National-Sozialismus" bekannt. Ein Vergleich von „Mein politisches Erwachen" mit Hitlers nach 1919 verfassten Texten lässt unschwer eine grundsätzliche und bis in Einzelheiten reichende Übereinstimmung erkennen. So wendet sich der nationalistisch denkende Drexler durchgehend gegen jegliche internationale Dominanz durch Großkapitalisten, Plutokraten, Juden, Freimaurer, Bolschewisten, Kommunisten; dies vor allem, um „Arbeiterschaft und Bürgertum sich näher zu bringen, zu beider Wohl und zum Gedeihen des Vaterlandes" (S. 13; vgl. S. 24, 25). Zu diesen nach Weltbeherrschung strebenden, international operierenden und die deutsche Nation und den deutschen „Volkskörper" bedrohenden Großgruppen gehören z.B. „Mammonsfürsten", „Geldfürsten"

bzw. „das internationale und meist jüdische Großkapital". Es gebe eine Weltmacht von „300 Bankmenschen", und „300 Rathenaus wollen über die ganze
schaffende Menschheit regieren" (S. 17, 29). Drexlers Antisemitismus ist mehr
sozialpolitisch als rassistisch strukturiert, aber nicht ohne Penetranz (z.B.
S. 18, 30–31, 38, auch mit Bezug auf Eckart). So macht er sich einmal die Forderung zu eigen: „,Hinaus aus Deutschland, hinaus aus allen Parteien, hinaus
aus allen Ländern! nach deiner Heimat Palästina zieh', oder ,Welttyrann, du
wirst zermalmt'" (S. 38). Weiter heißt es z.B., die Absichten „des Internationa-
listen und Juden Trotzki" stimmten überein „mit den anglo-jüdischen Zielen
des Kapitalismus" (S. 16) – was fast schon Hitlers „jüdischen Bolschewismus"
vorwegnimmt. Auch das NS-Schimpfwort „Judenrepublik" (S. 26, für das
deutsche politische System nach dem November 1918) erscheint bereits. Der
„Arbeiter" Drexler bezieht sein politisches Wissen vermutlich überwiegend aus
Zeitungen. Daneben ist auch (direkter oder indirekter) Einfluss von Fritsch's
„Handbuch der Judenfrage" (1887[1]; 1936[40]) erkennbar.

Fünftes Kapitel

Um sich einen bedeutenden Namen zu machen und sich einen Platz in den Geschichtsbüchern zu sichern, dazu bedurfte es politischer Macht. An die Macht zu kommen, sie zu ergreifen und nie wieder loszulassen, war dann auch das Thema zahlloser Reden und gebetsmühlenhaft wiederholter Stoßgebete der NS-Prominenz vor 1933.

Der Zyniker Goebbels brachte es in einer Tagebuchnotiz zum 6. August 1932 auf den Punkt.

> „Haben wir die Macht, dann werden wir sie nie wieder aufgeben, es sei denn, man trägt uns als Leichen aus unseren Ämtern heraus",

und am 4. Januar 1933, unmittelbar vor Erreichen seines Ziels, bekannte der künftige Diktator nicht weniger zynisch:

> „Was mich erfüllt, ist einzig das Streben nach der Macht [...] Unser Ziel ist, das deutsche Volk zu besitzen."

Er war also geradezu „machtlüstern", obwohl er genau dies am 14. Juli 1921 heftig bestritten hatte. Diese Macht wollten die NS-Führer „ganz" und „die ganze Macht oder nichts", so Goebbels am 16. September 1932 und 6. Juni 1931. Als man die Macht endlich hatte, beging man triumphalistisch deren Jahrestag als Teil des offiziellen Festkalenders. Der „Wille zur Macht" des Karrieristen Hitler hatte am 30. Januar 1933 sein vorläufiges Ziel erreicht[1].

Die Macht als solche war zweifellos das auffälligste Karriereziel, doch dahinter winkte als höheres Ziel der Lorbeer des Ruhmes und historischer Größe. Nun sah der ehemalige Gefreite die Chance, als geniales Staatsoberhaupt einer Weltmacht berühmt zu werden. Dem entsprach die Maßlosigkeit, in die er zunehmend verfiel, je mehr Macht er besaß. Hitler, Goebbels und ihresgleichen wollten um jeden Preis „Geschichte machen" bzw. sich „einen Platz in der Geschichte sichern" oder überhaupt „in die Geschichte eingehen"[2].

Es war tatsächlich ein fast fanatisches Streben nach geschichtlicher Bedeutung, das die Spitzen der NSDAP, besonders aber Hitler selbst, beherrschte. Beispielsweise am 6. September 1931, in einer Rede vor Parteileuten im Gau Thüringen, bekannte der einst Namenlose:

> „Wir werden vergehen, aber wir wollen, daß unser Name erhalten bleibt und eingezeichnet ist in das Buch der deutschen Geschichte unter dem Kapitel ‚Aufstieg der Deutschen Nation'",

und verstärkt nach dem Beginn des Zweiten Weltkrieges ist in solchem Zusammenhang die Rede davon, dass es nun um das „Schicksal der deutschen Nation für die nächsten tausend Jahre" gehe, so am 10. Mai 1940 im Aufruf an die deutschen Soldaten der Westfront. Während des Russlandfeldzuges, ab dem Sommer 1941, spricht der „Führer" von einem „Kampf von wahrhaft weltentscheidender Bedeutung" (3.10.1941), dass „jetzt das Schicksal Europas für die nächsten tausend Jahre entschieden werden wird" (8.11.1941), dass er, so bekundet er am 11. Dezember 1941, „mit der Führung eines historischen Ringens" betraut sei, „das für die nächsten 500 oder 1000 Jahre nicht nur unsere deutsche Geschichte, sondern die Geschichte Europas, ja, der ganzen Welt, entscheidend gestalten wird"; dabei stellt er dies in eine Geschichtskette, die beginnt „in der Schlacht auf den Katalaunischen Feldern" gegen „kulturlose Horden" „aus dem Innern Asiens" (d.h. im Jahre 451 n.Chr. gegen die Hunnen). In der „Mittagslage" vom 1. Februar 1943 beklagt er, dass der Stalingrad-General Paulus nicht durch Selbsttötung „in die Ewigkeit, in die nationale Unsterblichkeit eingehen" wolle. Schließlich stehen noch des „Führers" zweisamkeitlichen quasi-testamentarischen politischen Expektorationen im Februar und April 1945 unter dem Gesichtspunkt des erwarteten Nachruhms: Martin Bormann fungiert hier als eine Art treuer Eckermann und zeichnet Reflexionen und Begründungen seines Chefs auf, mit denen dieser sein Tun vor der Geschichte rechtfertigen will – in gewisser Weise ein ausführlicher Vorläufer von Hitlers „Politischem Testament", das er am Tag vor seinem Selbstmord, am 29. April 1945, diktierte[3].

Geschichtliche Größe wird – so ist der Mann aus Braunau überzeugt – durch Tatenruhm und zumal durch Feldherrnruhm erworben. Zwar sagt er einmal, am 2. Oktober 1941, „Ich und wir alle hätten diesen Krieg nicht notwendig gehabt, um etwa unsere Namen zu verewigen. Dafür hätten die Werke des Friedens gesorgt", und am 30. Januar 1942: „Wenn schon der Krieg unvermeidlich ist, dann will lieber ich ihn führen; nicht weil ich nach diesem Ruhm dürste [...] Mein Ruhm wird [...] einmal in den großen Werken des Friedens bestehen, die ich noch zu schaffen gedenke!" – aber da hatte er gerade die furchtbare Niederlage vor Moskau zu verkraften und wurde ausnahmsweise etwas bescheidener, was die Provenienz des Ruhmes betraf. Doch reichte das nicht lange; denn schon am 15. März 1942 rühmte er sich: „Schlachten wurden geschlagen und Siege erfochten, die noch in fernsten Zeiten als einmalige Ruhmestaten gelten werden." In solchen Aussagen tritt ein Motiv zutage ähnlich dem, welches einmal Josef Goebbels in einer Rede vom 7. November 1943 verlauten ließ:

> „Wir sind von dem Ehrgeiz besessen, unsere Namen zu verewigen. Es soll einmal
> in den späteren Geschlechtern vom erwachten Deutschland nicht gesprochen wer-
> den können, ohne daß man unsere Namen dabei nennt!"[4]

Die obsessive Gier nach Prestige, nach Ruhm und Nachruhm, danach, „seinen Namen zu verewigen" in den Geschichtsbüchern, dies ist also wohl das treibende Motiv. Der Tod zahlloser Menschen diesseits und jenseits der Front kommt dabei kaum in den Blick. Er verblasst vor dem Horror, das eigene Ich könnte ins Nichts der Bedeutungslosigkeit zurückfallen, und selbst das Feigenblatt des Patriotismus, das künftige Wohl des Deutschen Reiches und Volkes, kann den nackten persönlichen Ehrgeiz, die Gier nach Geltung und historischer Bedeutung, nicht mehr verdecken. Nun ist Karriereehrgeiz, etwa in Kunst und Wissenschaft, keineswegs verwerflich. Und so sprach beispielsweise Goethe in „Dichtung und Wahrheit" (II, 7) von Männern, „welche Namen hatten", aber für ihn waren das noch die Geistesgrößen seiner Zeit. Von dem obszönen Ehrgeiz der Hitler-Goebbels-Clique trennen ihn Welten.

Des Diktators Vorbild bis in seine letzten Tage war Friedrich der Große (1740–1786 König von Preußen), Vorbild, Trost und Hoffnung noch im Berliner Todesbunker, wo in seinem Wohnzimmer dessen Porträt hing – ebenso wie schon in seinem Arbeitszimmer in der Münchener Parteizentrale. Beispielsweise fühlte und brüstete er sich in einer Rede im „befreiten Danzig" am 19. September 1939 als Herr eines „Friderizianischen Deutschland", dessen hartnäckigen Kampfwillen niemand unterschätzen solle. Ähnlich drohte er am 30. Januar 1942, als Stalingrad verloren ging, im Berliner Sportpalast, und noch am 12. Dezember 1944 begründete er seine Hoffnung auf eine Kriegswende nach schweren Niederlagen mit der wundersamen Wende des Kriegsglücks im siebten Jahr des Siebenjährigen Krieges[5].

In der Tat: Das höchste Ziel Hitlers war, „Feldherr zu sein", und es war „die letzte, furchtbarste Sehnsucht Hitlers: der soldatische, der Feldherrnruhm". So sah man ihn in seiner Umgebung[6]. Dementsprechend ließ er es sich gefallen, nach dem Sieg über Frankreich im Sommer 1940 „größter Feldherr aller Zeiten" genannt zu werden. Typisch für die Situation während der Kriegszeit ist vielleicht Folgendes: Bei Gelegenheit einer Hitlerjugend-Morgenfeier am 25. Oktober 1942, während der „Potsdamer Kulturtage", hielt Emil Stürtz, Gauleiter der „Mark Brandenburg", eine Ansprache, in der er den historischen Rang Friedrichs und Hitlers verglich: Wie einst der Große König „der beste Soldat, aber darüber hinaus auch der künstlerischste Regent seines Zeitalters", so stehe jetzt an der Spitze dieser kämpferischen Nation wieder ein Mensch, der sowohl „der größte Feldherr als auch der größte Künstler seines Zeitalters genannt werden müsse"[7]. Der Gauleiter wusste, wie er seinem „Führer" schmeicheln konnte, denn dieser sah sich bis zu seinem Ende als verhinderten Künstler und großen Baumeister.

Hitler war ein skrupelloser Opportunist, aber alles andere als dumm. So hatte er aus dem Misslingen seines Putschversuchs vom 8./9. November 1923 gelernt, dass die politische Macht im Deutschen Reich tunlichst auf legalem Wege zu erringen sei, über Wahlen und mit den Mitteln der Weimarer Verfassung. Ähnlich hatte er bereits aus den misslungenen Karriereanläufen seiner ersten Lebenshälfte gelernt, dass er umsatteln musste, wollte er doch noch zu Rang und Namen kommen. Den Willen zur Macht hatte er jedenfalls.

So kam es, wie es kommen musste. In einer Unterredung mit dem bayerischen Ministerpräsidenten Held am 4. Januar 1925, also kurz nach seiner Entlassung aus der Landsberger Haft, versprach der Möchtegernpolitiker, sich an die Regeln der Weimarer Demokratie zu halten und bei deren Verteidigung gegen die kommunistische Gefahr zu helfen. Konsequenz: Das Verbot der NSDAP wurde am 16. Februar 1925 aufgehoben und die Partei am 26. dieses Monats neu gegründet.

Das Legalitätsversprechen war aber nur Fassade. Noch im Jahre 1933, nach der „Machtübernahme", enthüllte Goebbels, und zwar am 7. November 1933:

> „Diese Partei ist nicht gegründet worden, um anderen Parteien Konkurrenz zu machen, sondern sie ist gegründet worden, um die anderen Parteien zu vernichten [...] Es war eine Bewegung, die sich demokratischer Mittel bediente, um damit die Demokratie aus dem Felde zu räumen."

Ähnlich zynisch rühmte sich der Propagandaminister am 5. April 1940 vor Vertretern der deutschen Presse:

> „Bis jetzt ist es uns gelungen, den Gegner über die eigentlichen Ziele Deutschlands im unklaren zu lassen, genauso wie unsere innenpolitischen Gegner bis 1932 gar nicht gemerkt haben, wohin wir steuerten, daß der Schwur auf die Legalität nur ein Kunstgriff war. Wir wollten legal an die Macht kommen, aber wir wollten sie doch nicht legal gebrauchen."[8]

Die Lüge als Karrieremethode!

Hinter der skrupellos opportunistischen Handhabung des Legalitätsprinzips steht eine grundsätzliche Auffassung vom Stellenwert des Rechts. Dass im Jahre 1933 Gewalt und Terror in Deutschland die Herrschaft antraten, ist bekannt. Weniger bekannt ist, wie diese Entwicklung sich bereits in dem Jahrzehnt davor anbahnte. Dem Bericht des Politischen Nachrichtendienstes der Münchener Polizei zufolge thematisierte Hitler in der Rede auf einer NSDAP-Versammlung in München den künftigen Anschluss Österreichs an das Deutsche Reich in dem Sinne, dass „Recht Macht sei. Verfügt Deutschland wieder einmal über 220–240 Divisionen, dann werde er sich das Recht nehmen und die Landkarte von 1918 entsprechend korrigieren und auch ohne Fragen den Anschluss vollziehen". Für sein Sprachrohr Goebbels galt, die Politik habe sich „von dem Grundsatz leiten" zu lassen, „daß Macht gleich Recht ist" (Rede vom 5.10.1927), und „In der Politik gelten nicht moralische Rechtsansprüche, sondern die Macht. Erobert eine Bewegung die Macht, dann hat sie auch das Recht, von sich aus den Staat zu gestalten." Im lustvollen Besitz der Macht, am 17. Juli 1933, konnte der Propagandaminister denn auch triumphierend verkünden: „Unschädlich gemacht wurden [...] unsere Feinde."[9]

Mindere Chargen beteten das nach, so der Ideologe Helmut Stellrecht: Die Macht der NS-Führerschaft „steigt aus dem Blut, nicht aus dem Recht. Ihr Wille zur Macht ist gelebt", und „Recht ist das, was dem Volke dient". In einer Hitlerjugend-Zeitschrift vom Mai 1939 heißt es, ganz linientreu: „Der Führer hat immer recht! [...] Recht ist, was der Bewegung und damit Deutschland, d.h.

deinem Volk, nützt!" Oder noch einmal Hitler selbst, am 23. November 1939: „Verträge werden aber nur so lange gehalten, wie sie zweckmäßig sind", ähnlich am 22. Januar 1939: Es kommt „nicht auf das Recht an, sondern auf den Sieg"[10]. Von solcherart Anwendung sozialdarwinistischen Denkens auf die Innen- und Außenpolitik ließ Hitler auch in den letzten Lebensmonaten nicht ab, wie die sog. Bormann-Diktate erkennen lassen: „Das Recht der Hungernden, ihren Hunger zu stillen [...] ist das einzige Recht, welches die Geschichte anerkennt – unter der Voraussetzung, daß dieses Recht die Macht auf seiner Seite hat."[11]

Die Arroganz der Mächtigen gegenüber – für Feinde gehaltenen – Schutzlosen zeigte sich alsbald in den Jahren 1933–1934. Bei der Durchsetzung und Sicherung des eigenen totalen Machtanspruchs ging man auch über Leichen und scheute nicht vor politischen Morden als probater Methode zurück. Die Blutrünstigkeit kulminierte etwa in der „Nacht der langen Messer" (30.6.1934) in Gestalt einer Massenexekution vermeintlicher Verschwörer beim „Röhm-Putsch". Hitler war – typisch für Aufsteiger mit labilem Selbstbewusstsein – nachtragend und rachsüchtig, und als skrupelloser Opportunist nutzte er nun die Gelegenheit, eine große Zahl von Leuten zu liquidieren, an deren Begegnung mit ihm vor 1933 er unfreundliche Erinnerungen hatte oder die ihm im Jahre 1934 überhaupt im Wege waren. Dabei scheinen auch etliche Opfer aus Versehen bzw. durch Verwechslung umgebracht worden zu sein. Die Gesamtzahl ist bis heute nicht genau ermittelt. Schätzungen reichen von 85 bis zu mehreren Hundert (offizielle Zahl: 77). Weder der Reichspräsident noch die Justiz noch die christlichen Kirchen erhoben ihre Stimme dagegen. Hitlers Kabinett segnete das Ganze am 3. Juli 1934 als „Staatsnotstand" ab. Dies hatte jedenfalls den nachhaltigen Erfolg der Einschüchterung potenzieller Gegner nach dem Prinzip: „Macht ist die Angst der anderen".

In noch größerem Stil wurde bekanntlich die Vernichtung von innerem Widerstand als Methode der Machtsicherung praktiziert nach dem Attentat auf den „Führer" am 20. Juli 1944: Die Wiederherstellung von Recht und Rechtsstaat konnte nicht geduldet werden; denn das hätte Machtminderung oder gar Machtverlust zur Folge gehabt.

Als Hitler im Laufe der Jahre 1919–1920 eine Chance witterte, seiner sozialen Misere zu entkommen und vielleicht gar auf einer Karriereleiter aufzusteigen, hatte er begriffen, dass er nicht länger irgendwelchen Künstlerträumen – die er 1913 / 14 in München ohnehin kaum noch hatte, bemühte er sich doch überhaupt nicht um Anschluss an entsprechende Kreise – nachhängen konnte, sondern jede gebotene Möglichkeit nutzen musste: Der Opportunist war geboren, der geschickt und wendig taktierend, auch skrupellos, seinen Vorteil suchte und (1925 in „Mein Kampf") dreist log, aus Sorge um das Not leidende Vaterland 1918 beschlossen zu haben, Politiker zu werden. Geraume Zeit suchte er

sich entschlusslos vor der Demobilisierung zu drücken und fühlte keineswegs irgendeine politische Mission in sich oder konzipierte gar ein Fernziel in Gestalt
eines „folgerichtigen Stufenplanes zur Rettung Deutschlands", wie nicht selten
angenommen wurde[12].

Der Reichswehrsoldat Hitler tat vielmehr beflissen, was ihm aufgetragen
wurde, sog wie ein Schwamm seinen Kursuslernstoff auf, reicherte dieses neue
Wissen durch aktuelle Lektüre, besonders der von seinen Dozenten und
Reichswehrvorgesetzten empfohlenen, an und trug – zunächst vor Kameraden,
dann auch außerhalb der Reichswehr – vor, was er gelernt hatte. Aufzuklären
hatte er in erster Linie über den revolutionären Marxismus als Hauptgegner der
jetzt erwünschten und im Gang befindlichen Neuorganisation sowie über die
Bewältigung der schwierigen politischen, wirtschaftlichen und sozialen Situation und den verlorenen Krieg. Auch einiger Antisemitismus wehte in der
Münchener Luft mit ihren verschiedenen völkischen Gruppen und Gruppierun-
gen, aber Propagierung von Judenfeindschaft gehörte nicht zu seinen Aufgaben
als Reichswehraufklärer und – Propagandist. Doch merkte er wohl bald, dass
eine Prise Antisemitismus bei seinen Münchener Zuhörern gut ankam: Im katholischen Bayern war der Boden durch den traditionellen christlichen Antijudaismus besonders gut vorbereitet, und es bestand ein gewisser gesellschaftlicher Bedarf an Sündenböcken, die man für die schlimme Situation nach dem
November 1918 verantwortlich machen konnte.

Tatsächlich bestätigt Hitlers Verhalten seit 1919, dass er die in seiner
Reichswehrzeit vermittelten Lernstoffe und Themen flexibel, je nach Bedarf
und Publikum, reproduzieren konnte. Dies zeigt sich z.B. in seiner Denkschrift
vom 22. Oktober 1922, „mit der er Geldgeber für den Ausbau der Partei und
den Völkischen Beobachter gewinnen wollte. In ihr ist der ‚Marxismus' [...]
der Gegner, vom Judentum ist nahezu nirgends die Rede". Als er am 18. Juni
1926 vor Wirtschaftsführern in Essen eineinhalb Stunden zur „Deutschen
Wirtschafts- und Sozialpolitik" sprach, waren die Juden eigentlich kein Thema,
desgleichen nicht in der großen programmatischen Rede am 26. Januar 1932
vor dem Industrie-Club in Düsseldorf. Hier wie regelmäßig vor solchem Publikum richteten sich die Angriffe fast nur gegen Bolschewismus, Kommunismus
und Marxismus. Ähnlich verfuhr er in seiner Rede vom 10. Februar 1933, bereits nach der „Machtergreifung"; und konsequent opportunistisch war es nach
dem Reichstagsbrand vom 27. Februar 1933, die kommunistische Opposition
auszuschalten. Ein weiteres Exempel von skrupellosem Opportunismus ist,
dass der gleiche Hitler, der am 26. März 1932 im „Völkischen Beobachter"
lautstark und entrüstet die „Verletzung der Pressefreiheit" (durch Beschlag-
nahme oder Verbot gesetzwidrig agierender NS-Presseorgane) beklagte, diese
Pressefreiheit brutal abschaffte, sobald er selbst an der Macht war. Ebenso zynisch bekannte er in einer Rede vor Kreisleitern am 29. April 1937, sein Angebot eines Dreihunderttausend-Mann-Heeres an Frankreich im Herbst 1933 sei

rein taktischer Natur gewesen. Entlarvend ist besonders auch, was Goebbels, Hitlers Sprachrohr und Echo, vor dem Russland-Abenteuer seinem privaten Tagebuch anvertraut:

> „Der Führer sagt, ob recht oder unrecht, wir müssen siegen [...] Und haben wir gesiegt, wer fragt uns nach der Methode. Wir haben sowieso soviel auf dem Kerbholz, daß wir siegen müssen, weil sonst unser ganzes Volk, wir an der Spitze mit allem, was uns lieb ist, ausradiert würde. Also ans Werk!"

Nicht oft treten das Desperadotum und der Nihilismus der NS-Führung so deutlich zu Tage wie hier[13].

Rein taktischer Natur war ganz offensichtlich auch die Drosselung der antijüdischen Politik im Olympiajahr 1936, und an zynischem Opportunismus kaum noch überbietbar erscheint Hitlers Rede vor Vertretern der deutschen Presse am 10. Januar 1938 in München zum Thema Sudetenkrise: „Die Umstände" hätten ihn „gezwungen, jahrzehntelang fast nur vom Frieden zu reden [...] irgendwie, glaube ich, hat sich diese Platte, diese pazifistische Platte, bei uns abgespielt." Krass opportunistisch auch das Vorgehen im Falle der Aggression gegen die Tschechoslowakei und Polen 1938 und 1939, für welche „ein geeigneter äußerer Anlaß" benötigt bzw. konstruiert wurde[14].

Was die europäischen Juden betrifft, so wollte der Diktator sie noch im Sommer 1940, nach dem Sieg über Frankreich, sämtlich in die französische Kolonie Madagaskar abschieben, und das war geraume Zeit, noch bis ins Jahr 1941 hinein, ernsthaft im Gespräch. Er verdrängte also in gewisser Weise das Judenthema als zu wenig relevant.[15] Auch hielt er bekanntlich – und das keineswegs ironisch – die Juden für das klimafesteste Volk dieser Erde, weshalb der Madagaskarplan nicht ohne Schwierigkeiten als Element einer kontinuierlichen Ausrottungsstrategie gesehen werden kann. Vielleicht wurde der Auftrag zum totalen Genozid erst im Dezember 1941 erteilt, als das Ostheer in den Weiten Russlands zu verbluten drohte[16].

Vergleichsweise überwiegend kontinuierlich ist eher – durchaus entsprechend dem ursprünglichen Reichswehrauftrag an den Propagandisten Hitler – die Polemik gegen Marxismus, Kommunismus und Bolschewismus. Diese Polemik kulminiert, nach vorübergehendem Abschalten 1939/40 (Nichtangriffsvertrag), seit dem Sommer 1941, als die angeblich drohende Überflutung Europas durch „asiatische Horden" den Russlandfeldzug begründen musste. Ganz anders wurde die antisemitische Propaganda je nach Auditorium und Interessenlage seit 1919 immer mal wieder zurückgefahren, freilich bei Aufrechterhaltung des Druckes zur Auswanderung. Auffällig ist, dass wüste antijüdische Polemik bevorzugt in Hitlers frühen Biersaalreden (mit viel Kleinbürgerpublikum, das für populistischen Radauantisemitismus empfänglich war) erscheint, wie ja überhaupt oft nicht zu Unrecht der Nationalsozialismus als „Kleinbürgerbewegung" bezeichnet werden konnte[17], während vor anspruchsvollem großbürgerlichen Auditorium und wenn, etwa vor Reichstagswahlen, nationales Pathos gefragt war, die Themen anders gewichtet wurden. Weniger gefragt waren antisemitische Gehässigkeiten auch, als die NSDAP vor und nach 1933 eine große Volkspartei geworden war und die hehre Idee einer „Volksgemeinschaft" viel Anklang fand. Nicht selten tritt jedenfalls die judenfeindliche Propaganda so sehr in den Hintergrund, dass die Vermutung möglich erscheint, der Antisemitismus sei zunächst nicht viel mehr gewesen als ein operatives Nebenziel auf dem Weg zur politischen Macht[18].

Trivial, aber eine mögliche Parallele zu Hitlers Antisemitismus ist schließlich auch die opportunistische Behandlung des Themas „Christentum und Kirchen"; denn von Zeit zu Zeit legte er den Kirchenkampf still oder gab Order, Weihnachten, das christliche Fest des Friedens, noch zu tolerieren, obwohl er „Frieden den Menschen auf Erden" gar nicht mochte. Selbst ein Kirchenfeind wie Goebbels musste – vermutlich zähneknirschend – nachgeben, als er im Jahre 1931 Magda Quandt kirchlich zu heiraten hatte. Nur in seinem privaten Tagebuch zum 9. November 1931 erlaubt er sich, aus der Haut zu fahren:

> „Der Bischof von Mainz lehnt die kirchliche Beerdigung des Parteigenossen Gemeinder ab. Er habe seiner Zugehörigkeit zur NSDAP nicht bereut. Diese Schweine! Sie müßten im Namen Christi geviertelt werden."[19]

Weiter: Der katholisch getaufte Junge aus Braunau und Linz verblieb lebenslang in der Kirche, obwohl er faktisch Atheist (besser: Nihilist) war, und er schwadronierte vom „Kampf der christlich-völkischen gegen die jüdisch-marxistische Weltanschauung"[20], ohne wirklich zu wissen, wovon er redete; denn er kannte zwar, schon von seiner Schulzeit her, etliche Bibelpassagen (samt der seinerzeit üblichen antijüdischen Interpretation), hatte aber wohl nie ernsthaft jüdische oder marxistische Textquellen gelesen. Primitive Formeln wie „jüdische Geldinternationale", „internationale jüdisches Großkapital" und „jüdischer Bolschewismus" gehörten, samt einschlägigen Denkschablonen, seit den frühen zwanziger Jahren zu seinem Begriffsarsenal, aus dem er sie bei Bedarf hervorholte, vor allem während des Zweiten Weltkrieges, um diesen zu rechtfertigen. Vor den Jahren 1919/20 verfügte Hitler noch nicht über eine eigene Ideologie – wenn er denn überhaupt je eine hatte; denn was man so nennen könnte, die Verschmelzung von Antimarxismus und Antisemitismus, ist kaum mehr als eine (bereits von Eckart, Rosenberg, Lindenau u.a. vorgedachte) Schimäre, nicht einmal ein Ideologem, vielmehr eine leere – weil nie begründete – Phrase. Auch an seinem Sozialdarwinismus und Rassismus ist nichts Neues außer der gewissenlosen Radikalität und brutalen Umsetzung. Immerhin bleibt NS-„Ideologie" als Sammelbegriff weiter nützlich.

Schließlich: Sein früheres ideologisches Gerede erschien dem Diktator ziemlich belanglos, als er am 23. August 1939 den Deutsch-Sowjetischen Nichtangriffspakt schloss – nur um ihn zwei Jahre später genauso opportunistisch wieder zu brechen, wie er ihn zuvor vereinbart hatte.

Bemerkenswert sind einige späte Blüten des Widerstreits zwischen Opportunismus und Ideologie, bei dem die Ideologie unterlag, zum Beispiel im Falle der Weisung an die Kommandeure der Konzentrationslager, Ende Oktober 1943, arbeitende Häftlinge schonend zu behandeln, weil ihre Arbeitskraft für den Sieg des deutschen Volkes benötigt würde; oder: Hitlers noch kurz vor dem Ende, im November 1944, erteilte Genehmigung eines Wlassow-Aufrufs zur Aufstellung russischer Divisionen gegen die Sowjetarmee; gleichzeitig sollte in Polen aufgerufen werden „zur freiwilligen Meldung der Polen für Hilfsdienste der deutschen Wehrmacht". Am 21. Januar 1945 bedauerte gar der Tagebuchschreiber Goebbels, dass nicht „in der Zeit unserer großen militärischen Triumphe" versucht wurde, ein Europa-Programm auszuarbeiten mit Werbekraft für besiegte Völker und neutrale Staaten, verbunden z.B. mit einem „selbständigen Statut des norwegischen Staates" – was dem einst im Machtrausch entwickelten Ideologem eines großgermanischen Reiches mit Berlin als Zentrum widersprach. So wurden auch, was die Behandlung der „Fremdvölkischen" und der „artverwandten" europäischen Völker betraf, aus Opportunismus vormals eherne Prinzipien aufgeweicht, bis hin zur Einverleibung „eindeutschungsfähiger" Kinder aus Verbindungen von Deutschen und Ostmenschen[21]. Der dramatisch zunehmende Menschenmangel, bedingt vor allem durch den millionenfachen Tod deutscher Soldaten, erzwang solches Umdenken und solche Methoden der Machtsicherung.

Einigermaßen entlarvend hat sich der Opportunist Hitler verschiedentlich mit einer auf der Lauer liegenden Spinne verglichen, die ihre Beute ausspäht und dann „blitzschnell" zupackt[22].

Sich „einen Namen machen" im politischen Geschehen, der Weg dahin – das wusste der Mann aus Braunau – führte über das Erringen politischer Macht. Die einmal errungene Macht konnte man sichern durch das Eliminieren von (potenziellen) Gegnern, aber auch durch ein Netzwerk von Ehrungen und großzügigen Dotationen für nützliche Helfer innerhalb des Machtsystems. Solche Auszeichnungen gingen vor allem an Künstler, Wissenschaftler, Erfinder und Heerführer. Zur Vergabe kamen Landgüter, Beförderungen in höchste Offiziersränge, hohe Geldsummen und Professor-Titel. Letzterer wurde verliehen z.B. dem Künstler Fidus (Hugo Höppener) und, im Juli 1943, Wernher von Braun. Das so großspurig und generös geknüpfte Netz von Loyalitäten war nicht immer reißfest. So beging der Feldmarschall Kluge (u.a. mit 250.000 Reichsmarkt beschenkt), von Hitler der Untreue verdächtigt, am 19. August 1944 Selbstmord[23]. Dotationen und Ähnliches an besonders verdiente Männer zu vergeben, besonders nach Kriegen, entsprach historischen herrscherlichen Gepflogenheiten; einer Rolle also, die zu spielen Hitler offensichtlich beanspruchte – was viel über sein Selbstverständnis aussagt.

Auf den Bahnen traditioneller Herrschaftsmethoden von Potentaten bewegte sich der „Führer" auch in der Anwendung des Prinzips „Teile und herrsche" (*divide et impera*): „Er konzentrierte alle Macht auf sich, so daß niemand
ohne sein Einverständnis etwas von Belang unternehmen konnte, und er sorgte
dafür, daß jeder durch irgendeinen anderen, daß jede Institution durch eine andere Institution überwacht wurde, also eine Machtzusammenballung gegen ihn
nicht möglich war."[24] Durch Etablieren von konkurrierenden „Machtpositio-
nen" und „Parallelitäten von Führeraufträgen" glaubte der Diktator nicht ohne
Grund, „zu verhindern, daß einer der Funktionäre mit seinem Amt mächtiger
würde als er"[25]. Der allzeit misstrauische „Führer" gab deshalb seinen Unterfüh-
rern meist nur leerformelartige, durch Kompetenzüberschneidungen reduzierte
Entscheidungsgewalt und wahrte für sich den Status einer obersten letzten In-
stanz[26].

Das Misstrauen des Emporkömmlings ging so weit, dass er immerzu gegen eine ebenfalls alte herrscherliche Tradition verstieß, nämlich gegen den
Grundsatz, sich nicht um jede Kleinigkeit selbst zu kümmern, vielmehr Aufgaben zweckmäßig zu delegieren (*Minima non curat praetor*). Diese akribische
Regelungssucht bis hin zum kleinsten Detail kennzeichnet nicht erst die Spät-
zeit im Zweiten Weltkrieg, diese aber ganz besonders. Es ließen sich aus den
hier reich fließenden Quellen lange Listen von Absurditäten zusammenstel-
len[27].

Als Hitler den Scheitelpunkt seiner unwahrscheinlichen Karriere und sein
wichtigstes Ziel erreicht hatte, nämlich der Namenlosigkeit zu entkommen und
ein Mann von Rang und Namen zu werden, als er, so legal wie seine Vorgän-
ger, Reichskanzler geworden war, schien sein Prestige eine unüberbietbare
Höhe erreicht zu haben: Er „wurde zwischen 1933 und 1940 zum unbestritten
beliebtesten Staatsoberhaupt auf der Welt"[28]. Nun konnten auch seine lange
frustrierten Künstlerträume insofern Wirklichkeit werden, als er durch grandio-
se Bauwerke seinen Namen verewigen und den Mäzen spielen durfte.

Schon 1931 / 32, das Karriereziel nah vor den Augen, fasziniert er den
Gauleiter Goebbels, der ihm oft als Sprechkulisse und Sprachrohr diente, mit
seinen Bauplänen für Berlin: „Phantastisch genial. Für Jahrtausende", so in einer Tagebuchnotiz zum 5. Oktober 1931. In der Nacht vom 21. zum 22. Oktober 1941 schwärmt der „Führer" gar:

„Wer die Reichskanzlei betritt, muß das Gefühl haben, vor den Herrn der Welt zu
treten, und schon der Weg dahin durch den Triumphbogen auf den breiten Straßen
an der Soldatenhalle vorbei zum Platz des Volkes soll ihm den Atem nehmen [...]
Die große Halle soll so werden, daß die Peterskirche mit dem Platz davor darin
verschwinden kann. Wir nehmen als Baustein Granit [...] Diese Bauten werden
[...] unverändert noch in zehntausend Jahren stehen [...] Ich will Baumeister sein,
Feldherr bin ich wider Willen [...] Unsere Bauwerke aber werden stehen und jeden
überwältigen, der an sie herantritt. Das Colosseum in Rom hat die Zeiten überdauert,
und was bei uns geblieben ist, sind unsere Dome."

Seine Baumanie war so unbezähmbar, dass er noch im März 1945 viel Zeit vor einem prächtigen Holzmodell verbrachte, das großartige Umbaupläne für seine Heimatstadt Linz anschaulich machte, wo er auch seinen Altersruhesitz vorgesehen hatte[29]. Oder war das, nur Wochen vor dem absehbaren Ende, ein Narkotikum, das ihn wenigstens zeitweise der grimmigen Realität enthob?!

Auch im Falle der Nürnberger Parteitagsbauten hatte er das Colosseum Roms als Vorbild vor Augen; auch in Nürnberg sollte gebaut werden „für ewige Zeiten", wie Hitlers Adjutant Wiedemann überliefert hat. Die klassizistisch-monumentale, megalomanische Herrschaftsarchitektur hatte für Untertanen und nichtdeutsche Fremde etwas Einschüchterndes. Sie beabsichtigte ein Überwältigtsein durch die unwiderstehliche Macht und Bedeutung des Herrschers. Es war indes eine selbstbezogene kalte Pracht, nicht zu Gefallen und wirklichem Nutzen der Menschen gedacht. Albert Speer, einer von Hitlers Architekten, hatte ganz in Sinne seines Chefs mit seiner Theorie vom „Ruinenwert" eine Art Ewigkeitsanspruch formuliert: Noch in ferner Zeit, als Ruinen, sollten diese Bauwerke Eindruck machen, so wie die Bauten des antiken Imperium Romanum als „Mahnmale einer vergangenen historischen Epoche" bis heute überdauert hätten[30]. Hitlers Intention liegt auf der Hand: „Die Neubauprogramme, die ihn ständig beschäftigten, waren als dauerhafte Monumente für seine Person, als Testament seiner Größe angelegt, ähnlich den Bauwerken der Pharaonen oder der Cäsaren."[31]

Sechstes Kapitel

Bei der Gelegenheit eines Aufsatzes im „Völkischen Beobachter" vom 22. Februar 1922, zum zweiten Jahrestag der Verkündung des Parteiprogramms am 24. Februar 1920 im Münchener Hofbräuhaus, wird von dem Mann aus Braunau ein Thema angeschnitten, das ihn bis in seine letzten Tage nicht mehr loslässt. Er erinnert an die bescheidenen Anfänge der „Handvoll Menschen" zwei Jahre zuvor, an den „mitleidigen Spott" und das „vernichtende Lächeln", mit dem sie bedacht worden seien, „das uns weher tat, als die schärfste Kampfansage uns je hätte tun können". Am 28. Februar 1926 behauptet er gar, „als ich mich im Jahre 1918 [!] mit 6 anderen zusammenschloß, wurden wir zunächst als Narren ausgelacht", und von diesem „Lachen", das „den Schuldigen an Deutschlands Zusammenbruch" noch „vergehen" werde, ist nun immer wieder die Rede, etwa am 30. November 1928[1].

Da und dort werden auch die Juden als Lachende genannt, denen „das einstige Lachen zum Teil bereits vergangen ist", so am 1. Februar 1930. Am 25. Mai 1932: „Als ich vor 13 Jahren die nationalsozialistische Bewegung [...] mit sieben Mann gründete, da wurde ich ausgelacht, verhöhnt, verspottet". Einmal mehr heißt es zum „Lachen (der Gegner) über uns" am 12. Juni 1932 triumphierend: „Und heute ist ihnen das Lachen vergangen!"[2] Erneut stolzer Triumph am 15. Juli 1932, in Verbindung mit der 7-Mann-Legende: „Vor 13 Jahren wurden wir Nationalsozialisten verspottet und verhöhnt. Heute ist unseren Gegnern das Lachen vergangen". Noch zehn Tage vor der „Machtübernahme", am 20. Januar 1933, erinnerte er an „Hohn und Spott, man lachte uns aus" im Jahre 1919[3].

Soweit Beispiele von Hitlers einschlägigen Aussagen vor dem Antritt seiner Kanzlerschaft am 30. Januar 1933. Dass er auf das angeblich ihm widerfahrene „Verlachtwerden" so ungewöhnlich oft zu sprechen kommt, kann kaum Zufall sein und ist vielleicht Element der Persönlichkeitsstruktur eines gegen alle Wahrscheinlichkeit Aufgestiegenen, der sich in der Rolle eines verkannten Genies oder eines politischen Propheten sieht, auf dessen Prophezeiungen man nicht hörte. Wenn das so war, musste er auf das Verlachtwerden besonders empfindlich reagieren bzw. es sogar fingieren, um seine Rolle besser spielen zu können. Es lohnt deshalb, die diesbezüglichen Verhaltensweisen des „Führers" auch nach seinem großen Karrieresprung, nach dem 30. Januar 1933, kurz in den Blick zu fassen. Dabei ist zweckmäßig der Erfassungsrahmen so anzulegen, dass neben dem Verlachtwerden auch auf Spott, Hohn und Blamagen überhaupt zu achten ist und darauf, wie ein humorloser, empfindlicher Emporkömmling auf Situationen der Lächerlichkeit reagierte.

Ein Beispiel ist die erste Begegnung Hitlers und Mussolinis am 14. Juni 1934 in Venedig. Davon ist das Foto einer peinlichen, den „Führer" bloßstellenden Situation erhalten. Hitler, in Zivil, den Hut verlegen in der Hand haltend, marschiert im Gleichschritt neben dem ansehnlich uniformierten und gestiefelten, markig auftretenden „Duce". Der Reichskanzler, vollschlank, mit schwabbeligem Doppelkinn und verlegen-unglücklicher Miene, „wirkte linkisch und glich im Aussehen dem amerikanischen Filmkomiker Oliver Hardy". – Ähnliches geschah Anfang Mai 1938, als Hitler Gast des italienischen Königshauses war und sich nicht angemessen respektvoll behandelt fühlte. Es war aber auch zu komisch, als er im Frack mit flatternden Frackschößen „wie ein wildgewordener Oberkellner" neben dem proper uniformierten König die Front einer Ehrengarde abschritt: „ein „lächerliches Schauspiel", wie er da mit erhobener Rechten und die Linke – sonst energisch am Koppelschloss eingehakt – gegen die Frackweste gepresst fürbass ging. Der Diktator war wütend ob der Behandlung im Quirinal und der Lächerlichkeit der Szene des Abschreitens der Front, und noch am 11. August 1939, im Gespräch mit Carl Jacob Burckhardt, erinnerte er sich zornig an die seinerzeitigen Peinlichkeiten[4]. Gekränkte Eitelkeit eines humorlosen Emporkömmlings?!

Fast lustvoll dagegen erinnert der gleiche Emporkömmling immer wieder daran, z.B. am 24. Februar 1937, wie die Mitglieder der NSDAP anfangs „verlacht" und „ausgespottet" wurden; wie er selbst, so klagt er am 24. Februar 1940 (und im selben Jahr noch mehrfach) in Deutschland beschimpft wurde von Demokraten und Juden und im Ausland „beschimpft" wurde wegen seiner Friedensvorschläge und gar deshalb „bespuckt" wurde[5]. Das erinnert fatal an das Neue Testament (Mt 26, 67 und Parallelen: Der Messias Jesus wird bespuckt, verspottet und verhöhnt!). Dieser Eindruck verstärkt sich im Laufe des Krieges, als der Diktator den sich verhärtenden Widerstand des Auslandes zur Kenntnis nehmen musste, das einen „Frieden" à la Hitler nicht goutieren wollte und ihn deshalb angeblich „bespuckte", „auslachte" und verspottete. Und noch am Tag vor seinem Selbstmord, am 29. April 1945, begründete er diesen damit, er wolle nicht bei einem „von Juden arrangierten Schauspiel" zur „Erlustigung" verhetzter Massen dienen[6].

Daneben rekapituliert der „Führer" immer wieder einmal seine Anfänge im Jahre 1919, so in einer Rede im Berliner Sportpalast am 30. Januar 1941: Damals sei er „bemitleidet" worden, und es war vielleicht „auch gottgewolltes Schicksal, daß man uns damals auslachte, verspottete und daß schon damals eine gewisse Propaganda sich über uns nur lustig machte und uns nur als einen Witz ansah"; und in derselben Rede erscheint einmal mehr der Brückenschlag zu den Juden: „Sie mögen auch heute noch lachen darüber (d.h. über Hitlers „Prophezeiung" im Reichstag am 30.1.1939 vom Untergang des europäischen Judentums im Falle eines neuen Weltkrieges), genau so, wie sie früher lachten über meine inneren [!] Prophezeiungen"[7]. Möglicherweise kannte der Diktator vage, wenigstens indirekt, biblische Aussagen zur Prophetenverfolgung: Sie werden verhöhnt, verspottet und verlacht (2 Chronik 36, 16; Jeremia 20, 7–8). Es scheint, dass Hitler mitunter die Rolle eines leidenden politischen Messias bzw. Propheten annimmt und sich darin gefällt. Als Urheber des Verlachens und Verspottens erscheinen mitunter auch die Juden, anscheinend umso mehr, je mehr der geplante schnelle Siegfrieden in die Ferne rückte: Der in der desaströsen Situation von 1918 benötigte Sündenbock ist jetzt wieder gefragt. Nun gilt erneut das internationale Judentum als Drahtzieher.

Es kann nicht verwundern, dass auch Goebbels, Hitlers Sprachrohr und Echo, unentwegt das Verlachen, Sich-lustig-Machen, Verhöhnen und Verfolgen thematisiert, dem der „Führer" und seine Partei vor 1933 ausgesetzt gewesen seien[8]. Daneben bieten zahlreiche Zeugen der Zeit vor 1933 Berichte zu diesem Thema: Hitler als Lachnummer und wie er entsprechende Situationen zu meiden suchte bzw. Einschlägiges stets weit von sich wies. So mochte er sich nicht einmal bei Sommerhitze in Badekleidung zeigen, etwa ähnlich einem viel beachteten Titelbild in der „Berliner Illustrierten" mit dem damaligen Reichspräsidenten Ebert; er mochte nicht zu Pferde sitzen und mied nach Möglichkeit den Umgang mit Gelehrten und wirklich gebildeten Männern – zu groß war seine Furcht vor Blamagen.

Einige Zeitzeugen erinnern sich noch an ein im März 1942 von englischen Flugzeugen massenhaft abgeworfenes Flugblatt „An die Soldaten der Deutschen Wehrmacht". Es bezog sich auf eine Rede des „Führers" am 24. Februar 1941 in München, in der er u.a. gesagt hatte:

> „Ich bin jedenfalls der Vorsehung dankbar, daß, nachdem dieser Kampf schon unausbleiblich war, sie ihn noch zu meinen Lebzeiten ausbrechen ließ und zu einer Zeit, zu der ich mich noch frisch und rüstig fühle. Und gerade jetzt fühle ich mich wieder so frisch! Es kommt der Frühling, der Frühling, den wir alle begrüßen."

Das Flugblatt zeigte in einer Fotomontage den Diktator, wie er fröhlichen Gesichts auf einem mit toten Soldaten bedeckten Leichenfeld steht, mit der Sprechblase: „Ich fühle mich so frisch, es kommt der Frühling" – unsäglich komisch und makaber zugleich[10]. In diesem Zusammenhang kann vielleicht auch Charlie Chaplins 1940 in den USA entstandener Film „Der große Diktator" genannt werden, eine Parodie auf Hitler („Hynkel"). Die Welt lachte über einen Mann, der genau wusste, dass der Weg vom Erhabenen zum Lächerlichen kurz ist und dass Lächerlichkeit tödlich sein kann, weshalb er alles mied, was für einen humorlosen Karrieristen, der als berühmter Mann in die Geschichtsbücher eingehen wollte, kontraproduktiv zu sein schien. Als ehrgeiziger Emporkömmling, der ein langes Gedächtnis hatte für Zurücksetzungen und Demütigungen, war er gegen Spott extrem empfindlich, auch wenn er diesen nur argwöhnte.

Vieles dieser Art war freilich fiktiver Natur: Es gehörte zur ihn aufwertenden Selbststilisierung und zu seiner angenommenen Rolle, dass er als eine

Art politischer Messias und Prophet verlacht und verfolgt wurde. Wohl ebenso strukturiert – das heißt zum Rollenspiel gehörend – ist die Häme im Laufe des Zweiten Weltkrieges: Den einst (ver-)lachenden Juden vergeht das Lachen! Hier kommt aber auch das Talionsmotiv zum Zuge, das vielleicht, im Sinne von Blut gegen Blut, hinter Hitlers Auftrag vom Dezember 1941 steht, den Genozid an den europäischen Juden zu vollziehen[11].

Siebtes Kapitel

Zu den Ängsten des Emporkömmlings Hitler gehört ein Element, das für die Eigenart seiner Karriere und für seine Handlungsmotive einige Bedeutung hat, gleichwohl bisher wenig Beachtung gefunden hat, sein Verhältnis zur Zeit, genauer: seine Zeitnot, seine oft seltsame Hast und Ungeduld, typisch für einen Mann, der im Jahre 1919, zu Beginn seiner Karriere, bereits mehr als sein halbes Leben hinter sich hatte. Es ist dies, so muss man wohl deuten, die Sorge dessen, der als Spätstarter überraschend doch noch Karriere macht und sich nun sorgt, ob er innerhalb der seinerzeit normalen Lebenserwartung seine nun immer hochfliegender werdenden Pläne noch realisieren kann. Wie sieht das nun im Einzelnen aus?

Hauptgründe für den Verlust des Ersten Weltkrieges waren, so hatte Hitler im Jahre 1919 gelernt, die durch die englische Seeblockade verstärkten ernährungs- und rüstungswirtschaftlichen Defizite des Deutschen Reiches; mit anderen Worten: Die fehlende Autarkie war mitschuldig an der Situation im Herbst 1918. Als drei Jahre nach des „Führers" Machtübernahme die innenpolitische Situation genügend stabil erschien, wollte er keine Zeit mehr verlieren und verkündete am 9. September 1936 auf dem Nürnberger Parteitag seine Absicht, Deutschland binnen vier Jahren „vom Ausland gänzlich unabhängig" zu machen, dies als Voraussetzung zur Vermehrung der „Volkszahl", und um – wie es in einer geheimen Denkschrift vom August 1936 hieß – so die deutsche Wirtschaft „kriegsfähig" und die Wehrmacht „einsatzfähig" zu machen[1].

Deutschland autark, volkreicher und schlagkräftiger zu machen, solange dessen – angeblich stärker werdende – Gegner das noch nicht verhindern könnten, dies war auch Hauptthema der von Hitlers Wehrmachtsadjutant Oberst Friedrich Hoßbach nachträglich aus dem Gedächtnis protokollierten Besprechung mit den Spitzen der Wehrmacht und Außenminister von Neurath am 5. November 1937 in der Reichskanzlei. Die Besprechung war, nach Hitlers Art, eher ein zweistündiger Monolog zum Thema Außenpolitik, im Falle seines Todes als testamentarische Hinterlassenschaft anzusehen; das Judenthema spielte keine Rolle[2].

In einer Ansprache vor Propagandaleitern am 29. Oktober 1937, also eine Woche vor dem Termin in der Reichskanzlei, hatte er neben dem Autarkie-Prinzip noch einen weiteren Gesichtspunkt zur Sprache gebracht, das vielleicht stärkste Motiv seines Handelns, älter und dominierender als das erst seit Mitte der zwanziger Jahre (besonders in „Mein Kampf") klar erkennbare Motiv des Erwerbs von „Lebensraum":

> „Er, Hitler, habe nach menschlichem Ermessen nicht mehr lange zu leben. In seiner Familie würden die Menschen nicht alt. Auch seine beiden Eltern seien früh gestorben. Es sei daher notwendig, die Probleme, die gelöst werden müßten (Le-

bensraum!) möglich bald zu lösen, damit dies noch zu seinen Lebzeiten geschehe. Spätere Generationen würden dies nicht mehr können. Nur seine Person sei dazu noch in der Lage."

Es war aber hier wohl weniger die „Furcht vor Krebs, an dem seine Mutter gestorben war" das Motiv der Ungeduld[3], sondern eher oder mehr die – bei Hitler vorauszusetzende – Kenntnis der vor etwa 70–80 Jahren üblichen statistischen Lebenserwartung; denn, so schrieb ein zeitgenössischer Erziehungspolitiker:

> „Die Aufzucht des Menschen bis zum Beginn der produktiven Tätigkeit und wirtschaftlichen Selbsterhaltung dauert 17 bis 18 Jahre. Die Periode schöpferischer Leistung aus der Vollkraft des Lebens nimmt etwa 20 bis 25 Jahre in Anspruch. Die restlichen 20 bis 25 Jahre der durchschnittlichen Lebenserwartung führen bei absinkenden Leistungen zu dem Stadium des Lebens, in dem der einzelne die Gemeinschaft belastet."

Geschätzte normale Lebenserwartung also: 60–62 Jahre. Konform damit rechnet Hitler z.b. in dem 1926 geschriebenen zweiten Band von „Mein Kampf": „Selbst der jüngste Soldat von 1918 wird in zwanzig Jahren kampfunfähig sein", also insofern mit etwa 45 bis 46 Jahren quasi ein alter Mann sein. Offensichtlich dachte er auch daran, dass im Deutschen Reich die Landsturmpflicht mit der Vollendung des 45. Lebensjahres endete. Danach begann sozusagen allmählich das Greisenalter – durchaus entsprechend der seinerzeitigen durchschnittlichen Lebenserwartung von kaum mehr als 60 Jahren[4].

Im Laufe des Jahres 1939, im Zusammenhang mit seinem 50. Geburtstag am 20. April 1939 und in den Monaten danach, erreichte des „Führers" Zeitnot einen Höhepunkt, erkennbar an zahlreichen einschlägigen Aussagen, wie: Er sei nun 50 Jahre alt und wolle den Krieg lieber jetzt haben als im Alter von 55 oder 60 Jahren, wenn er „zu alt und zu schwach" und nicht mehr „in körperlicher und geistiger Frische" wäre[5].

Für den 22. August 1939, unmittelbar vor Beginn des Überfalls auf Polen, rief Hitler leitende Wehrmachtsoffiziere auf den Obersalzberg und machte ihnen klar, dass die Situation wegen der Schwäche der Gegner jetzt für einen Angriffskrieg günstig sei. Aber:

> „Wesentlich hängt es von mir ab, von meinem Dasein [...] Mein Dasein ist also ein großer Wertfaktor. Ich aber kann jederzeit von einem Verbrecher, einem Idioten beseitigt werden [...] All diese glücklichen Umstände bestehen in zwei bis drei Jahren nicht mehr. Niemand weiß, wie lange ich noch lebe. Deshalb Auseinandersetzung besser jetzt."[6]

In seinem Tagebuch zum 24. Mai 1942 berichtet Goebbels von einer zweistündigen Rede seines Chefs im Kabinettssaal der Berliner Reichskanzlei, anlässlich des Todes des dreiundfünfzigjährigen Karl Röver, Gauleiter des Gaues „Weser-Ems". Er beklagte elegisch „das Sterben" in der Partei, das „zu tiefsten Befürchtungen Anlaß" gebe:

„Er selbst hoffe für seine Person, daß er den Krieg noch überleben werde, da er
der festen Überzeugung sei, daß niemand anders in der Lage wäre, der schwierigen Probleme Herr zu werden, die mit dem Krieg verbunden seien."

Offensichtlich wurde sich Hitler wieder bewusst, dass auch seine Tage gezählt
waren. Schließlich war er nur zwei Jahre jünger als sein jetzt verstorbener
Gauleiter! Noch am 15. Februar 1945 thematisierte der Diktator seine Zeitnot,
ja Zeitangst: „Ich hingegen stehe unter dem Schicksalsgebot, alles innerhalb
eines einzigen kurzen Menschenlebens zu vollenden [...] Wofür die anderen
die Ewigkeit haben, dafür bleiben mir nur ein paar armselige Jahre."[7] Hast eines Mannes, der noch möglichst viel für seinen Nachruhm tun will?!

Typisch für Hitler ist auch die voreilige Siegesmeldung im Herbst 1941:
Am 10. Oktober ließ er seinen Reichspressechef offiziell verkünden, die Entscheidung im Ostfeldzug sei praktisch zugunsten Deutschlands gefallen und
Russland geschlagen – eine schwere Fehleinschätzung. Die Voreiligkeit dessen, dem alles nicht schnell genug ging!

In den letzten Kriegsjahren kam es zu einer eigenartigen Doppelung bzw.
Umpolung des Zeitfaktors: Aus der Zeitnot des Karrierespätstarters wurde
mehr und mehr die Hoffnung auf Zeitgewinn; denn die Aussicht auf neue
Wunderwaffen oder ein Auseinanderbrechen der Feindkoalition – wie im Siebenjährigen Krieg Friedrichs des Großen – ließ einen Endsieg noch als möglich erscheinen: „Zeitgewinn" war jetzt die Devise, und der Tod Roosevelts am
12. April 1945 (gewertet als historische Parallele zum kriegswendenden Tod
der Kaiserin Elisabeth von Russland am 5.1.1762), ließ wieder Hoffnung auf-
flackern. Durchhalten und Abwarten war nun die Parole. Aber schon am
25. Februar 1945 überwiegt des Diktators Resignation im Gespräch mit Martin
Bormann: „Das Werk, das ich mir vorgenommen habe, um dem deutschen
Volk den Platz an der Sonne zu erobern, ist zuviel für einen einzelnen Mann,
zu gewaltig umfassend für eine Generation!"[8]

Aus solchen Stimmungen spricht auch die Verzweiflung eines ehrgeizigen
Karrieristen, der, durch eine Phase unwahrscheinlicher Erfolge maßlos gewor-
den, seine Ziele unerreichbar weit gesteckt hatte und nun die Minderung seines
Nachruhms in den Geschichtsbüchern fürchtete.

Achtes Kapitel

In einer Rede vor Bauarbeitern am 20. Mai 1937 freute sich der „Führer", einmal „vor der breiten Masse" zu sprechen, weil er so „auch selbst zum einfachen Denken gezwungen" werde. Das muss ihm nicht schwer gefallen sein, ihm, der schon während des Ersten Weltkrieges gern anhand von Zeitungslektüre „über politische und weltanschauliche Fragen in der primitiven Art der kleinen Leute philosophierte". Der Berliner Gauleiter, Hitlers Sprachrohr und Echo, wusste es schon im Jahre 1927: „Gewiß ist die nationalsozialistische Propaganda primitiv; doch auch das Volk denkt ja primitiv. Sie vereinfacht die Probleme [...] um sie in den Horizont des Volkes hineinzupassen."[1]

Demagogen wie Hitler und Goebbels entwickelten ein beträchtliches Talent, in Bierhallen, Sälen und Zirkuszelten die Ängste, vagen Vorurteile und verschwommenen Feindbilder des „primitiven Volkes" zu konturieren, in griffige Schlagworte umzumünzen und Sündenböcke zu benennen. Erst die Zeitgeschichtsforschung der letzten Jahrzehnte hat ermittelt, dass der Mann aus Braunau – vermutlich indirekt über Zeitungsberichte, stets eine seiner wichtigsten Informationsquellen – die „Psychologie des foules" des Gustave Le Bon kannte; dieser hatte unter anderem gelehrt, „daß sich ein ‚großer Führer' der Masse zuerst selbst in seinen Glauben so hineinsteigern müsse, daß sein Charisma schließlich die Massen förmlich überwältige und sie so zwinge, an ihn bedingungslos zu glauben". Die Masse sei im Übrigen gefühlsbetont „gleich dem Weibe" und verlange wie dieses nach Unterordnung unter eine starke männliche Persönlichkeit[2].

Anklänge an solche Gedankengänge lassen sich nicht nur beim „Führer" selbst finden, sondern auch in der Erziehungslehre des Nationalsozialismus. Sie wünschte sich die Masse formiert wie eine willig der Führung folgende Marschkolonne; denn „Nationalsozialist wird man nur im Lager und in der Kolonne", deren „inbrünstiger Marschtritt", kaschiert als „Gemeinschaftsgeist" sie fast willenlos der Führung folgen lasse[3]. Überwältigung der Masse war also das Ziel.

Auf Überwältigung, ja Vergewaltigung war auch Hitlers schauspielerisch geschulte Redetechnik angelegt: Meist ein leiser, scheinbar stockender Beginn, dann allmähliche Steigerung der Lautstärke – unterbrochen von phasenweisem Dämpfen und Anheben der Stimme – bis hin zu orgiastischem Schreien, gefolgt schließlich von ruhigem Ausklingen der Erregung. Vor NSDAP-Führern, SA-Männern und Offizieren, auch intern vor kleineren Gruppen, sprach er meist frei, allenfalls anhand einiger Notizzettel (Stichwortlisten), so auch oft bei längeren Reden in den frühen zwanziger Jahren. In seinen späteren Jahren benötigte er für die Vorbereitung einer längeren öffentlichen Rede meist mehrere Abende, diktierte sie in die Schreibmaschine und korrigierte den Text danach noch einmal. Die Gesamtzahl seiner Reden und Ansprachen – mitunter mehrere an einem Tag – ist so groß, dass sie kaum noch zählbar erscheint. Besonders seit dem Frühjahr 1932 werden sie so zahlreich, dass selbst die grundlegende zwölfbändige Edition der Reden von 1925 bis 1933 für Februar 1932 bis Januar 1933 „pro Tag in der Regel nur eine Rede wörtlich wiedergeben konnte".

Diese Methode, Reden vorzubereiten und zu halten, war nur möglich mit einem im Gedächtnis gespeicherten Arsenal von Schlagworten, Phrasen und ihren katenartigen Junkturen (Gedankenketten). Zahlreich erhaltene Stichwort-Notizblätter lassen Hitlers Arbeitsweise noch gut erkennen[5].

So kommt es, dass seine vielen Hundert Reden mit ihren zahllosen angelernten Allgemeinplätzen und Wiederholungen immer die gleichen Themen mit immer den gleichen Ergebnissen durch eine Art von rhetorischem Fleischwolf drehen. Bevorzugte Gegenstände sind der Krieg 1914–1918, seine Folgen und die Schuldigen (vor allem obskure internationale Finanzmächte und Plutokraten) an der ganzen Misere, die sich nie wiederholen könne, wenn das deutsche Volk autark, groß und stark werde. Mit einem Wort: ein monotones Cento völkischer Phrasen, oft durchsetzt mit einer gehörigen Portion von politischem Sozialdarwinismus und mit Rassismus. Abwechslung bei der Verwurstung seiner Standardthemen ist selten, und z.B. noch in des Diktators Rundfunkrede am 30. Januar 1944 finden sich die alten „abgedroschenen Redensarten", und es wird eine altbekannte „uralte Platte" abgespielt[6].

All seine Texte strotzen von Leerformel-Begriffen, oft nur geringfügig variiert, aber dem Sinn nach gleichbleibend. Massiert erscheinen sie etwa in „Mein Kampf" (1925–1927), einer Sammlung disparater Einzeltexte (z.T. Zweitverwertung seiner zahlreichen Zeitungsaufsätze und Wiederverwendung von Redeentwürfen?!) ohne roten Faden, nur verbunden durch ihre wüste völkische Polemik und anscheinend durch redigierende Helfer erst lesbar gemacht.

Zu den seit 1920 so oder ähnlich immer wieder erscheinenden Phrasen und Schlagworten gehören etwa: Internationales (jüdisches) Großkapital, internationales (jüdisches) Börsen- und Leihkapital, (jüdischer) Bolschewismus, (internationales) Finanzjudentum, Hochfinanz, Zinsknechtschaft, (jüdischer, plutokratischer) Weltherrschaftsanspruch – lauter Denkelemente der Münchener völkischen Szene vom Anfang der zwanziger Jahre des zwanzigsten Jahrhunderts, einer Szene, in die Hitler sich eingliederte. Das scheint ihm auch deshalb nicht schwer gefallen zu sein, weil deren Sprüche ihm als fleißigem Zeitungsleser zum Teil schon aus seiner Wiener Zeit (1907–1913) bekannt waren. Noch in seinem „politischen Testament" vom 29. April 1945 faselt er, im Sinne eines Sündenbocks, vom „internationalen Judentum und seinen Helfern"[7]. Besonders häufig erscheint in der einen oder anderen Form der angebliche Dolchstoß der Heimat in den Rücken der im November 1918 angeblich noch kampfstarken Front, wobei hartnäckig ignoriert wurde, daß die Oberste Heeresleitung bereits am 28./29. September 1918 die Reichsregierung um ein Waffenstillstandsangebot (auf der Basis des „Vierzehn-Punkte"-Plans Präsident Wilsons) ersucht hatte, weil der Krieg nicht mehr gewinnbar erschien[8].

Vielleicht am häufigsten redet der Mann aus Braunau mit Bezug auf den November 1918 von den „Novemberverbrechern", dies seit dem 18. September 1922 und vermutlich, wie fast alles dieser Art, dem aktuellen Journalismus entnommen[9]. Gemeint war damit in erster Linie Philipp Scheidemann, daneben unter anderen etliche Politiker jüdischen Glaubens bzw. jüdischer Herkunft wie Hugo Preuß, Eisner, Rathenau, Rosa Luxemburg. Nicht selten wurde auch polemisch vom „Novembersystem" geredet oder überhaupt von der „Systemzeit" und der „Judenrepublik", vor allem in der demokratiefeindlichen völkisch-nationalen Rechten[10].

Zurück zu Hitlers Redestil: Als die Presse vor 1933 noch frei war, sparte sie nicht mit deutlichen Worten. So berichtete der „Hessische Volksfreund" über seinen Auftritt in Darmstadt am 13. November 1931:

> „Die sich fortwährend überschlagende Stimme, die plötzlich wieder in einen fast weinerlichen Ton verfällt [...] Die unversieglichen Mengen von Schweiß, die dieser Mann absondert [...] Die Hände, Schauspielerhände, verkrampften sich unausgesetzt in der Luft, als wollte er sich daran halten [...] Der ganze Mann ist ein dauernder Krampf. Und so redet und redet er geschlagene drei Stunden wie ein Wasserfall [...] Wo steckt das Geheimnis dieser ‚Persönlichkeit', die nichts als übernommene Phrasen von sich gibt und eine ‚Weltanschauung' aus Ungereimtheiten zusammengepappt? Man ist entsetzt über die Hohlheit und Alltäglichkeit der Phrasen, die er von sich gibt."

Die Zeitschrift „Germania" vom 25. Januar 1932 kommentierte eine Hitler-Rede in München: „Er schlagwortet weiter." – Die „Kölnische Volkszeitung" vom 28. Januar 1932 sprach bezüglich einer Düsseldorfer Rede vom 26. Januar von „der Inhaltlosigkeit seines Programms". – Das „Hamburger Echo" vom 2. März 1932 kommentierte eine am 1. März in Hamburg gehaltene Rede: „Was ist Herr Hitler? Eine lebende Illustration zu seinem Wälzer ‚Mein Kampf': ein eitler Poseur [...] Weich, unangenehmes Theater in der reichlichen Pose. Eine Zweitausgabe Wilhelms des Großmäuligen [...] Was hat der Mann gesprochen? Man erinnert sich vergebens. Man greift in schleimigen Glitsch. Nur eins hat sich eingeprägt: sein immer wiederkehrendes Ich, Ich und nochmals Ich". – Die „Volkswacht für Oberpfalz und Niederbayern" vom 7. April 1932 beschrieb eine Regensburger Rede des Mannes aus Braunau als „Zirkus Hitler [...]. Da saßen sechstausend Menschen um seinetwillen und bekamen den ‚Völkischen Beobachter' von vorgestern vorgetragen". – Zu einer Rede Hitlers in Essen am 8. April 1932 bemerkte die „Volkszeitung" vom folgenden Tag: „Der Ritter von der traurigen Gestalt hatte dieselbe Walze aufgespannt wie einen Tag zuvor in Frankfurt a.M."[11]

Nun könnte man vielleicht denken, solche Urteile seien stark geprägt von der Häme politischer Gegner. Doch dafür sind sie zu zahlreich und zu übereinstimmend. Ja, selbst der bedingungslose Parteigänger Joseph Goebbels kann mitunter nicht eine kritische Bemerkung unterdrücken, so am 5. August 1929, sein Chef gebe als Redner nur „bekannte Gedankengänge" von sich; und seine Ehefrau Magda – im Übrigen eine große Verehrerin des „Führers" – beklagte sich einmal bei dem Grafen Ciano über den langweilenden Hitler: „Fast immer redet er. Und er kann Führer sein, so viel er will, schließlich wiederholt er doch immer die gleichen Dinge und ödet seine Zuhörer an."[12]

Leute, die den Mann aus Braunau lange aus nächster Nähe erlebten, sprachen im Zusammenhang mit seinen Reden und Texten von „weitläufiger Wiederholung bekannter Dinge", vom Ablaufen „ein und derselben Grammophonplatte" oder registrierten kritisch, dass er bei weltanschaulichen Dingen (Beispiel „Marxismus") nie ins Detail ging, „wohl aber kam er immer wieder auf die wenigen entscheidenden Kerngedanken" – typisch für einen oberflächlichen Schlagwort-Denker, der nicht die Quellen selbst studiert, sondern sein Wissen vereinfachenden Zwischenquellen, z.B. Zeitungsartikeln, entnahm. Selbst für den Berliner Gauleiter Goebbels ist sein Chef im Jahre 1927 „der große Vereinfacher"[13].

Dass Hitler nicht selten stundenlang ohne Manuskript, aus dem Stegreif, reden konnte, verdankte er wohl seiner stupenden Schubladenerinnerung, in der er Gelerntes, das ihm wichtig erschien, abrufbar speicherte. Vermutlich besaß er ein „eidetisches Gedächtnis", die – im Übrigen gar nicht seltene – Fähigkeit, einzelne Zeilen oder Teile eines gelesenen Textes sich visuell so einzuprägen, dass er sie im Bedarfsfall (mit seinem geistigen Auge wie von einem Teleprompter abgelesen) zitieren konnte, und das galt auch für das Abspulen einschlägiger Assoziationen und gespeicherter Gedankenketten.

Sein Dolmetscher Paul Schmidt, der ihn oft aus der Nähe erlebte, sprach treffend im Zusammenhang von des „Führers" monologischen Suaden bei Gesprächen mit Diplomaten und Staatsmännern von „lauter kleinen Sportpalastreden [...] daß er zeitweilig wie geistesabwesend seine Argumente nach einer vorgefaßten [...] Ordnung mechanisch hersagte [...] Vorspielen von Grammophonplatten [...] Redestrom [...] Wortschwall [...] Grammophonplatte [...] ungeheurer Leerlauf [...] immer hohler klingende Phrasen". Dabei redete er zur stummen Verzweiflung seiner Gesprächspartner, ohne diese zu Wort kommen zu lassen, oft stundenlang – ein fast zwanghaftes Abspulen von in seinem Kopf gespeicherten Gedankenketten, das erst endete, wenn der Speicher leer war[14].

Wie nicht nur seine Sekretärin Christa Schroeder erkannte, pflegte ihr Chef seine Mitmenschen mit angelesenem Wissen zu beeindrucken, es dabei aber als durch eigene Erkenntnis gewonnen auszugeben bzw. seine jeweiligen Quellen geflissentlich zu verschweigen[15]. Bezüglich seines Werkes „Mein Kampf" gab er später gegenüber Hans Frank zu, es sei „eine Aneinanderreihung von Leitartikeln für den ‚Völkischen Beobachter'"; und diese waren bereits, so möchte man ergänzen, kaum mehr als völkisch-nationalistische Tiraden, ausgewalzt und fortgesponnen aus dem, was ihm die Reichswehr 1919 eingetrichtert hatte und was auch bereits auf bedrucktem Papier stand, das dem „Völkischen Beobachter" geistesverwandt war. Es ist etwa zu denken an Feder, Lindenau und Drexler. Fazit: Der Mann aus Braunau war ein intelligenter Kompilator, und wie alle Kompilatoren verteidigte er verbissen seine eigene dürftige Leistung als „geistiges Eigentum"[16].

Neuntes Kapitel

Am 12. September 1919 besuchte der Gefreite Hitler in seiner Eigenschaft als „V-Mann" (Vertrauensmann, eine Art Spitzel) der Reichswehr und ausdrücklich von seinem Vorgesetzten, Hauptmann Karl Mayr, beauftragt, eine Versammlung der kleinen „Deutschen Arbeiter-Partei" (DAP); denn die Reichswehr wollte über die Münchener politische Szene informiert sein. Der Gefreite wird auch von sich aus an der Sache interessiert gewesen sein, war doch für den Abend des 12. September in dem für die Parteiversammlung vorgesehenen Raum des Sterneckerbräus ein Vortrag des Dipl.-Ing. Feder angekündigt, des Mannes also, den der V-Mann schon drei Monate zuvor als von der Reichswehr beauftragten Dozenten in der Münchener Universität erlebt hatte. Gottfried Feder hatte sich einiges Ansehen erworben als Autor einer Schrift „Manifest zur Brechung der Zinsknechtschaft" (1919) und galt in einschlägigen Kreisen als Finanz- und Wirtschaftsexperte. Bei dieser Vortragsveranstaltung sprach nach Feder noch ein Professor Albert Baumann, und auch Hitler ergriff in der anschließenden Diskussion das Wort und machte damit so viel Eindruck, dass der Parteivorsitzende Drexler ihn zum Wiederkommen und Mitmachen in der DAP einlud und ihm seine grundlegende Programmschrift „Mein politisches Erwachen" zur Lektüre mitgab.

Der Reichswehrgefreite wird Drexlers Text zu Hause gelesen und gedacht haben, dergleichen brächte er auch zuwege, kam kaum eine Woche später wieder und wurde Mitglied in der DAP. Was diese wollte, entsprach ja großenteils den Interessen der Reichswehr: Die Arbeiterschaft sozial aufzuwerten, im vaterländisch-nationalen Sinne geistig aufzurüsten und so gegen zu befürchtende bolschewistisch-internationale Einflüsse zu immunisieren. Ziel also: eine Art nationaler Sozialismus. Die DAP gehörte aber auch zur völkischen Szene Münchens (in der u.a. Dietrich Eckart, Alfred Rosenberg und Hans Frank agierten), und in diese gliederte Hitler sich nun ein, sog deren Gedanken wie ein Schwamm auf und machte sie zu seinen eigenen.

Noch mehr als die DAP verstand sich die in der Folge in ihr und aus ihr sich entwickelnde, sie ablösende und ersetzende NSDAP (mit ihrer Zeitung „Völkischer Beobachter") als „Völkische Bewegung", und der Sammelbegriff „völkisch" dominiert seit der Jahreswende 1920/21 vielhundertfach das ideologische Vokabular der neuen Partei. Jetzt, am 1. Januar 1921, wird auch bereits „Zweck und Ziel" der NSDAP definiert: Das „germanische Reich deutscher Nation", in dem für die Juden kein Platz sein sollte; seit Hitlers „Brief an Gemlich" vom 16. September 1919 begleitet auch ein deutlicher Antisemitismus diese nun künftig von dem Mann aus Braunau dominierte „völkische Bewegung"[1].

Neben diese „völkische Bewegung" treten nun parallel und ergänzend Begriffe wie „völkischer Staat", und bis zum Ende der NS-Herrschaft bleibt „völkisch" ein ideologischer Schlüssel- und Sammelbegriff. Beispielsweise wird noch im Januar 1945 den Hitlerjugendführern eingehämmert, es sei „der Kern unserer völkischen Sendung: das Führervolk Europas zu sein!" Die überragende Bedeutung des „Völkischen" als Substrat und Ausdruck nationalsozialistischen Denkens wird nicht gemindert dadurch, das Hitler selbst und Goebbels den Nationalsozialismus gelegentlich von „völkischen" Außenseitern und Spinnern abgrenzten[2]. Doch ist zu sehen, dass das dem Begriff des Völkischen eigene Vorurteilspotenzial im Nationalsozialismus zum blanken Rassismus mutiert, unter Verlust der seit der Romantik noch da und dort dem Wort „Volk" eigenen Gefühlswerte.

So wird aus dem „Volk" Herders und der Romantik im Nationalsozialismus der – rassisch aufzuartende – „Volkskörper" samt der „Rassenseele", sowie als Wissenschaft die „Volkskunde auf rassischer Grundlage". Folge: Das Leben des Individuums verliert an Bedeutung zugunsten des Lebens und Überlebens des Volkes. Was jetzt vor allem zählt, ist „die nationale Geschlossenheit unseres Volkskörpers"[3]. Dieser „Volkskörper" ist vor dem „Ausbluten" „durch Auswanderung und Geburtenbeschränkung" zu bewahren, und man muß ihn „freihalten von fremdem Blut"[4].

Von dem „durch sein Blut bedingten eigenen Seelenleben" eines Volkes (d.h. der Rassenseele) spricht Hitler in seinem „Zweiten Buch" im Sommer 1928, auch dies im völkisch-rassistischen Denken der frühen zwanziger Jahre bereits präsent; und von der „germanischen (bzw. nordischen) Rassenseele" redet die völkische Anthropologie dieser Zeit oft. Ein NS-Ideologe wie Stellrecht fokussiert dergleichen auf „den Mut, das Leben gefährlich zu leben, rassisch bedingt durch das nordische Blut"[5]. Diese Entwicklung hin zu kriegerischer Aggressivität, häufig in NS-Liedern erkennbar, wird mitunter noch romantisch verklärt, eine Nachblüte der Jugendbundromantik vor 1933. Beispiel: Ein Sprechchor der Hitlerjugend (von Ernst Leibl, * 1895), in dem es heißt:

„Immer wieder wagend / Wikingerfahrt / in die verhüllten, noch unentdeckten / Länder des Geists und der Seele, / Wissenschaft zu erringen, / und in dem neuentdeckten Land / Unsre Fahne zu hissen. / Denn das Sternbild des Nordens leuchtet, / Der heilige Wagen, Und das Weh der Sehnsucht, / Über unseren Häuptern."[6]

Zu dem völkisch-ideologischen Sammelsurium, das sich der Nationalsozialismus seit 1919/20 zusammenklaubte, gehörte auch die „Auslese und Ausmerze" zur biologischen Sanierung und „aufartenden" Verbesserung des „Volkskörpers", eine Mixtur aus Darwinismus und Eugenik. So war etwa das „Zuchtziel" im Reichsarbeitsdienst (RAD) der „Staatsbürger gemäß den Normen und Werten des völkischen Staates", auch sei der RAD „geradezu *der* Ort für Menschenauslese"[7].

Generelles Ergebnis der „Zucht" sollte „ein gesundes Volk" sein, direkt angestrebt durch „die Erbgesundheitsgesetze mit dem Ziel der Ausmerzung aller Arbeitsunfähigen". Sozialdarwinistisch gesehen entsprach dem auszumerzenden „arbeitsunfähigen" Einzelmenschen des deutschen Volkes international der „wertlose Völkerbrei"[8].

Wie alle NS-Ideologeme war auch die Rassenpolitik und Rassenpflege nicht nur ethisch verwerflich, sondern auch wissenschaftlich ein Nonsens. Selbst der Mann aus Braunau erkannte in einem lichten Moment, in einer Rede vom 3. Dezember 1928 (zum Thema „deutsche Volksseele" und deutscher „Volkskörper"): „Wir sind hier zu 99% keine reinen germanischen Menschen mehr", sodass, von daher gesehen, das „Zuchtziel" in Gestalt eines reinrassigen germanischen Edelmenschen a priori abwegig war[9].

Tatsächlich war das Einzige, was Hitler wirklich interessierte, nicht das deutsche Volk und dessen Wohlergehen, sondern persönliche politische Macht, genauer: der damit verbundene geschichtliche Ruhm eines Mannes, der Deutschland nach der erniedrigenden Katastrophe des Jahres 1918 rettet und zu neuer Größe erhebt. Seine Methode dabei: Einerseits die Härten des Versailler Friedensvertrages von 1919 übertrieben darzustellen, dessen Abmilderungen (Dawes-Plan, Young-Plan) herunterzuspielen, andererseits aber die eigene angenommene Rolle eines politischen Retters maßlos zu überhöhen. Vor Parteigenossen in Bösingfeld, einem kleinen Nest zwischen Lemgo und Hameln, entblößte er einmal seinen nackten Machtzynismus, genauer: seine Machtgeilheit:

> „Was mich erfüllt, ist einzig das Streben nach der Macht [...] Unser Ziel ist es, das deutsche Volk zu besitzen."[10]

Wer das Volk „besaß", verfügte auch über den Staat als Instrument des Volkes, mit dem es seine Interessen durchsetzt – schon vorgedacht in der idealistischen Staatstheorie eines Hegel und Schelling. Nun sollte aber nicht kulturelle, sondern in erster Linie rassische Identität die nationale Einheit vermitteln und garantieren. Das Volk seinerseits galt indes zugleich auch gleichsam als „Besitz" der Partei, als Instrument staatlicher Machtausübung; ihrerseits war aber die NSDAP totalitär geführt vom „Führer", sodass letztlich der Mann aus Braunau Staat, Volk und Partei führte und als Instrument der „Macht" nutzte, um die es ihm ging. Das „Volk" (als „Masse") verlor in der Hitler-Diktatur seine ursprüngliche verfassungsrechtliche Bedeutung, und so kommt es als Begriff im „Gesetz zur Sicherung der Einheit von Partei und Staat" vom 1. Dezember 1933 gar nicht mehr vor[11].

Vom „Volk" ist auch bei Goebbels überhaupt nicht mehr die Rede, wenn er zum 6. April 1933 notiert, es werde in Kürze keine (das Volk repräsentierenden) Parteien mehr geben, „sondern nur noch die den Staat tragende und verantwortende nationalsozialistische Bewegung" und: Nicht die NSDAP muss in den Staat eingebaut werden, sondern „die Partei muß vielmehr der Staat werden". Die Partei erobert also, so könnte man sagen, wie ein Parasit den

Staat von innen her. Resultat: Die „Wesenseinheit von Staat und Partei [...]
Staat und Partei müssen ineinander übergehen und ein neues Drittes bilden"[12].

Die Dreiheit in Gestalt von Volk, Partei(en) (als demokratischer Willensträger des Volkes) und Staat wurde also gleichsam umgegossen in einen „Führerstaat", in ein Machtinstrument, das diktatorisch und opportunistisch benutzt werden konnte. Wie Goebbels richtig erkannt hatte, war sein Chef „ein Meister der Vereinfachung", der komplexe Sachverhalte „in ihrer lapidaren Primitivität" sah. Die einfachste Form autokratischer Machtausübung bestand aber aus Hitlers Sicht nun einmal im „Führerstaat" mit seinem „Führerprinzip": monokratische Autoritätsausübung von oben nach unten einerseits, andererseits nach oben geschuldete Verantwortung der jeweils niedrigeren Hierarchiestufe[13].

Aber auch dies war kein geistiges Eigentum des Adolf Hitler, sondern eine Entlehnung aus der ihm vertrauten militärischen Befehlshierarchie, wie sie zum Beispiel nach 1918 auch in rechtslastigen, völkisch orientierten Jugendbünden praktiziert wurde[14]. Man kaschierte dieses System politischer Machtausübung durch euphemistische Begriffe wie „Volksreich" und „Volksgemeinschaft", die Utopie eines klassen-, stände- und konfessionslosen Wohlfahrtsstaates rassereiner deutscher Bürger. Des „Führers" Propagandaminister Goebbels sprach im Jahre 1939 etwa vom „großen und umfassenden deutschen Volksreich" und vom „germanischen Volksreich", und im gleichen Jahr 1939 rühmte ein Autor in „Die Deutsche Höhere Schule" das „großdeutsche Volksreich" und die „großdeutsche Volksgemeinschaft". Aus der Sicht des Weltkriegsgefreiten Hitler war die „Volksgemeinschaft" eine aktualisierte Form der „Frontkameradschaft" von 1914–1918 und hatte die Funktion einer Kampfgemeinschaft im Hinblick auf den nächsten Krieg[15].

Hand in Hand damit gingen allenthalben Intoleranz und Entindividualisierung: „Was gegen unsere Einheit ist, das muß auf den Scheiterhaufen" (im Kontext der Hitlerjugend) und „Wir sind Hunderttausend und nur eine Seele"[16]. Diese Entindividualisierung wurde vorangetrieben durch Maximen wie „Du bist nichts, dein Volk ist alles", „Dein Körper gehört nicht dir, sondern der Nation", „Unser Körper gehört nicht uns selbst, sondern unserem Volk", oder auch „Ein Volk, ein Reich ein Wille", letzteres von Joseph Goebbels. Der gleiche Goebbels definiert den „modernen Staatsaufbau in Deutschland" als „eine veredelte Art von Demokratie, in der kraft Mandates des Volkes autoritär regiert wird"[17]. Zynismus oder ehrliche Überzeugung? Jedenfalls ist hier die bereits antike Deutung des Menschen als *Animal sociale* (Gemeinschaftswesen) auf einem Weg in Richtung Ameisenstaat.

Die völkisch-biologistische „Auslese" konnte auch erfolgen über den Kampf der Völker um „Lebensraum", über einen Kampf, in dem sich – entsprechend dem kruden Sozialdarwinismus Hitlers – letztlich die stärkeren Völker durchsetzen. Vor allem seit der Mitte der zwanziger Jahre entdeckt der Führer der NSDAP im Zusammenhang mit dem Verhältnis von „Volkszahl und

Lebensraum" als Thema die Notwendigkeit des „Lebenskampfes eines Volkes"[18]. Dabei scheint er nie die Erfahrungen von 1914–1918 vergessen zu haben (Hunger infolge von Blockade und Begrenztheit des Lebensraumes).

Auf die Dauer „wird das tüchtigste Volk die Erde beherrschen"[19]. Je weiter der Erste Weltkrieg zurückliegt, desto öfter reden und schreiben Hitler und
seine Anhänger nun derart gegen den Pazifismus und betonen die Notwendigkeit des Kampfes, speziell den „Kampf ums Dasein" und den Kampf um „Lebensraum"[20]. Noch als der Untergang des Dritten Reiches unmittelbar bevor-
steht, im Januar 1945, plappert die Hitlerjugendführung gebetsmühlenhaft den
Satz nach: „Der Kampf ist der Vater aller Dinge"[21]. Diesen Spruch hielt der
Schlagwort-Denker aus Braunau übrigens regelmäßig für einen Satz von Clausewitz (statt Heraklit), wie z.B. sein Adjutant Wiedemann überliefert hat
(1964, 170). In seiner opportunistischen Art benutzte er gern geflügelte Worte
von Geistesgrößen, um so die Rolle eines gebildeten Mannes zu spielen, dies
aber ohne Quellenkenntnis und Kenntnis des Kontextes solcher Gemeinplätze.

Schließlich ist noch zu registrieren, dass der „Führer" und seine Gefolgschaft trotz der grauenvollen Erfahrungen von 1914–1918 noch immer in dem
imperialistisch-militaristischen Denken befangen waren, das seit 1871, nach
diversen gewonnenen Kriegen, im Deutschen Reich dominierte. Nur war es
jetzt in dem Spruch „Gott mit uns" die „Vorsehung", die man auf seiner Seite
wähnte[22]. Aus der Sicht völkischer Geschichtstheologie konnten anscheinend
die Jahre des Ersten Weltkrieges als zwar schlimmer, aber revidierbarer Unfall
relativiert werden, und selbstbezügliche militaristische Traditionen flackerten
nach 1918 wie ein nicht wirklich gelöschtes Feuer wieder auf. Dass der Krieg
gewinnbar gewesen wäre ohne den „Dolchstoß" der Heimat, dazu das Ermitteln von Sündenböcken für das Desaster, wurde zum Dauerthema in den völ-
kisch-nationalistisch denkenden Kreisen der frühen Weimarer Republik.

Zehntes Kapitel

Als Hitler sich am 13. August 1920 auf einer NSDAP-Versammlung in München ein für alle Mal „deutschnationaler Sozialist" nannte, lag das noch durchaus auf der politischen Linie der Reichswehr, aus der er einige Monate zuvor entlassen worden war. Doch verstärkte sich im Laufe des Jahres sein Frontmachen gegen alles Nichtdeutsche, „Fremdländische" und „Internationale"[1].

Noch recht vage war seine früheste einschlägige Aussage gegen „Fremdländerei" und „Internationalismus" vom 5. Februar 1915, im Brief an Ernst Hepp. Jetzt, während des Jahres 1920, wendet er sich polemisch gegen alle Formen von Internationalität, denen eine Beeinträchtigung deutscher Interessen unterstellt werden könnte – fast alles offensichtlich eine Verwurstung hauptsächlich der Ansichten Gottfried Feders, der seit Anfang des Jahres 1919 in Aufsätzen und Vorträgen gekämpft hatte gegen „die Gewaltherrschaft des internationalen Leihkapitals", gegen den „Bolschewismus", gegen die „weltbeherrschenden Plutokraten", gegen „die goldene Internationale" und ihre „Weltherrschaft", gegen „die großen internationalen Geldmächte", die „internationalen Plutokraten", den „bolschewistischen Kommunismus", für „die Brechung der Zinsknechtschaft des Geldes" (d.h. dagegen, dass „Leihkapital" Geld einbringt „ohne Arbeit", nur „durch den Zins"). Das Leihkapital wachse „ins unermeßliche" „durch den Zinseszins". Beispielsweise „beträgt das Vermögen der Rothschild 40 Milliarden"[2]. Auch Lindenaus und Drexlers Broschüren werden von Hitler ausgiebig benutzt.

Dass der Mann aus Braunau erst relativ spät, am 21. Juli 1920, und auch danach eher zögerlich, den Marxismus angreift, hat vielleicht damit zu tun, dass er als (vermutlich die rote Armbinde tragender) Soldatenrat vorübergehend selbst sozialdemokratisch orientiert war, also mit einer Partei Verbindung hatte, in der marxistische Einflüsse wirkten. Keiner opportunistisch bedingten Zurückhaltung bedarf es allerdings, wenn er sich gegen den „Bolschewismus" wendet; und solche Angriffe sind trivial seit seiner Münchener Rede auf einer Kundgebung der Vaterländischen Verbände am 16. August 1922 dies auch in der Form „jüdischer Bolschewismus"[3]. Noch in seinen Reden während des Zweiten Weltkrieges spricht er gern von „bolschewistischen (russischen, asiatischen) Horden", und schon ein Manifest deutscher Intellektueller von Oktober 1914 weiß von „russischen Horden", die deutsche Frauen und Kinder hinschlachten[4]. Zahllos oft thematisiert Hitler, vor allem zwischen 1924 und 1933, die „rote Internationale", die „rote Flut", den „roten Terror" usw., vor dem er Deutschland bewahren will[5].

In Deutschland und Europa war die Furcht vor diesem „roten Terror" weit verbreitet, und vor allem Kleinbürger und untere Mittelschicht – lange Hitlers wichtigstes Publikum – ließen sich vom populistischen Getöse beeindrucken, das jener veranstaltete. Die gleiche Zuhörerschaft hatte er schon seit 1920 mit radauantisemitischen Hetztiraden zu gewinnen versucht, um bekannt zu werden. Mit starken Worten sparte er selten, wenn es um die Erringung politischer Macht in Deutschland ging, und Goebbels, sein Sprachrohr und Echo, hat einiges davon überliefert. So notiert er am 6. November 1936 bezüglich der „Roten" in Russland: „Das muß mit Stumpf und Stiel ausgerottet werden", und auch die „Judenpest muß ausradiert werden". „Vernichten" wollte der Mann aus Braunau im Übrigen schon vor 1933 die Sozialdemokratie und das Zentrum in Preußen, wie er am 8. August 1931 öffentlich wissen ließ[6]. Was die Sozialdemokratie betraf, so wollte die Hitlerjugendführung, auch sie des „Führers" Echo, ihren Mitgliedern noch im Jahre 1941 klarmachen: „Die sozialdemokratische Partei war von Juden geführt und wollte nur den Juden die Herrschaft über alle Länder der Erde erobern."[7]

Alles das war ein scheinlogischer Nonsens mit System, dessen einzige Konstante der Opportunismus war. Beispiel: Geraume Zeit erklärte die NS-Propaganda, um den Lebensraum-Imperialismus zu rechtfertigen, die Ostmenschen für „Russentiere", „mehr Tiere als Menschen", „vertiertes Untermenschentum", „Halbaffenvolk", „Bestien" usw.[8], um durch solches Dehumanieren die Tötungshemmung aufzuheben. Doch gegen Ende des Zweiten Weltkrieges, als es nach Riesenverlusten in der Heimat an Rüstungsarbeitern und an der Front an Soldaten fehlte, wurden im besetzten Polen die polnischen Arbeiter zu unverdrossener Arbeit ermuntert, um Europa vor den „Russentieren" zu retten; und Himmler machte, wie Goebbels zum 1. September 1944 notierte, den Vorschlag, die sich für den Kriegsdienst meldenden „Ostarbeiter" aus der Rüstungsindustrie herauszuziehen und als prodeutsche Kampfeinheiten, ähnlich den Wlassow-Truppen, einzusetzen[9].

Dass die NS-Ideologie überhaupt nur Vorwand für einen nackten, schamlosen Machtopportunismus war, hat Goebbels einmal, noch vor 1933, enthüllt, dies am Beispiel des aggressiven Antisemitismus: Er ist für Nationalsozialisten eine probate „Möglichkeit", „berühmt zu werden"[10].

Neben dem Marxismus (Kommunismus, Bolschewismus) war aus Hitlers „deutschnationaler" Sicht das Judentum eine weitere gegnerische Großgruppe. Hier konnte er seine – zuvor noch nicht zu einer speziellen politischen Einstellung verdichteten – Eindrücke aus der Wiener Zeit (1907–1913) verwerten. Auch den traditionellen religiösen Antijudaismus kannte er als katholisch erzogener Knabe zweifellos schon vom Religionsunterricht und von Sonntagspredigten her, ebenfalls ohne ihn zu seinem individuellen Weltbild zu machen. Dem entspricht, dass er sich weder in seiner Wiener noch in seiner Münchener Zeit bis 1914 (und vor 1919) nennenswert antijüdisch geäußert oder betätigt hat.

Nun aber, als sich nach 1918 – auch und besonders in München – völkisches Denken ausbreitete und Sündenböcke gefragt waren, hatte der Antisemitismus Konjunktur. Und der vor dem Rückfall ins soziale Nichts stehende redegewandte Weltkriegsgefreite sog auf, was ihm die Reichswehr, z.B. in Gestalt der Lehren Lindenaus und des Dozenten Feder, anbot und was in den Kreisen Eckarts, der Thule-Gesellschaft und der „Alldeutschen" an Zeitdiagnosen und Rezepten gehandelt wurde. Er entpuppte sich als Konjunkturritter, wurde populistischer Biersaalredner, und als ehemaliger „Frontsoldat" mit dem Eisernen Kreuz 1. Klasse konnte er seinen Opportunismus gut hinter dem glaubwürdigen Kostüm eines Biedermanns verstecken.

Wie in Europa überhaupt gab es im Deutschen Reich vor 1918 einen gesellschaftlichen Antisemitismus (Kultursnobismus): Viele sahen auf die Juden herab wie auf eine soziale Rand- oder Unterschicht, wie auf gesellschaftliche Außenseiter. Jetzt, im Deutschland der Jahre nach 1918, verbanden sich diese Vorurteile und der schon alte religiöse Antijudaismus mit der noch ziemlich neuartigen völkisch-rassistischen Judengegnerschaft zu einer virulenten Mischung.

Für den seit 1919 sichtbar werdenden – in seiner Entstehung immer noch rätselhaften – aggressiven Antisemitismus Hitlers bietet sich als Erklärung an: Er glaubte mehr und mehr selbst, was er, anfangs opportunistisch, verkündete. Die Erfolge, die er mit seiner primitiv einhämmernden Wiederholung antijüdischer Klischees hatte, ließen ihn wohl autosuggestiv selbst an die Wahrheit seiner Sprüche glauben. So ist viel Wahres an der Feststellung:

> „Überhaupt sind in dem, was Hitler bis 1923 schrieb und redete, wenig originelle Gedanken zu erkennen. Hitlers politische Vorstellungen entsprachen in dieser Zeit weitgehend den Parolen der Alldeutschen Bewegung, die damals gegen Versailles, den Marxismus und die Juden waren. Hitler brauchte sich nur dieser Themen anzunehmen, um in München Erfolge zu haben."

Darin wurde er bestärkt, insofern von seinem vorwiegend kleinbürgerlichen Publikum gerade Stellen antijüdischer Hetze in seinen Reden besonders beklatscht wurden. Indes konnte er nicht fußen auf einem angeblich schon Jahrzehnte vor 1933 existierenden „exterminatorischen Antisemitismus"; denn für dessen Existenz „fehlt jede empirische Basis", wie Goetz Aly zutreffend gesagt hat[11].

Vom großen, millionenfachen Judengenozid der Jahre 1942–1945 her gesehen liegt die Vermutung nahe, ein solch ungeheuerliches Verbrechen müsse sehr lange intendiert worden sein, schon 1919 ins Auge gefasst. Und es gibt Argumente dafür in Gestalt von einschlägigem (Ausrottungs-)Vokabular von 1919 bis 1945. Doch die meisten Aussagen dieser Art bleiben – wie auch Vernichtungsdrohungen gegen nichtjüdische Großgruppen – eher vage, etwa so: Die Juden müssen fort aus Deutschland (bzw. Europa), müssen aus dem deutschen Volk entfernt werden, ausgeschieden werden usw.[12] An eine tarnsprachliche Verschleierung des Ermordens ist vor 1941 nicht ohne weiteres zu denken.

In den Jahren 1919 bis 1923 sind die Juden bereits ein wichtiges Thema Hitlers, aber doch nur *ein* Thema neben etlichen anderen: Die Friedensverträge von Versailles und Brest-Litowsk, Ursachen und Folgen des Weltkrieges, internationaler oder nationaler Sozialismus, Kapitalismus, Auswanderung und anderes. Man hat richtig gesehen: Der Mann aus Braunau

> „war damals als Versammlungsredner der Partei noch nicht auf ein bestimmtes Programm festgelegt. Hitler greift in seinen Reden einfach alles an, was gegen Deutschland gerichtet war und verherrlichte die Ideale der damaligen Alldeutschen ‚Bewegung‘"[13].

Das Übergangsheer bzw. die Reichswehr, deren Interessen der obrigkeitsbewusste Gefreite bis zu seiner Entlassung am 31. März 1920 vertrat, hatte durchaus Anteil an judengegnerischen Einstellungen, die sich besonders im Zusammenhang mit der (z.T. von Juden gebildeten) roten Räteregierung in München entwickelt hatten. Man kann sagen, dass sie einen gemäßigten Antisemitismus vertrat, insofern sie darauf achtete, „daß bei der Behandlung dieser Fragen möglichst vorsichtig vorgegangen werden solle und daß zu deutliche Hinweise auf die dem deutschen Volk fremde Rasse nach Möglichkeit zu vermeiden seien". Eine „Judenhetze", so besagt die gleiche Quelle, sollte bei den in ihrer Regie veranstalteten Vorträgen, wie sie auch Hitler vor seinen Münchener Kameraden hielt, vermieden werden; aber die Juden als solche waren keineswegs ein Tabuthema, und auch die im Textzusammenhang verwendeten Relativierungen „möglichst" und „nach Möglichkeit" sprechen eine deutliche Sprache[14]. Man mochte seitens der (Münchener) Reichswehr nur keinen Radauantisemitismus und eine Hetze, die zu Krawallen führen konnte; denn Stabilisierung, Ruhe und Ordnung waren gefragt. Was noch im Limit lag, wird etwa aus den Texten des Reichswehrdozenten Feder ersichtlich – übrigens auch er, wie Hitler, ein Opportunist, insofern er sich im November 1918 den Roten in München als Berater angedient hatte[15].

Auch Hitlers erste ausführliche Stellungnahme zum Judenthema bewegt sich auf der Reichswehrlinie, der auf Wunsch seines Vorgesetzten verfasste „Brief an Gemlich" vom 16. September 1919[16]. Der hier sichtbare „Antisemitismus der Vernunft" reproduziert in kompakter Form u.a. die deutschnationalvölkischen Anschauungen seines Lehrers Feder und der ihm – schon seit seiner Zeit in Wien – bekannten Alldeutschen Bewegung.

In seinem „Brief an Konstantin Hierl" vom 3. Juli 1920 ließ er sich, obwohl jetzt nicht mehr in der Reichswehr, ganz im Sinne Lindenaus und Feders aus über den jüdischen „Mammonismus", ferner über traditionelle antijüdische Klischees wie Mommsens „Ferment der Dekomposition" und die „Rassentuberkulose der Völker". Hier gefällt sich der Mann aus Braunau bereits etwas in der Rolle eines Gurus des Antisemitismus, obwohl er nur geschickt das auf dem völkischen Markt Gehandelte weiterverkauft.

Das gilt ganz besonders auch für die dritte einigermaßen grundsätzliche einschlägige Aussage Hitlers, seine Rede „Warum sind wir Antisemiten?" auf einer Münchener NSDAP-Versammlung am 13. August 1920. Hier spielt er sich auf als Theoretiker germanischer „Rassenreinheit", behauptet, der Jude sei „Parasit am Körper anderer Völker", wendet sich gegen das Juden gehörende „internationale Börsen- und Leihkapital" und propagiert die „Entfernung der Juden aus unserem Volk". Der dominierende Einfluss Feders (er gehört in den Folgejahren auch als Redner zur NSDAP-Prominenz) und der „Alldeutschen" bleibt auch hier unübersehbar. Als „deutschnationaler Sozialist" votiert Hitler jetzt einmal mehr gegen tatsächlich oder vermeintlich international tätige Großgruppen, zu denen er neben der roten Internationale auch die Juden rechnet[18].

Dieses ebenso starre wie abstruse Weltbild konserviert der ehemalige Reichswehrsoldat nun über die nächsten Jahrzehnte hinweg, sodass er beispielsweise noch in seiner Berliner Rede zum Heldengedenktag am 16. März 1941 „das internationale Judentum mit seinen Weltverschwörungen, der Demokratie und Freimaurerei" als kriegstreibende Kraft (d.h. als Sündenbock) ausmacht[19].

Da ist wieder zu fragen, ob Hitlers aggressive Judengegnerschaft wirklich vor allem Radau- und Krawallantisemitismus oder nicht doch „manisch", „paranoid", „pathologisch", „obsessiv" und „wahnhaft" ist, wie heute meist geglaubt wird. Für eine durchgehend bzw. überwiegend opportunistische Haltung könnte sprechen, dass für den Parteiredner und späteren Diktator je nach Gelegenheit und Publikum und auch phasenweise das Judenthema uninteressant war, z.B. vor Reichstagswahlen oder im Jahr der Olympischen Spiele (1936) – im Unterschied zum Dauerbrenner Marxismus oder Bolschewismus. Für Opportunismus spräche auch, dass er das Thema „Juden" oft nur vage anspricht und es fast wie eine lästige Pflichtübung kurz abtut, etwa am 24. Februar 1928 in seiner traditionellen Rede zum 8. Jahrestag der Verkündung des Parteiprogramms. Hier ist „der Jude" immer noch „Parasit", den man „entfernen" sollte; aber: „Führt er sich gut auf, kann er bleiben, wenn nicht, dann hinaus damit!" Da war wohl eher an Nötigung zur Auswanderung gedacht, wie noch bis ins Jahr 1941, nicht an einem totalen Genozid. Opportunistisch-dilatorisch sieht der Mann aus Braunau die Dinge z.B. auch am 6. Juni 1940: „Mit den Juden werden wir nach dem Kriege schnell fertig werden", was nicht auf einen Genozid inmitten eines durch Unterwerfung befriedeten Europa schließen, sondern an Madagaskar denken lässt, das als großes Judenreservat vorgesehen war[21].

Populistisch-radauantisemitisches Getöse in Führerreden hat vermutlich auch damit zu tun, dass er da, wie die erhaltenen Berichte zeigen, des – von ihm stets gesuchten und genossenen – Beifalls sicher war, so auch am 24. Februar 1928 beim kurzen Eingehen auf das Judenthema: „starker Beifall [...] stürmischer Beifall [...] stürmischer Beifall". Von daher gesehen ist der seit dem Winter 1941/42 beginnende totale Genozid wohl kaum eine lineare Fortsetzung des NS-Antisemitismus, sondern eine abrupte Aufstufung, die einen besonderen Grund haben muss[22].

Ist Hitlers Antisemitismus also phasenweise opportunistisch kalkuliert oder durchgehend manisch-paranoid? Seit den Ermittlungen Joachimsthalers spricht viel dafür, dass seine Judenfeindschaft ein durch die Reichswehr „angeschulter Antisemitismus" war[23]. Wenn ein pathologisches Verhalten nicht von heute auf morgen angeschult werden kann, legt das die Vermutung nahe, dass sein mitunter wüstes Geschimpfe berechnend auf den Beifall vor allem seitens sozial gefährdeter und verunsicherter Kleinbürger zielte. Der „starke Beifall", den der Demagoge immer wieder gerade beim Thema „Sündenbock Jude" erhielt – er erübrigte ja auch Reue über das begeisterte Mitmachen anno 1914 – ließ ihn anscheinend so an die Wahrheit seiner Behauptungen glauben, dass er zunehmend mit seiner Demagogenrolle verschmolz und die von ihm generierte öffentliche Empörung für real begründet hielt. Erst als im Winter 1941/42 der geplante Blitzsieg im Osten scheitert, scheint aus der Vernichtungsrhetorik eine auf Totalität zielende wütende (und ganz am Ende vielleicht sogar fast manische) Vernichtungsstrategie zu werden.

Dass des „Führers" aggressiver Antisemitismus lange eher opportunistischer Natur war, darauf weist auch die ganze Art und Weise hin, wie „der Jude" zum Propaganda-Popanz des Nationalsozialismus wurde, ähnlich dem Bürgerschreck „Bolschewismus", der zwar seltener, gelegentlich aber auch in der Requisite verschwand, wie während des Deutsch-Sowjetischen Nichtangriffspaktes (1939–1941). „Der Popanz des angeblich drohenden Bolschewismus" war ja schon in den Jahren 1920 bis 1923 in Bayern „lediglich eine Fassade für einzelne Führer", die ihre Privatarmeen behalten wollten, nämlich für die Chefs der „Freikorps", paramilitärischen „Heim- und Einwohnerwehren" usw.[24]. Der NS-Popanz „Jude" hatte im Übrigen zwei bevorzugte Erscheinungsformen, als Teufel oder – und dies besonders oft – als „Ewiger Jude". Der „Ewige Jude" (Ahasver) erfreute sich als Popanz besonderer Wertschätzung, weil er bereits seit Jahrhunderten in der christlichen Legende herumgeisterte[25].

Bisweilen, wenn es besonders auf die Außenwirkung ankam, wurde der Opportunist Hitler sogar – mit Maßen – judenfreundlich, so in einer offiziellen „Erklärung" vom 10. April 1922, abgedruckt im „Völkischen Beobachter" vom 12. April:

> „Die Regierung hat die Pflicht, alle Staatsbürger zu schützen, also auch unsere jüdischen Staatsbürger, wobei ich auf dem Standpunkt stehe, daß eine Einwanderung ostjüdischer Elemente auf jeden Fall zu verhüten ist. Als Mensch und Christ verurteile ich den Antisemitismus, der den Grund für alle Krankheiten unseres Volkslebens im jüdischen Geiste sieht."

Ähnliches bei Goebbels, ebenfalls in der Zeit vor 1933. Einmal heißt es: „Wir machen den Juden durchaus nicht für alles Unglück, das seit 1918 über Deutschland hereingebrochen ist, verantwortlich", und ein anderes Mal, im Tagebuch zum 29. Juni 1929:

> „Streicher spricht. Für meine Begriffe verheerend. Dieser Antisemitismus ist zu primitiv. Er geht an fast allen Problemen vorbei. Der Jude ist nicht an allem schuld. Wir tragen auch Schuld, und wenn wir das nicht erkennen, dann finden wir keinen Weg."[26]

Ist der aggressive NS-Antisemitismus nun opportunistisch oder paranoid-pathologisch? Den Ausschlag gibt in dieser Frage vielleicht Goebbels' zynischer Opportunismus, bekundet geraume Zeit vor 1933: Die rücksichtslose Bekämpfung der Juden ist für einen Nationalsozialisten die einzig praktikable „Möglichkeit", „berühmt zu werden". Und genau das wollten Emporkömmlinge wie Hitler und Goebbels: sich einen Namen machen, zu Rang und Namen kommen, wozu ihnen jede Möglichkeit recht war[27].

Der „deutschnationale" Hitler macht seit 1919 Front gegen den marxistischen Internationalismus, dies durchaus im Sinne des Übergangsheeres und der jungen Reichswehr. Dass er sich auch gegen den, wie er es nannte, jüdischen Internationalismus wendet, widersprach der Sache nach nicht den Interessen der Reichswehr und dem, was deren beauftragter Dozent Feder lehrte und was Ernst Lindenau schrieb. Jedoch mit seinem polemischen Stil, der rassistisch-populistischen Judenhetze, vom völkischen Zeitgeist übernommen, entfernte sich der Weltkriegsgefreite von seinen Reichswehrinstruktionen.

Wieder anders war die Situation beim Christentum, der dritten internationalen Großgruppe. Hier hält sich Hitler, obwohl nur noch Taufscheinkatholik und kein Kirchenfreund, lange zurück. Auch gab es, wie zu sehen sein wird, einige (opportunistisch nutzbare) Gemeinsamkeiten. Dieser christliche Internationalismus war im Übrigen, selbst für einen skrupellosen Opportunisten, vorerst noch ein zu mächtiger Gegner, dessen Bekämpfung auch kaum Zulauf und Wählerstimmen gebracht hätte. Im Gegenteil: Das Konkordat mit Rom im Sommer 1933 war ein gut kalkulierter, erfolgreicher Schachzug. Erst seit Mitte der dreißiger Jahre, stieß sich der Diktator an den Steinen, die ihm, wie er glaubte, die christlichen Kirchen in den Weg legten. Besonders deren Theologie der Erlösungsbedürftigkeit des Menschen und das Prinzip der Nächstenliebe (im Gegensatz zum rassistisch-sozialdarwinistischen Kampf und dem Sieg des Stärkeren) blieben ihm stets zuwider.

Aus nationalsozialistischer Sicht war das Christentum und war zumal die katholische Kirche eine international und global operierende Großgruppe mit einem totalen Wahrheits- und Machtanspruch. Das musste fast zwangsläufig zur Kollision führen mit dem deutschnationalen und zunehmend großgermanisch-rassistischen Denken Hitlers. Der mochte weder den marxistischen noch den christlichen Internationalismus, die er, einmal mehr primitiv schematisierend, mit dem Etikett gleicher Provenienz versah; denn noch am 25. Februar 1945, wenige Wochen vor seinem Selbstmord, sprach er gewohnheitsmäßig davon, dass, wie der Kommunismus, so auch das Christentum „ebenfalls jüdischem Hirn entsprossen" sei[28].

In der katholischen Kirche gab es, zumal seit der Bulle *Unam sanctam* (Bonifatius VIII., am 18.11.1302) die Auffassung von der Suprematie der geistlichen über die weltliche Macht, verbunden mit dem zumindest virtuellen Anspruch einer universalen Herrschaft des Papstes. Dementsprechend war oft die Rede von „Christi weltbeherrschender Offenbarung", und so blieb es nicht aus, dass in NS-Publikationen besonders seit 1935 die angeblich politischen Machtansprüche der Kirche heftig angegriffen wurden, z.B. in der Hitlerjugendführung: „[...] der Papst der einzige und oberste Herr der ganzen Welt [...] Diktatur des Papstes [...] Weltherrschaftsgedanken des Vatikans [...] geistig-politische Weltherrschaft des römisch geführten Vatikans [...] weltpolitische Macht [...] römische Weltmachtansprüche"; und „Christi weltbeherrschende Offenbarung" als Anspruch der Kirche zitierte auch der NS-freundliche Nobelpreisträger Johannes Stark[29].

Aber: Wenn es um die politische Macht ging, mochte Hitler keine Kompromisse. Tatsächlich traten im Laufe der dreißiger Jahre die Gegensätze mehr und mehr zutage. Der Nationalsozialismus wollte ein germanisch-rassisches Großdeutschland und Europa, unvereinbar mit dem „christlichen Europa" und dem „Königtum Christi" in einem weltumspannenden multiethnischen christlichen Reich, wie es etwa in den christlich-katholischen Jugendorganisationen propagiert wurde.

Dabei waren – bei unüberbrückbaren Gegensätzen in Zielen und Prinzipien – etliche Gemeinsamkeiten und Affinitäten nicht zu übersehen: Beide erhoben einen Totalitätsanspruch auf den ganzen Menschen und auf alle Menschen, bis hin zum Zwang. Beispielsweise sah Hitler den Erfolg einer weltanschaulichen Revolution nur dann erreichbar, „wenn die neue Weltanschauung möglichst allen Menschen gelehrt und, wenn notwendig, später aufgezwungen wird"[30]. Beide verurteilten liberalistisches Denken. Wie etwa Gregor XVI. (1831–1846) in seiner Enzyklika *Mirari vos* Gewissens-, Religions- und Pressefreiheit verurteilte, so wandte sich auch der Nationalsozialismus stets energisch gegen weltanschauliche und politische Freiheitlichkeit. Beispielsweise entsprach der traditionellen kirchlichen Druckerlaubnis (*Imprimatur*) die in allen relevanten NS-Druckschriften zur Titelei gehörende ausdrückliche Publikationserlaubnis der NSDAP[31].

Konsequent wandten sich auch beide gegen das Freimaurertum und gegen die Forderungen und Resultate der Französischen Revolution vom Ende des 18. Jahrhunderts, vertraten einen zum Gehorsam verpflichtenden absoluten

Wahrheitsanspruch und gingen dementsprechend gegen Abweichler vor. Unten hatte man gefälligst zu glauben, das Denken sollte dem oben Stehenden überlassen werden. Kritik war unerwünscht oder sogar gefährlich. Was den Nationalsozialismus betraf, so brachte Victor Klemperer es in seinem Tagebuch zum 22. April 1941 auf den Punkt: „Wir brauchen nicht zu wissen, was der Führer tun will, wir *glauben* an ihn. Immer und überall: Der Nationalsozialismus will nicht wissen, nicht denken, nur glauben."[32]

Die reichsweite NS-Bücherverbrennung in fast allen deutschen Universitätsstädten am Abend des 10. Mai 1933 hat im Übrigen eine lange christliche Vorgängerschaft, beginnend mit der neutestamentlichen Apostelgeschichte (19, 19) über die Verbrennung arianischer Schriften nach dem Konzil von Nikaia im Jahre 325; und Jan Huß, auf dem Konzil zu Konstanz (1414–1418) als Ketzer verurteilt, durfte das Verbrennen seiner Schriften erleben, bevor er selbst verbrannt wurde; und schon im 13. Jahrhundert, anno 1242, wurden in Paris viele Wagenladungen von Talmudexemplaren auf einem öffentlichen Platz verbrannt.

Beide, die katholische Kirche und der Nationalsozialismus, fanden Gefallen an den christlichen Ständestaat-Diktaturen Salazars in Portugal (seit 1932) und Francos in Spanien (seit 1936 bzw. 1938), und der Nationalsozialismus lehnte die deutsche Revolution vom November 1918 und die Weimarer Republik genauso ab wie der Münchener Kardinal Faulhaber, auf den sich deshalb Hitler ausdrücklich berief[33]. Auf den traditionellen christlich-religiösen Antisemitismus berief sich oft, wie noch zu sehen sein wird, der rassistische Antisemitismus der Nationalsozialisten, und die christlichen Kirchen nahmen den Ausschluss der Deutschen jüdischen Glaubens aus der „Volksgemeinschaft" und die Reichspogromnacht vom 9./10. November 1938 fast widerspruchslos hin.

Beide stimmten auch in Sachen Sexualethik überein, insofern sie lustvolle Sinnlichkeit und sinnlichen „Genuss" selbst in der Ehe abwerteten oder ablehnten zugunsten des Gedankens an deren Zweckbestimmtheit. So liest man etwa in Hitlers „Mein Kampf": Die Ehe muss „der Vermehrung und Erhaltung der Art und Rasse dienen. Nur das ist ihr Sinn und ihre Aufgabe". Des „Führers" Nachbeter Stellrecht schrieb ähnlich: „Das Geschlechtsleben dient der Zeugung zur Erhaltung des Lebens der Nation und nicht dem Genusse des einzelnen." Oder es heißt bei den Führern des Reichsarbeitsdienstes Seipp und Scheibe: „Die Mädchen sind nicht auf der Welt, damit die Männer Lust und sinnlichen Genuß an ihnen haben, sondern sie erfüllen am höchsten ihren Lebenssinn, wenn sie in der Ehe Mütter werden und wenn das Volk durch sie weiterlebt." Im Rahmen der „politischen Biologie" wettern im Jahre 1941 die Herren Hermannsen und Blome dagegen, „daß in weiten Kreisen das Geschlechtsleben zum ‚Genuß' entartet und seines biologischen Sinnes der Fortpflanzung und Erhaltung des Lebens entkleidet wird". Gleichermaßen streng warnt der katholische Theologe Geis im Jahre 1929 die Eheleute: „Nie aber dürfen sie das Eheleben zu einem Lustgarten machen"[34].

Schließlich noch eine ganz banale Gemeinsamkeit des Nationalsozialismus mit der katholischen Kirche: Weibliche Wesen waren von Führungsämtern ausgeschlossen; es gab keine Gauleiterinnen, Kreisleiterinnen, Ortsgruppenleiterinnen, und in den Ministerien und staatlichen Ämtern durften sie fast nur an der Schreibmaschine sitzen.

Weitgehende christliche Zustimmung (oder zumindest keinen öffentlichen Widerspruch) fand bekanntlich Hitlers „Kreuzzug" gegen den marxistisch-gottlosen „Bolschewismus" seit dem Juni 1941; denn schon immer hatte Rom den atheistischen Kommunismus als seinen Hauptfeind angesehen[35]. Hinzu kam die Gemeinsamkeit des Märtyrer- und Opfergedankens im christlichen Glauben und in der NS-Ideologie. In letzterer spielten die im Dienst der „Bewegung" und für sie gefallenen Helden bereits seit dem Hitler-Putsch vom 9. November 1923 – ganz groß seit 1933 – eine bedeutende Rolle; und ähnliche Deutungen gab es im christlichen Raum, etwa in der katholischen Jugend, die katholische Kriegshelden wie Werner Mölders verehrte oder etwa bei Hanns Lilje, der in einer 1941 veröffentlichten Broschüre den Tod auf dem Schlachtfeld pries[36].

Schon vorher, seit der Loyalitätserklärung der Fuldaer Bischofskonferenz vom 28. März 1933 und besonders seit Juni 1933 hatten zahlreiche christliche Schriftsteller und Kirchenführer, darunter Josef Pieper, Martin Sasse und Kardinal Faulhaber druckschriftlich und brieflich Regimefreundliches bekundet, ohne zu sehen, dass Hitler seinen kirchenfreundlichen Kurs (einschließlich des Konkordats vom 20.7.1933) vor allem aus Opportunismus einschlug, um dem – für gefährlich gehaltenen – „politischen Katholizismus" das Wasser abzugraben und um die „Deutschen Christen", die an eine Synthese von Christentum und Nationalsozialismus glaubten, bei der Stange zu halten[37].

Beispiel Pieper: Er preist die „Gemeinsamkeiten" zwischen der päpstlichen Enzyklika *Quadragesimo anno* (1931) und der „nationalsozialistischen Sozialpolitik" und die „Übereinstimmung der Grundgedanken wirklich bis in den Kern der christlichen Gesellschaftsethik" und rühmt Hitler dafür, dass der nationalsozialistische Staat die drohende Gefahr des marxistischen Bolschewismus für das deutsche Volk und das christliche Abendland niedergeschlagen habe. „Er hat so ohne viel Worte ausgeführt, was der Papst Jahre zuvor den europäischen Völkern vergebens zugerufen hatte." Auch lobt er des „Führers" „Kampf-Buch" (d.h. „Mein Kampf") und rühmt: „Im Staat Adolf Hitlers ist der Ruf nach dem starken Staat Wirklichkeit geworden." Pieper ignoriert die Zerschlagung bzw. Gleichschaltung der Gewerkschaften, die „wilden" Konzentrationslager der SA, in die man etwa 50.000 Menschen sperrte, den Juden-Boykott vom 1. April 1933, die reichsweite Bücherverbrennung vom 10. Mai 1933, den widerwärtigen Antisemitismus in „Mein Kampf" und vieles andere.

Die Freude darüber, „daß der nationalsozialistische Staat [...] die unmittelbar drohende [...] Gefahr des bolschewistischen Umsturzes abgewendet hat", ließ ihn offenbar über die Scheußlichkeiten des „Neuen Reiches" hinwegsehen[38]. Beispiel: Der „Osservatore Romano" vom 9. August 1933, in einem Aufsatz zu den Salzburger Hochschulwochen (22.8.–5.9.1933), formuliert auf seine Weise die römische Meinung zum neuen Hitler-Staat: Er tadelt nichts, begrüßt vielmehr die umfangreichen Entlassungen bzw. Pensionierungen deutscher Professoren, „die sich nicht imstande fühlten, der neuen Richtung zu folgen". Das sei gut so, bedeute aber erst einen Anfang (*Questo va bene, ma non significa che un inizio*). Zur erwünschten „Erneuerung der deutschen Wissenschaft und Forschung" gehöre unter anderem die Abkehr von „Positivismus, Rationalismus und Skeptizismus" und die Rückkehr zur „Klarheit des katholischen Glaubens" und zur „unerschütterlichen Festigkeit des katholischen Dogmas"[39]. Das lässt sich als Versuch verstehen, die Entwicklung in eine Richtung zu lenken, wie sie in Italien (seit 1925) und Portugal (seit 1932) unter Mussolini und Salazar eingeschlagen worden war. Auch hier eine opportunistische Realitätsverkennung? Indes sollte sich zeigen, dass der Tiger Hitler nicht so leicht zu reiten war wie Mussolini.

Beispiel: Im Jahre 1938 veröffentlichte der deutschchristliche Landesbischof Martin Sasse eine Sammlung antijüdischer Aussagen Luthers und versah sie mit einem Vorwort, in dem er, offensichtlich zustimmend und verteidigend, schrieb: „Am 10. November 1938, an Luthers Geburtstag, brennen in Deutschland die Synagogen", und es werde „damit der gottgesegnete Kampf des Führers zur völligen Befreiung unseres Volkes gekrönt"[40].

Als Hitler im Laufe der dreißiger Jahre vom überwiegend opportunistischen Taktieren gegenüber den beiden christlichen Kirchen mehr und mehr zur Repression überging, verhielten sich diese einigermaßen defensiv, teils weil die Regierung als legitime Obrigkeit galt (im Sinne von Paulus' Römerbrief, Kapitel 13), teils weil sie einen neuen Kulturkampf – mit unabsehbaren Konsequenzen – vermeiden wollten, auch wohl, weil sie ein auf Dauer erträgliches Verhältnis erhofften, wie es im faschistischen Italien zwischen dem „Duce" Mussolini und dem Vatikan bestand. Auch waren Situation und Interessenlage der beiden christlichen Konfessionen nicht identisch. Die katholische Kirche jedenfalls pochte immer wieder auf ihr Konkordat vom Juli 1933, doch zum öffentlichen Widerstand gegen die „kumulative Radikalisierung" sahen sich beide Kirchen nicht in der Lage.

Eine zutreffende Analyse der Situation bietet Kershaw:

„In den allerersten Wochen der Kanzlerschaft Hitlers hatten katholische Bischöfe die ihnen anvertrauten Gläubigen ermuntert, dem neuen Regime Gehorsam zu leisten. Und selbst auf dem Höhepunkt des ‚Kirchenkampfes' billigten sie öffentlich seine Haltung gegenüber dem ‚atheistischen' Bolschewismus und bekräftigten ihre Hitler-Treue. Die Brutalität in den Konzentrationslagern, die Morde an den SA-Führern 1934 und die zunehmende Diskriminierung der Juden hatten nicht zu offiziellen Protesten und Widerspruch geführt"

(nicht viel anders sei die Situation im Protestantismus gewesen); und weiter, zur Lage in Rom im Oktober 1943:

„Tausende fanden in Konventen und Klöstern oder im Vatikan selbst Schutz. Im Gegenzug war der Heilige Stuhl bereit, in der Öffentlichkeit über die Greueltaten zu schweigen. Ein energischer eindeutiger Protest des Papstes hätte die deutschen Besatzer sehr wohl abgeschreckt. Er hätte die Deportation der Juden verhindern können."[41]

Dass im Übrigen das Konkordat vom Sommer 1933 in „vertragsrechtlicher Form" die „Nichtanpassung" der katholischen Kirche an Hitlers Staat gewesen sei, ist eine schon ein Vierteljahrhundert alte Feststellung Konrad Repgens, die tatsächlich bis heute nicht widerlegt werden konnte, auch nicht widerlegbar ist. Aber das erspart nicht ergänzende Fragen, etwa warum die katholische Kirche zu Mussolinis brutaler Eroberung Abessiniens schwieg, warum sie zum Pogrom vom 9./10. November 1938 schwieg und warum sie Hitlers Vernichtungskreuzzug gegen Russland eher begrüßte als ablehnte. In diesem Falle war dem Diktator – opportunistisch, wie er stets war – die Unterstützung durch die internationale Großgruppe Kirche durchaus erwünscht. Das änderte aber nichts an seinem „Entschluß", „die christlichen Kirchen nach dem Sieg zu vernichten", wie Goebbels, seines Chefs Sprachrohr und Echo, am 14. Mai 1942 seinem privaten Tagebuch anvertraute. Bereits vier Jahre zuvor, zum 7. April 1938, zürnte der Propagandaminister: „Diese pfäffische Internationale muß auch einmal beseitigt werden", und am gleichen Tag: „Das ist Rom: eine Internationale, die zerschmettert werden muß."[42]

Die Internationalität des Christentums und zumal der katholischen Kirche war offenbar wie eine Art Stachel im ideologischen Fleisch; denn sie schränkte die Manipulierbarkeit durch nationale Repressionen ein und wirkte überhaupt als Minderung der absoluten politischen Macht, um die es Hitler ging. Genau das war es auch, was am „politischen Katholizismus", wie man ihn durch die Zentrums-Partei vertreten sah, so reizte. Und wenn die Bischöfe mit gutem Grund die Implementierung des Konkordats anmahnten, galt das dementsprechend als „frecher Hirtenbrief", so Goebbels am 16. Januar 1942. So konnte es schon 1936, im Mitteilungsorgan für Hitlerjugendführer, heißen: „Der Hirtenbrief ist die gesprochene Zeitung des politischen Katholizismus", und im gleichen Zusammenhang galt der von der Kanzel verlesene Hirtenbrief gar als „Haßgesang gegen den Nationalsozialismus". Kein Wunder, wenn schon gelegentliches Aussprechen von Tatsachen und Wahrheiten, als Regimekritik gewertet, sehr viele Kleriker ins KZ Dachau kommen ließ[43].

Hitler verinnerlichte schon früh die Rolle eines politischen Retters Deutschlands und gefiel sich darin, wollte aber nie ein Religionsgründer, quasi der Papst einer Staatsreligion sein oder gar ein religiöser Messias. Gleichwohl passt der von Eric Voegelin 1938 eingeführte Begriff „politische Religion" in mancher Hinsicht auf den Nationalsozialismus, in dem sich durchaus einige (innerweltliche, nicht transzendente) Erlösungshoffnungen artikulierten. In jedem Fall sind hier die Begriffe klar zu definieren. Schon in den „Verhandlungen des Kongresses der Arbeiter-Bauern- und Soldatenräte" (25.2.–8.3.1919 in München) thematisierte man die von der Revolution des 7. November 1918 erhoffte „Erlösung" aus sozialer Not, und der Mann aus Braunau sprach in einer Rede vom 28. Februar 1926 von der Notwendigkeit, der Masse zu ihrer Orientierung ein „politisches Glaubensbekenntnis" zu geben, dies im Sinne einer „Weltanschauung, die ihn trägt"[44]. Doch lehnte er für sich die „Rolle des religiösen Reformators" strikt ab und war überhaupt gegen das Stiften neuer Religionen, wollte schon gar nicht selbst „zum Gott erhoben werden"[45].

Wenn er von „Erlösung" sprach, dachte er an die „Erlösung aus den jüdisch-kapitalistischen Fesseln einer plutodemokratischen dünnen Ausbeuterschicht" und an die „Befreiung des Reiches aus den Versailler Diktatfesseln", wie er im Jahre 1940 wissen ließ. Das lag auf einer Linie mit der deutlichsten einschlägigen Aussage, innerhalb der Proklamation zum Nürnberger Parteitag des Jahres 1938:

> „Der Nationalsozialismus ist eine kühle Wirklichkeitslehre schärfster wissenschaftlicher Erkenntnisse und ihrer gedanklichen Ausprägung. Indem wir für diese Lehre das Herz unseres Volkes erschlossen haben und erschließen, wünschen wir nicht, es mit einem Mystizismus zu erfüllen, der außerhalb des Zweckes und Zieles unserer Lehre liegt [...] Denn der Nationalsozialismus ist eben keine kultische Bewegung, sondern eine aus ausschließlich rassischen Erkenntnissen erwachsene völkisch-politische Lehre [...]."

Noch am 2. April 1945 sprach er im Kontext politischer Methodik von „staatspolitischer Vernunft", die den Amerikanern fehle, von der er aber, so ist es wohl gemeint, sich leiten lasse[46].

Auf einem anderen Blatt steht, was sein engeres und weiteres Umfeld vom „Führer" erwartete. Hier unterschied sich der Berliner Gauleiter Goebbels, sonst fast immer seines Chefs Sprachrohr und Echo, im Jahre 1928 von diesem, als er seinem Tagebuch anvertraute:

> „Nationalsozialismus ist Religion. Es fehlt nur noch das religiöse Genie, das alte überlebte Formeln sprengt und neue bildet. Der Ritus fehlt uns. Nationalsozialismus muß auch einmal Staatsreligion der Deutschen werden. Meine Partei ist meine Kirche, und ich glaube, dem Herrn am besten zu dienen, wenn ich seinen Willen erfülle und mein unterdrücktes Volk von den Sklavenketten befreie. Das ist mein Evangelium."

Halbwegs ähnlich lässt er sich noch 1934 vernehmen: „Der Nationalsozialismus ist eine politische Konfession, ein politisches Glaubensbekenntnis", jedoch bereits im Jahre 1937 wendet er sich scharf gegen „Kult, Thing, Mythos und ähnlichen Schwindel" – vermutlich jetzt wieder mehr auf die Worte seines Herrn schwörend[47].

Enthusiasmierte Hitlerjugendführer sahen die Dinge auf ihre Weise. Ihnen galt Hitlers „Mein Kampf" „wie eine Bibel" oder als „Bibel unseres Glaubens". Jener indes verwendete nur ein einziges Mal den Begriff „politische Religion", jedoch nur um das als Missdeutung seiner Auffassung zurückzuweisen[48].

Tatsächlich wollte der Mann aus Braunau nie ein religiöser „Erlöser" sein, schwärmte auch nie, wie zeitweilig Goebbels, vom Nationalsozialismus als „(Staats-)Religion". Sein Nationalsozialismus sollte ein vernunftorientierter bzw. wissenschaftlich fundierter Ersatz für die (zu verdrängende christliche) Religion sein, nicht selbst Religion werden. Er verstand sich als Retter aus akuter politischer und sozialer Not, die er freilich, auch als sie im Laufe der zwanziger Jahre abklang, weiter propagandistisch zum Popanz aufblies. Was wie Hitler-Kult aussah, war eher das Wunschgebäude fanatischer Anhänger, eher die Fassade, hinter der nackter politischer Machtwille nach irdischem Ruhm in den Geschichtsbüchern strebte. Leitbild des „Führers" war, wie er immer wieder erkennen ließ, der Preußenkönig Friedrich der Große (samt einem Platz im Walhall der berühmtesten Deutschen), nicht das eines religiösen Messias.

Freilich gab es im Nationalsozialismus die pseudoreligiöse Mystifizierung des Volkes und seines (d.h. der Rasse) „ewigen Lebens", aber das gehört überwiegend in die ausfasernden ideologischen Randbereiche. Hitler selbst war, wie noch in seinen Gesprächen mit Bormann im Februar und April 1945 deutlich wird, in erster Linie daran interessiert, als bedeutender Staatsmann in die Geschichte einzugehen, weniger als „Wagnersche Erlösergestalt" (Kershaw). Albert Speer erinnerte sich an seines Chefs Worte, „er würde sich im Grabe umdrehen, wenn er von der SS in einigen Generationen heiliggesprochen würde", und er sei gegen eine neue „Parteireligion" gewesen, die nur „einen Rückfall in den Mystizismus des Mittelalters" gebracht hätte.

Michael Burleigh versteht Hitlers Verhaltensmotiv so, dass dieser

„fürchtete, daß eine ausgewachsene Religion womöglich auch ohne ihn [...] bestehen könne, aber auch, daß die christlichen Kirchen Anstoß nehmen und seinem Regime ihre Unterstützung entziehen könnten, einem Regime, dem die Kirchen unbegreiflicherweise zutrauten, es werde nach den zügellosen Jahren der Weimarer Republik Autorität und Moral wiederherstellen".

Das hat viel für sich, weil Hitlers Handlungsmotive meist opportunistischer Natur sind; und das muss auch von seiner häufigen Berufung auf eine vage „Vorsehung" gelten, die aber wohl nur seine eigenen machtpolitischen und ideologischen Motive als gottgewollt kaschieren sollte. Resultat war, wie schon oft in der Geschichte, ein großes Blutvergießen. Schließlich: In Hitlers Vokabular gehören „eiskalt" und „rücksichtslos" zu den am häufigsten verwendeten Wörtern; das weist eher auf einen banalen skrupellosen Opportunismus als Handlungsmotiv als auf Antriebe durch einen Erlösungsmessianismus im Sinne Wagnerscher Opernhelden[49].

Kein Argument für ein Verstehen der NS-Ideologie als Religion kann sein, dass der Mann aus Braunau – auch insofern ein Opportunist und Schmieren-schauspieler – sich verschiedentlich mit Jesus von Nazareth verglich und in seine Rolle zu schlüpfen versuchte. Das wurde ihm durch die vor 1945 verbrei-tete Tendenz erleichtert, diesen als Arier zu bezeichnen, eine auch von Hitler selbst nicht selten vertretene Ansicht[50].

Konsequent war dann auch die – in der Geschichte des christlichen Anti-judaismus bereits reich belegte – Annahme, dass der Gründer des Christentums als ihr Feind gegen die Juden kämpfte und deshalb schließlich von ihnen ums Leben gebracht wurde. Beispielsweise heißt es am 18. Dezember 1926: „Kampf gegen die Juden als Feind der Menschheit. Das Werk, welches Chris-tus angefangen habe, werde er (Hitler) zu Ende führen. Der Nationalsozialis-mus sei nichts anderes als eine praktische Befolgung der Lehren Christi." Sol-che Sprüche ließ er – auch das schierer Opportunismus – gern in den Wochen vor dem Weihnachtsfest los, etwa am 11. Dezember 1928: „Wir wollen nichts anderes als dieser Friedensfürst getan hat."[51]

War Jesus von Nazareth aber ein Arier und gar ein Kämpfer gegen das Judentum, was lag da für einen notorischen Opportunisten näher, als sich ihn zum Vorbild zu nehmen?! Am 3. Januar 1921 spottete der Mann aus Braunau noch: „Scharlatane und Hanswurste treten auf, bezeichnen sich als die kom-menden Erlöser der Welt, als Weltheilande und Messiasse", springt aber bald danach auf den gleichen Zug auf und schauspielert ein quasimessianisches Sendungsbewusstsein, indem er sich auf das Vorbild des Nazareners beruft:

Am 21. April 1921: „Wir sind zwar klein, aber einst stand auch ein Mann auf in Galiläa, und heute beherrscht seine Lehre die ganze Welt".

Am 19. Dezember 1926 bezieht er sich für seinen politischen Kampf auf die Vertreibung der „Schacherer und Wucherer" aus dem Tempel (Matthäus-evangelium 21, 12–13), stellt also Jesus gleichsam als sein Vorbild dar.

Am 11. Dezember 1928: „Wir wollen nichts anderes tun, als was dieser Friedensfürst getan hat: ‚den Tempel unseres Volkes säubern' von denen, die aus diesem Tempel eine Räuberhöhle gemacht haben."

Am 5. Dezember 1930: „[...] in unserem politischen Handeln Prinzipien verfechten, für die einst Christus geboren und für die (er) verfolgt und von den Juden ans Kreuz geschlagen worden ist"[52].

Da wird, so scheint es, die Pose eines Schmierenschauspielers erkennbar, der sich während seiner Vorstellung autosuggestiv in ein Sendungsbewusstsein hineinsteigert, sich durch „brausenden Beifall" bestätigt fühlt und nun erst recht schamlos mit der angemaßten Rolle identifiziert[53]. Nicht irgendeine echte missionarische Sendung fühlte der ehemalige „Niemand" in sich, auch seine *Imitatio Christi* war wieder nur ein Griff in das Arsenal seiner Methoden, zu politischer Macht zu kommen und sie zu behaupten, vergleichbar seinem „Trommler"-Selbstverständnis. Auch diese Rolle zahlte sich aus, brachte Er-

folg, und die Fassade machte Eindruck, wie noch der bei Kempowski zu Wort
gekommene Soldat bezeugt, der wie Millionen andere bis 1945 den Tod fand.

Von der autosuggestiv gespielten, gleichwohl auch methodisch kalkulier-
ten *Imitatio Christi* bis hin zu einer Art mystischer Vereinigung (*Unio mystica*)
von Führer und Volk war nur noch ein kleiner Schritt, der aber wieder die
Grenze zur Blasphemie überschritt. In vorauseilender Beflissenheit hatte der
Hitlerjugendführer Baldur von Schirach bereits etliche Jahre vor 1933, sich in
Hitler einfühlend, gedichtet:

> „Ihr seid viel Tausend hinter mir,/und ihr seid ich, und ich bin ihr.
> Ich habe keinen Gedanken gelebt,/der nicht in euren Herzen gebebt.
> Und forme ich Worte, so weiß ich keins,/das nicht mit eurem Wollen eins.
> Denn ich bin ihr, und ihr seid ich,/und wir alle glauben, Deutschland, an dich!"

Und am 2. September 1933, auf dem Nürnberger Parteitag, ertönte aus Hitlers
Mund eine Art Echo dazu, als er in seiner Rede an „Meine deutsche Jugend"
diese wissen ließ:

> „Ihr seid Blut von unserem Blut, Fleisch von unserem Fleisch,
> Geist von unserem Geist, ihr seid unseres Volkes Weiterleben!"

So ein Parteitag war, wie der Zeitzeuge Frank erkannte, des „Führers" „Hochzeitstag mit dem deutschen Volk", eine Deutung, die sich bestätigt bei einem
Vergleich mit Hitlers Parteitagsreden vom 11. und 13. September 1936, in denen es u.a. heißt (am 11.9.):

> „Ich fühle euch, und ihr fühlt mich! Wir sind jetzt eins"

und (am 13.9.):

> „Das ist das Wunder unserer Zeit, daß ihr mich gefunden habt [...] unter so vielen
> Millionen! Und daß ich euch gefunden habe, das ist Deutschlands Glück!"[54]

Aufrichtiger Ausdruck einer messianischen Sendung? Wohl kaum. Eher die
Methode eines intelligenten Scharlatans, der seine Rolle perfekt spielt, mit ihr
autosuggestiv verschmilzt und so eine unwahrscheinliche Karriere macht.

Elftes Kapitel

Am Beginn der unwahrscheinlichen Karriere Hitlers vom „Niemand" zum Diktator Europas steht keine fertige Ideologie oder auch nur eine klare politische Konzeption. Was im Nachhinein so erscheint, ist, genau besehen, ein Sammelsurium von allenthalben zusammengeklaubten Bausteinen. Vor allem seit den Ermittlungen Joachimsthalers kennt man näher die in der Reichswehr ausgegebenen Steine: Antibolschewismus, deutschnationale und „alldeutsche" Gesinnung, wirtschaftliche und finanzpolitische Aufklärung, historische und allgemeine politische Aufklärung, (gemäßigter) Antisemitismus; alles vermittelt in Vorträgen, Kursen und praktischen Übungen, durch die der obrigkeits- und bildungsbeflissene Gefreite zum nützlichen Reichswehrpropagandisten wurde, der das Angelernte zeitlebens reproduzierte – nicht ohne es populistisch zu radikalisieren. Noch am 21. März 1943, als er seine Rede zum „Heldengedenktag" und „eine scharfe Attacke gegen den Bolschewismus" vorbereitete, fühlte er sich, wohl in Erinnerung an die Reichswehrzeit, wie ein „alter Propagandist". Daneben sog er alles auf, was er in Drexlers deutschnationaler, sozialistischer und gemäßigt antisemitischer Deutschen Arbeiter-Partei (DAP) und von den dort Vortragenden und Verkehrenden lernte, Kreise, über die er erneut Gottfried Feder begegnete, den er schon von den Reichswehrvorträgen in der Münchener Universität (Juni 1919) kannte; und Lernkontakte bekam er u.a. zu Dietrich Eckart und Alfred Rosenberg[1].

Ein – hier nicht möglicher – umfassender Vergleich der sehr zahlreich erhaltenen Reden und Texte Hitlers würde erkennen lassen, dass fast alles, was der Mann aus Braunau seit 1920/21 von sich gibt, die Ausmünzung des Materials ist, das der karrierehungrige Gefreite seinerzeit sammelte, dies mit einem Eifer, der typisch war für jemand, der nun zum ersten Mal in seinem Leben (von dem er bereits mehr als die Hälfte hinter sich hatte!) halbwegs fundiertes Wissen konzentriert vermittelt bekam. Bei der Weitergabe der angeschulten Wissens- und Ideologieelemente variiert er meist nur die Auswahl und Gewichtung – je nach Publikum bzw. Opportunität.

In gewisser Weise exemplarisch ist Hitlers Verhältnis zu Lindenaus 48-seitiger Broschüre von 1919, welche die Reichswehr ihren Propagandisten als Lern- und Lehrmaterial an die Hand gab. Ernst Lindenaus Text ist eine Tendenzschrift, die – nicht zuletzt die deutsche Arbeiterschaft – aufklären will über die wahre Natur „des Bolschewismus, resp. dessen deutschen Bruder, des Spartakismus (Kommunismus)" (S. 5). Die bolschewistischen Führer in Lenins Umgebung sind, Lindenau zufolge, „vorwiegend Juden" (S. 5; vgl. ebd., S. 47: „rassefremde Fanatiker"). Hauptgegner der Bolschewiki ist die „Bourgoisie", d.h. das gesamte Bürgertum, Kaufleute, Kleriker, die Intelligenz, Offiziere der zaristischen Armee, Gutsbesitzer, Bauern (S. 6, 7, 14–17, 26, 35); diese und überhaupt „Gegenrevolutionäre" werden verfolgt und massenhaft ermordet, angeblich im Interesse einer „Diktatur des Proletariats" (S. 7, 13, 14, 44, 46), doch komme es im Volk zu „völliger Verarmung und Verelendung" (S. 25), und es grassierten Hungersnot und Seuchen (S. 29, 33). Man müsse sprechen von einem „völligen Fehlschlag des Bolschewismus" in Russland (S. 23) und von „bolschewistischem Wahnsinn" (S. 35). Lindenau berichtet über zahllose „Greueltaten an der Bürgerschaft" (S. 11) und von den Untaten der „Rotgardisten" und „bolschewistischen Horden" (S. 18, 19). Er referiert auch breit über die „freie Liebe" und eine angebliche „Verstaatlichung der Frauen" in Russland (S. 36–38). Im Übrigen wollten die Bolschewiki „die Weltrevolution über Deutschland hinweg nach Westeuropa tragen" (S. 21; vgl. ebd., S. 39, 45, 46). Der Autor bedauert besonders,

> „dass der Bolschewismus bei unserer intelligenten Arbeiterschaft überhaupt Boden fassen konnte, dass die Unzufriedenheit, die unsere verzweifelte wirtschaftliche Lage hervorgerufen, die Massen in die Gefolgschaft der radikalen Linksparteien treiben konnte";

statt des Chaos in Russland seien für das deutsche Volk „Ruhe und Ordnung" vonnöten (S. 47–48). Lindenaus Bild ist teilweise ein Schauergemälde, dessen Farben der Mann aus Braunau zeitlebens benutzt – ohne diesen Autor, ebenso wie Drexler, je als Quelle seiner eigenen Texte zu nennen.

Man hat oft den Behauptungen Hitlers in „Mein Kampf" und anderswo geglaubt, seine Überzeugungen schon vor 1914 bzw. „immer" schon gehabt zu haben; man hat dementsprechend aggressive antisemitische Intentionen als Kern und Zentrum seiner Ideologie annehmen wollen, aber nicht das Rätsel lösen können, warum und wann genau denn nun seine aggressive Judenfeindschaft entstand. Allmählich oder als von langer Hand vorgefasster Plan? Oder entstand der eliminatorische Antisemitismus quasi wie von selbst in den Strukturen des NS-Systems?

Näher liegt, so scheint es, dass Hitlers Gegnerschaft seit seiner frühen Wiener Zeit lediglich von der verbreiteten kultursnobistischen Art war, die vertrauten Umgang mit jüdischen Freunden und Bekannten nicht ausschloss; und dass dieser gesellschaftliche Antisemitismus in München seit 1919 opportunistisch – um sich so interessant und einen Namen zu machen – zum populistischen Radauantisemitismus mutierte; und dass dieser wüste Lärm des Parteipropagandisten Hitler ebenfalls opportunistisch zeitweise reduziert wurde; und dass erst nach den unerwartet hohen „Blutverlusten" des Russlandfeldzuges, die ein „Ausbluten" des deutschen „Volkskörpers" befürchten ließen, der millionenfache Genozid von ihm befohlen wurde[2].

Aber das beantwortet noch nicht die Frage nach dem Motiv für Hitlers seit 1919 aggressiv werdenden Antisemitismus. Von der Reichswehr hatte er ihn nicht, die keine rüde Judenhetze wollte, auch nicht von der DAP, die ähnlich dachte. Von Dietrich Eckart? Aber antisemitische Tiraden ließ der Mann aus

Braunau bereits vom Stapel, als er noch nicht stark unter dessen Einfluss stand. Wie es scheint, merkte er schon bei seinen frühen rednerischen Versuchen, noch innerhalb der Reichswehr und ganz besonders als Parteiredner seit dem 1. April 1920, dass gerade antijüdische Pöbeleien ihm Applaus und Ansehen einbrachten – und zog daraus die Konsequenzen.

Vielleicht hilft hier ein geraume Zeit vor 1933 entstandener Goebbels-Text weiter, in dem der Möchtegernaufsteiger erwog, wie man sich einen Namen machen könnte:

> „Es gibt heute in Deutschland überhaupt nur zwei Möglichkeiten, berühmt zu werden: man muß entweder, mit Verlaub zu sagen, dem Juden in ein Unaussprechliches hineinkriechen oder aber ihn rücksichtslos und mit aller Schärfe bekämpfen [...] haben wir Nationalsozialisten uns zu dem zweiten entschlossen [...] Wir haben uns bis zum heutigen Tag über den Erfolg nicht zu beklagen brauchen."[3]

Im Kontext ist die Rede vom „karrierelustigen Gesinnungsakrobaten". Hitler selbst – in mancher Hinsicht klüger und gerissener als der studierte Mann aus Rheydt – hätte sich wohl nicht so direkt als opportunistischen Gesinnungslumpen dekuvriert, der den Antisemitismus zu Karrierezwecken instrumentalisiert, obwohl er an Skrupellosigkeit hinter keinem zurückstand. Vielleicht liefert dieser Goebbelstext aber einen Schlüssel zum Verstehen von Hitlers Verhalten in den Jahren 1919–1923.

Die Frage nach dem Zentrum der NS-Ideologie, oft gestellt, ist also möglicherweise eher eine Frage nach der opportunitätsbedingt wechselnden Gewichtung der einzelnen Themen. Einigermaßen konstant ist anscheinend nur Hitlers lebenslange deutschnationale Abneigung gegen „Internationalismus" und „Fremdländerei" (seit 1915) und, damit verbunden, sein emphatisches Bekenntnis als „deutschnationaler Sozialist" (1920) und zum „nationalen Sozialismus (1922). Gewiss gehört zur Abneigung gegen die „Fremdländerei" und den „Internationalismus" auch eine gewisse gesellschaftliche Aversion gegen Juden und Jüdisches, zumal gegen fremdländisch wirkende traditionell gekleidete Juden Osteuropas; doch bestehen begründete Zweifel an der verbreiteten Annahme, dass „der Judenhaß Motor und Zentralpunkt Hitlers" war und daß dieser Haß „krankhaft" und „verrückt" war[4].

In der Rückschau von heute kann Hitlers ideologisches Sammelsurium sich leicht darstellen wie ein monolithisch starres System und wie eine originäre geistige Leistung. Doch übersieht man dabei den „eiskalten", bedenkenlosen Opportunismus des Mannes, der so flexibel wie ein Chamäleon Themen besetzte, die Zulauf brachten und mit denen er, der „Namenlose", sich einen Namen machen konnte:

– Den orientierungslosen, verunsicherten Frontsoldaten bot er als biederer Kamerad, geadelt durch das Eiserne Kreuz 1. Klasse, glaubwürdige Wegweisung;

- den Notleidenden versprach er Arbeit und Brot;
- vor Kleinbürgern posierte er als Antisemit und erntete „brausenden Beifall";
- vor frommen Christen spielte er, zumal vor Weihnachten, den Mann in der Nachfolge Christi;
- den Völkischen und Alldeutschen versprach er einen starken Volksstaat ohne Volksfremde;
- vor nationalkonservativen Eliten und Besitzbürgern gab er sich als antibolschewistischer Patriot und Erlöser von den Fesseln des Versailler Diktats;
- vor Wirtschaftsführern gebärdete er sich als antimarxistischer Liberaler;
- vor der Staatsmacht trat er auf als legalitätsbeflissener Bürger und Befürworter von Recht und Ordnung;
- dem Ausland versicherte er immer wieder seine Friedensliebe und dass er wirklich keinen Krieg wolle.

Mit einem Wort: Er versprach allen alles, und es ist kaum möglich, einen wirklichen ideologischen Schwerpunkt zu definieren oder auch nur eine dominierende Handlungsmaxime, es sei denn seine Gier nach politischer Macht, genauer: nach dem damit verbundenen Ansehen. Damit käme man letztlich wieder zurück zu den Standpunkt Sebastian Haffners von 1940. Er sprach von der „Hohlheit" der Reden Hitlers und der nationalsozialistischen Weltanschauung ohne Substanz und ohne ein ideologisches Zentrum, und meinte: „Hitler ist kein Staatsmann, sondern ein Schwindler in der Maske eines Staatsmannes."[5]

Dass der Mann aus Braunau nach 1933 das eine oder andere Versprechen erfüllte und z.b. über Billiglöhne, Schuldenmachen und Kriegsrüstung allmählich die Arbeitslosigkeit beseitigte und schließlich für die deutsch-germanische Rasse auch den ihr angeblich angemessenen „Lebensraum" erobern wollte, tat er weniger aus völkisch-ideologischen Motiven als vielmehr, um nun auch die staatsmännische Rolle auszufüllen, in die er gegen alle Wahrscheinlichkeit gekommen war. Ideologie, bis hin zu Welteroberungsplänen, blieb immer nur Vorwand für ein maßloses Geltungsbedürfnis, und die Opfer, die das kosten sollte, waren ihm dementsprechend letztlich gleichgültig.

Es ist oft gesagt worden, die Judenvernichtung sei seit 1919 unverändert Hitlers „zentraler politischer Gedanke" geblieben[6]. Doch die Aussagen zu seinen weltanschaulichen Bausteinen enthalten über lange Zeiträume hinweg mal mehr, mal weniger, mal gar keine Vernichtungsrhetorik. Meist begnügt er sich mit dem Androhen des „Entfernens", wie er ja auch, nach 1933, die Auswanderung der Juden durch Repression zu erzwingen versuchte – nur mit Teilerfolgen. Selbst wenn man vom Vorhandensein einer diesen Namen verdienenden NS-Ideologie ausgeht, bleibt der antijüdische Rassismus eine „Komponente" und eben nicht ein konstituierender Faktor von zentraler Bedeutung[7].

Wie es scheint, geben auch die Grundsätzliches thematisierenden Aussagen Hitlers keine sichere Antwort auf die Frage nach einem bestimmten kontinuierlichen Handlungsmotiv, lassen vielmehr ein breites Spektrum wechselnder ideologischer Ziele erkennen. Das stellt sich im Einzelnen so dar:

Am *21. Juni 1920* führt er in seiner Rosenheimer Rede einen Rundumschlag gegen „die Sozialdemokratie aller Schattierungen bis zum Kommunismus", gegen „internationale Ausbeutung", gegen die „jüdisch geleitete Sozialdemokratie", gegen die „Moskauer Internationale", und er behauptet: In Deutschland „machen sich die Juden breit und verdrängen die Deutschen [...] Die Fremden hinaus, solange es für die eigenen Söhne des Volkes an genügendem Platz fehlt".

Am *14. Dezember 1923* verengt er seine Gegnerschaft: „Meine Aufgabe erblicke ich im Kampf gegen den Marxismus."

Am *10. März 1924* (in der Aussage des Herrn von Lossow zu Hitlers Programm): „Erledigung des Marxismus und die Bestrafung der Novemberverbrecher".

Am *18. März 1924* bezeichnet sich der Mann aus Braunau als politischen Führer und Begründer „dieser jungen völkischen Bewegung" (d.h. der NSDAP), also, so darf man schließen, auch ganz allgemein als Vertreter und Exponent des seinerzeit in München verbreiteten völkischen Gedankengutes.

Am *16. Dezember 1925* präzisiert er kurz die Ziele dieser völkischen Bewegung:

> „Erhaltung und Vorwärtsführung, Ernährung und Sicherung unseres Volkes und der diesem Volke zugrunde liegenden wertvollsten Rasseelemente. Das ist das ausschließliche und einzige Ziel! [...] Für uns ist Hauptträger der menschlichen Kultur der Arier, und unser Volk hat den großen Vorzug, einen großen Teil seines Blutes auch heute noch als arisch bezeichnen zu können. Dieses Blut zu mehren, den Volkskörper als solchen dabei zu fördern und zu erhalten und der Mission entgegenzuführen, die ihm auf der Erde zugewiesen ist, das ist das Ziel unserer Bewegung."

In dem 1925–1927 erschienenen Werk „Mein Kampf" rückt in den Vordergrund – ohne Außerachtlassung der anderen Themen – die „Vergrößerung des Lebensraumes unseres Volkes in Europa" (in Richtung Osten).

Zwischen *September 1929 und März 1930* entstand ein seinerzeit unveröffentlichter Text Hitlers, in dem er ausführlich die Grundsätze des Nationalsozialismus darstellt und gegen den Vorwurf des Hochverrats verteidigt:

> „Die nationalsozialistische Idee [...] ist anti-international [...] antidemokratisch [...] antipazifistisch [...] Das nationalsozialistische Ziel [...] Errichtung eines gesunden Volkskörpers. Die Überwindung des heutigen Klassenstaates [...] die Herbeiführung einer wehrhaften Volksgemeinschaft. Die Erringung der unbedingten außenpolitischen Freiheit dieser deutschen Volksgemeinschaft [...] Der nationalsozialistische Weg [...] die Eroberung der politischen Macht in Deutschland. Sie (die NSDAP) bedient sich dabei aller Mittel, soweit sie nicht durch Gesetz verbo-

ten sind [...] Laut Verfassung sind alle Deutschen vor dem Gesetz gleich [...] Zu
den Grundrechten gehört das Recht einer freien Meinung [...] Die nationalsozialistische Bewegung verficht den Gedanken der Wertunterschiede der Völker. Auf
Grund ihrer Rassentheorie [...] sieht (sie) im Blute den wesentlichen Wertfaktor
einer Nation [...] Die Geschichte eines Volkes ist die Darstellung seines Lebenskampfes [...] Parole [...]: deutscher Staat oder internationale Finanzkolonie [...]
(Es ist nicht hinnehmbar) daß jährlich Zehntausende in der Verzweiflung zum
Selbstmord greifen müssen, Hunderttausende auswandern, Hunderttausende nicht
geboren werden können und Millionen ohne Arbeit dastehen [...] Meine Auffassung, daß es mit eine Aufgabe des deutschen Heeres gewesen wäre, statt einst
Soldatenräte zu bilden, das revolutionierende Parteiengesindel zu zermalmen, halte ich aufrecht!"

Am *13. November 1931* wendet Hitler sich, wie üblich bei ihm, in Leerformeln und ohne konkret zu werden, gegen den „Internationalismus" und verlangt eine „willensmäßige Geschlossenheit" des deutschen Volkes.

Am *10. Februar 1933*, in seiner ersten Rede als Reichskanzler, wiederholt
er, statt ein Regierungsprogramm vorzustellen, lauter längst bekannte völkische und nationalistische Phrasen; auch hier sind die Juden kein Thema, doch
will er „den Marxismus ausrotten" und den „Lebenskampf" des deutschen
Volkes durchführen.

Am *13. September 1934* wettert er phrasenhaft gegen den „jüdischen
Weltbolschewismus".

Am *5. November 1937* in einer hochrangigen Besprechung in der Berliner Reichskanzlei, im Nachhinein aufgezeichnet von seinem Heeresadjutanten
Oberst Hoßbach, konkretisiert Hitler erstmals frühere völkische Gedankengänge (zum Thema: Erhaltung und Vermehrung des deutschen Volkes auf dem
Weg über die Herstellung einer Autarkie und die Gewinnung neuen landwirt-
schaftlich nutzbaren Raumes) in Richtung auf einen Eroberungskrieg. Hier, in
dieser grundsätzlichen Darlegung – anscheinend gedacht auch als „testamentarische Hinterlassenschaft im Falle seines Todes" – sind die Juden kein Thema
von Belang. – Diese Mitteilungen überraschten die anwesende militärische
Führung. Motiv Hitlers? Weniger die Sorge um das Wohlergehen des deutschen Volkes, das 1937 in leidlich guter Verfassung war, wohl eher die Absicht, noch zu Lebzeiten für seinen Nachruhm als bedeutendster Staatsmann
Europas zu sorgen, der er in den Augen vieler jetzt war. Es fehlte ihm aber
noch der Feldherrnruhm, und der Weg dorthin führte über einen Lebensraum-
krieg im Osten.

Am *8. November 1939*, in der traditionellen Rede vor der alten Garde,
hieß es: „[...] das Programm unserer Bewegung zu verwirklichen, das Programm, das nichts anderes besagt, als unserem Volk Leben und Dasein auf dieser Welt sicherzustellen" – eine Leerformel, die er gebetsmühlenhaft zu wiederholen pflegte.

Am *24. Februar 1940*, in der ebenfalls traditionellen Rede zum Jahrestag der Verkündung des Programms der NSDAP, ließ er wissen: „Was wir wollen, ist nicht die Unterdrückung anderer Völker. Es ist unsere Freiheit, unsere Sicherheit, die Sicherheit unseres Lebensraumes. Es ist die Sicherheit des Lebens unseres Volkes selbst. Dafür kämpfen wir. Die Vorsehung hat bisher diesen Kampf gesegnet." – Es geht um eine blockaderesistente „Autarkie", die Juden sind eher ein Randthema.

Etwa im *Juli 1941* kam es zu einem „Erlaß des Führers über die Führerwahl" (betreffend die mögliche „Nachfolge" Hitlers), in dem u.a. der Eid formuliert wird, den „der neue Führer" zu leisten habe. Darin ist die Sicherung des „Lebensraumes" des deutschen Volkes zentrales Thema, daneben, leerformelhaft, die Beachtung des Parteiprogramms vom 24. Februar 1920. Die Juden sind kein Thema.

Auch am *17.–18. September 1941* geht es im Führerhauptquartier um den Lebensraum des deutschen Volkes, insofern Hitler monologisiert: „Der Kampf um die Hegemonie in der Welt wird für Europa durch den Besitz des russischen Raumes entschieden, er macht Europa zum blockadefestesten Ort der Welt."

Am *27. November 1941*, im Gespräch mit dem finnischen Außenminister im Führerhauptquartier, unterstreicht Hitler seine Bedeutung als Gründer der Partei, „die sich als heiligste Aufgabe den Kampf gegen den Bolschewismus gestellt habe".

Erst am *24. Februar 1942*, in seiner „Botschaft zum Tag der Parteigründung", diesmal in München verlesen von Gauleiter Wagner, erinnert er wieder floskelhaft an den „jüdischen Kapitalismus und Kommunismus". – Zur Erklärung der Winterkatastrophe vor Moskau wurden die Juden als Sündenbock erneut nützlich.

Am *26. Februar 1942* zählt er, in Erinnerung an seine „Revolution" vom 30. Januar 1933, die wichtigsten Aufgaben jeder Revolution auf: die Beseitigung der trennenden Ständegrenzen zur Erleichterung eines sozialen Aufstiegs, die Hebung des Lebensstandards für die Ärmsten, Teilhabe an den Segnungen der Kultur.

Am *30. Mai 1942* redet Hitler im Berliner Sportpalast vor dem „militärischen Führernachwuchs" in Gestalt von 10.000 Leutnants. Die Themen sind Kampf und Krieg als „Vater aller Dinge" (hier verwechselt er dilettantisch Heraklit mit Clausewitz!), „ewige Auslese" des lebenstüchtigeren „Stärkeren", das Reich Karls des Großen als historisches Vorbild, Kampf um den die Volksernährung sichernden Lebensraum, bezüglich dessen das Deutsche Reich unterprivilegiert sei, auch Polemik gegen den „internationale Juden", „die ganze internationale, jüdische Händlerbrut", „das ganze internationale Weltjudentum". – Es scheint, dass diese Polemik in der zweiten Kriegshälfte zunimmt, je mehr deutlich wird, dass man sich nicht in einem „Blitzkrieg" befindet, der in einen schnellen Siegfrieden mündet, sondern dass das ganze Unternehmen sich verlustreich in die Länge zieht.

Im *Februar und April 1945* setzt den Schlusspunkt unter Hitlers grundsätzliche Aussagen sein Gespräch mit Martin Bormann. Hier bezeichnet er als „eigentliche Lebensaufgabe" des Reiches und als „Sendung des Nationalsozialismus und meines Lebens" die „Vernichtung des Bolschewismus und damit gleichzeitig die Sicherung des für die Zukunft unseres Volkes unentbehrlichen Lebensraumes im Osten [...] Unabhängigkeit, Macht und Lebensraum erkämpfen". Ähnlich behauptet er, immer nur „das physische und psychische Wohl des deutschen Volkes" im Auge gehabt zu haben. – Der verloren gehende Krieg lässt nun wieder seinen Antisemitismus eskalieren:

> „Mein unerschütterlicher Wille, das Weltjudentum und seine Macht in ihren Wurzeln auszurotten [...] die jüdischen Absichten auf die Weltherrschaft [...] Die Juden [...] entschlossen sie sich, [...] einen Kampf auf Leben und Tod gegen uns auszulösen [...] Juden [...] unsere schlimmsten Todfeinde [...] Die jüdische Eiterbeule habe ich aufgestochen [...] Roosevelt war, von Juden getrieben, ohnehin zum Krieg zur Vernichtung des Nationalsozialismus entschlossen [...] den Juden ist alles zuzutrauen, und man verrechnet sich niemals, wenn man ihnen die gemeinsten Teufeleien zuschreibt [...] Ich habe immer den Frieden gesucht. Der Wille unserer Feinde hat uns diesen Krieg aufgezwungen [...] Zwei Fronten: Auf der einen Seite das Weltjudentum und seine Helfershelfer, auf der anderen Seite die Führer einer völkischen Realpolitik [...] der Auserwählte des Weltjudentums, Roosevelt [...] Roosevelt und sein jüdischer Gehirntrust [...] (Deutschland) die wirtschaftliche Unabhängigkeit zu sichern in dem seiner Bevölkerung angemessenen Lebensraum [...]Aber alles wird durch den Juden versaut [...] verjudete Demokratie [...] marxistisches Gift [...] den Bolschewismus mit Waffengewalt auszurotten [...] die Knute des Weltjudentums [...] Der Ewige Jude [...] Das Weltjudentum, die Bolschewisten [...] wird man dem Nationalsozialismus ewig dafür dankbar sein, daß ich die Juden aus Deutschland und Mitteleuropa ausgerottet habe [...] das Recht der Hungrigen, ihren Hunger zu stillen; und das ist das einzige Recht, welches die Geschichte anerkennt [...] daß nur diejenigen weißen Völker Aussichten haben, zu überleben und zu neuer Blüte zu gelangen, welche imstande sind durchzuhalten und welche ohne jede Hoffnung noch den Mut bewahren, bis zum Tode zu kämpfen. Diese Eigenschaften aber sind nur Völkern zu eigen, die das jüdische Gift in ihren Köpfen ausgerottet haben."[8]

Diese weltanschaulichen Bausteine, aufgehäuft in zweieinhalb Jahrzehnten, fügen sich nicht zu einem Ideologiegebäude zusammen, sondern bleiben ein Sammelsurium von Phrasen, je nach Zeit und Opportunität artikuliert. Der Antisemitismus ist über lange Strecken nur ein Thema neben anderen oder bleibt ganz im Hintergrund. Besonders bösartig ist er in einzelnen Reden der frühen zwanziger Jahre (als Krawall- und Radauantisemitismus), in „Mein Kampf" (1925–1927) und dann schließlich im Februar und April 1945 (Bormann-Diktate und „politisches Testament").

Von der völkischen Herkunft her stehen Wohlergehen und Vermehrung des Volkes im Vordergrund. Es soll frei werden von nichtarischen Menschen und von Einwirkungen internationaler Provenienz, dazu autark sein – ein utopischer Nonsens in einer Zeit hoher weltwirtschaftlicher Verflechtung und Kooperation. Eine destruktive Utopie ist auch das angebliche Recht des stärkeren oder stärksten Volkes, sich seinen angemessenen Lebensraum zu erobern, nachdem es zu einer homogenen, kraftvollen und streitbaren Volksgemeinschaft zusammengewachsen sei.

Das Kulminieren des Antisemitismus seit dem Winter 1941/42 erscheint wie ein Reflex auf den rapiden „Blutverlust" des Ostheeres und auf die Einsicht, dass das Kriegsziel „Autarkie" nicht wie vorgesehen erreicht wurde. Noch am 31. Mai 1942 hatte ja Goebbels in einem Leitartikel der Wochenzeitung „Das Reich" diese Autarkie als „Kriegsziel" benannt:

> „Auf den unübersehbaren Feldern des Ostens wogt das gelbe Getreide, genug und übergenug, um unser Volk und ganz Europa zu ernähren [...] Das ist unser Kriegsziel."[9]

Vermutlich gab Hitler im Winter 1941/42 den Auftrag zum millionenfachen Judengenozid. Dass damit eine Intention von sehr langer Hand realisiert wurde, ist wenig wahrscheinlich; denn noch in einem „Runderlaß des Auswärtigen Amtes ‚Die Judenfrage als Faktor der Außenpolitik im Jahre 1938'" vom 25. Januar 1939, gerichtet an alle Missionen und Konsulate des Deutschen Reiches, hatte es geheißen: „Das letzte Ziel der deutschen Judenpolitik ist die Auswanderung aller im Deutschen Reich lebenden Juden"[10]. Was der „Führer" in den letzten Kriegsjahren zum Judenthema von sich gab, war allerdings blutiger Ernst, Rache am „Sündenbock", keine Zielfindung eines Apriori-Sendungsbewusstseins schon von 1919/20. Das meiste in den beiden Jahrzehnten bis 1940 Gesagte waren indes Leerformeln wie „entfernen", Radauantisemitismus zum Fang von Wählerstimmen oder Drohungen als Druck zur Auswanderung.

Zusammenhaltende Klammer der verschiedenen ideologischen Bausteine könnte noch am ehesten sein Hitlers deutschnationaler Anti-Internationalismus sowie das Streben nach einem ungefährdeten autarken Lebensraum, ausgehend von den Blockade- und Hungererfahrungen des Ersten Weltkrieges. Hinzu kam eine rassistisch-imperialistische Komponente: Die Ausdehnung der Rasse in den Raum hinein. Die Juden störten dabei, und so wollte man sich ihrer entledigen.

Zwölftes Kapitel

Im Winter 1918/19 war Hitler, der mit seiner Entlassung aus der Armee rechnen musste, ein Mann ohne Heimat, ohne Eltern, Frau und Kinder, ein berufsloser Habenichts, der buchstäblich nichts zu verlieren hatte.

Doch das Unwahrscheinliche geschah: Im Laufe des Jahres 1919 zeigte sich überraschend, dass er doch zwei Pfunde hatte, mit denen er wuchern konnte. Zum einen war da sein rednerisches Talent, zunächst mehr das eines politischen Schwadroneurs, aus dem aber die Reichswehr, die seine Begabung erkannte, einen ihr nützlichen Propagandisten zu machen verstand. Zum anderen war da sein Eisernes Kreuz 1. Klasse, für einen Gemeinen ungewöhnlich, das ihm eine gewisse Reputation als Kriegsheld gab, die ihn auch in bürgerlichen Kreisen leichter ankommen ließ und das er deshalb fast immer trug.

Beides reichte aber noch nicht, um wirklich Eindruck zu machen. Nun gab es im München der Jahre 1919–1923 manche ehemaligen Freikorpskämpfer, oft mehr Abenteurer als Patrioten, die erst nach einiger Mühe den Weg ins bürgerliche Privatleben fanden. Es scheint, dass der Mann aus Braunau, nach Orientierung suchend, wenigstens zeitweise in die Rolle eines unbürgerlich-interessanten Landsknechtstypen schlüpfte, der Trenchcoat und Schlapphut trug und zu dessen ständigen Utensilien Schusswaffe und Hundepeitsche gehörten. Mit einem Wort: Er spielte den politischen Desperado, und in den Jahren bis zur „Machtübernahme" wurde den Nationalsozialisten dementsprechend oft ihr nihilistisch-opportunistisches Desperadotum vorgeworfen[1].

Selbst innerhalb der NSDAP beschuldigte ihn am 15. Juli 1921 der Noch-Parteivorsitzende Drexler, offenbar nicht ohne Grund, auf außerparlamentarischem Wege Revolution und Gewalt zu beabsichtigen. Laut einem Protokoll der Polizeidirektion München sagte er, dass die „Hitler'sche Richtung der Partei" die Parteiziele „auf revolutionärem Wege, eventuell unter Anwendung von Terror, Gewalt und anderen Mitteln", zu erreichen versuche. Hitler agiere als „Gewaltmensch" und wolle sich „mit allen Mitteln behaupten"[2].

Lange nachdem Hitler als „Führer" und Reichskanzler etabliert war, am 19. Juli 1940 in einer Berliner Reichstagsrede, schmähte er „inmitten des gewaltigen Kampfes um die Freiheit und für die Zukunft des deutschen Volkes" seine Widersacher, darunter „Juden und Freimaurer, Rüstungsfabrikanten und Kriegsgewinnler, internationale Händler, Börsenjobber", welche angeblich „politische Subjekte, Desperados und Herostratennaturen" fanden, „die den Krieg als ersehnens- und damit wünschenswert hinstellen"[3]. Er hatte längst verdrängt, dass er selbst in seinen frühen Jahren ein Desperado gewesen war, der skrupellos nach oben kommen und sich einen Namen machen wollte. Auch in dieser Rede hetzte er gegen alles Internationale („das internationale jüdische

Völkergift", „internationale Händler" usw.) und unterstellte fiktiven internationalen Gegnern ein Desperadotum, das er als radikaler Nationalist selbst praktiziert hatte. Methode des sprichwörtlichen Diebes, der da ruft: „Haltet den Dieb!"

Erst nach 1945 wurde Hitler von vielen Deutschen als das erkannt, was er war, ein Glücksritter, Abenteurer, Hasardeur, Anarchist, der seine SA wie eine kleine Bürgerkriegsarmee skrupellos in Saalschlachten und mit Straßenterror gegen Andersdenkende einsetzte. *Beispiel:* Bei dem von völkischen Verbänden veranstalteten „Deutschen Tag" in Coburg (am 14.10.1922), zu dem der Führer der NSDAP mit mehreren Hundert SA-Männern in einem Sonderzug gefahren war, kam es zu Straßenkämpfen. Aus der durch die Straßen der Stadt marschierenden SA-Kolonne sprang Hitler höchstselbst wiederholt heraus und verprügelte mit seinem Stock Gegendemonstranten. – *Beispiel:* am 26. August 1931 notiert Goebbels in seinem Tagebuch, er sei mit sechs SA-Männern in einem Auto zur Redaktion der Zeitung „Berliner Tribüne" gefahren, um „den Schweinehund zu verprügeln", der einen gemeinen Artikel gegen ihn geschrieben habe. – *Beispiel:* In der Nacht vom 9. zum 10. August 1932 ermordeten SA-Leute und Angehörige des „Oberschlesischen Selbstschutzes" in dem schlesischen Dorf Potempa (Landkreis Gleiwitz) in brutalster Weise einen KPD-Sympathisanten vor den Augen seiner Mutter und verletzten seinen Bruder schwer. Die entsprechenden Todesurteile wurden noch vor 1933 in lebenslange Freiheitsstrafen umgewandelt. Nach 1933 kam es zu einer Amnestie und zur Freilassung[4]. – *Beispiel:* Am 12. Januar 1922 wurde Hitler vom Münchener Volksgericht wegen Landfriedensbruchs rechtskräftig zu einer Gefängnisstrafe von drei Monaten verurteilt, weil er am 14. September 1921 zusammen mit einigen Kumpanen eine öffentliche Versammlung des Bayernbund-Führers Ballerstedt gesprengt hatte. Nachdem ihm davon zwei Monate zur Bewährung erlassen worden waren, saß er noch einen Monat (24.6.–27.7.1922) in einem Münchener Gefängnis (Stadelheim) ab[5].

Nach dem gescheiterten Putsch vom 8./9. November 1923 (Hitler-Prozess vom 26.2.–1.4.1924 vor dem Volksgericht München I; Hitlers Haft vom 11.11.1923–20.12.1924 in Landsberg) war die NSDAP verboten – was die Bildung von Nachfolge- und Ersatzorganisationen nicht ausschloss –, und über Hitler selbst war in den meisten deutschen Ländern (Ausnahme: Thüringen) bis 1927/28 ein Verbot öffentlichen Redens verhängt worden, und auch etliche Leute vom Führungspersonal der NSDAP standen mitunter vor Gericht oder gingen ins Gefängnis[6].

In den Wochen und Monaten vor dem Putsch von November 1923 wurde Hitlers Redestil einmal mehr so aggressiv, das die darüber berichtende Presse von „blutrünstigen Reden" und „Gewaltpredigten" schrieb. Diese Art von Hasspredigten und Gewaltrhetorik, die er phasenweise auch in den nächsten beiden Jahrzehnten praktizierte, strahlte bis in alle Gliederungen der Partei aus und beispielsweise auch in die Hitlerjugend, welche – besonders als der Zweite Weltkrieg verloren zu gehen drohte – dazu aufrief, „unsere Feinde zu hassen"[7].

Die Prügelmentalität Hitlers und seiner Gefolgsleute eskalierte allenthalben auch verbal, sichtbar in der exzessiven Verwendung von Wörtern wie „brutal", „rücksichtslos", „eiskalt", „vernichten", „ausrotten" usw. Es ist nicht zuviel gesagt: Eine eiskalte, rational gesteuerte Brutalität in Gesinnung und Praxis kennzeichnet Hitler und den Nationalsozialismus[8].

Die Terrorkarriere des Nationalsozialismus wurde begleitet von Worten und Akten monströser Intoleranz. So bezeichnete der Diktator am 19. Juli 1940 nach seinem glorreichen Sieg über Frankreich solche „Subjekte", „die fast mit Bedauern den Siegeszug des Dritten Reiches erleben", als „Abschaum der Nation". – Am 4. September 1940, bei seiner Rede zur Eröffnung des Kriegswinterhilfswerks 1940/41, thematisierte er die Erziehung der Deutschen zur „Volksgemeinschaft" und erörterte mehr im Ernst als im Scherz die Alternative, entweder diese Erziehung durchzuführen oder „wir schlagen Millionen Menschen tot [...] weil sie noch nicht reif sind für eine solche Gemeinschaft", „und wenn dann noch ein paar unter keinen Umständen (sich erziehen lassen) wollen, dann werden wir ihnen einmal ein Ehrenbegräbnis geben"[9].

Wie die skrupellose Brutalität Hitlers und des NS-Regimes bis in die feinsten Verzweigungen des Systems ausstrahlte, ist heute – abgesehen von den Gräueltaten in den KZ – wenig bekannt, obwohl viele schon vor 1933 den Charakter des Emporkömmlings klar erkannt hatten: „Ein brutaler [...] Machtpolitiker [...] ein wütender Judenfresser, ein sinnloser Radaumensch, dessen einziges Argument der Gummiknüppel ist"[10].

Hitlers Revoluzzermethoden und -mentalität wirkten tief hinein in die Sprache aggressiver Gedichte und Lieder, die vor 1945 entstanden. So dichtete man in der Hitlerjugend etwa:

> „Niemals verzweifeln/Alles geißeln/Was nicht wie wir
> Für und Für/Immer weiter/Kampf! Revolution!"

Und in der gleichen Hitlerjugend lernte man als Leitspruch:

> „Im Herzen Mut/Trotz unterm Hut
> Am Schwerte Blut/Nur so wird's gut!"

Ein Marschlied für Schulkinder lautete:

> „Wer sich dem Reich entgegenstellt/In seinen Lebensrechten,
> Wir stellen ihn auf offnem Feld,/Wir reden nicht, wir fechten."

Und in einem Lied für „Jugend und Volk" wurde gesungen:

> „Was sich uns entgegenstellt, machen wir zunichte."[11]

Hierhin gehört schließlich auch die systematische Verhöhnung der Humanität (und dessen, was man heute „Menschenrechte" und „Menschenwürde" nennt) als „Humanitätsduselei" und „Gefühlsduselei"[12].

Aus NS-Sicht war die ganze Entwicklung konsequent; denn es „wandelte sich Adolf Hitler vom trommelnden und stürmenden Revolutionär zum souveränen, richtunggebenden Staatsmann". Die Realität sah anders aus: Hitlers Karrieremethode war die eines Revoluzzers, der nie das Terroristenkostüm ganz ablegte, in dem er so große Erfolge auf der politischen Bühne gefeiert hatte und der als „schlecht getarnter Bandit" und Chef einer „Räuberbande" (Sebastian Haffner) nach dem Sieg der NS-„Revolution" ein scheindemokratisches Terrorregime errichtete und mehr Staatsterrorist als Staatsmann war. – Zu seinen Methoden gehörte neben der Gewalt immer auch die Verführung durch lockende völkische Utopien, auch die Verführung der Jugend durch eine gewaltnahe politische Romantik. Nach 1933 war jedenfalls das Deutsche Reich nicht wirklich mehr ein Rechtsstaat, sondern wurde „von einer Gangsterclique beherrscht"[13].

Dreizehntes Kapitel

Es ist seit langem bekannt, dennoch im Einzelnen noch zu klären: „Hitler war ein Schauspieler von Format, d.h. er verschmolz förmlich mit der Rolle, die er darstellen wollte. Er glaubte schließlich selbst, was er vorbrachte." Dabei waren „selbst die scheinbar in höchster Erregung hervorgestoßenen Redewendungen, ekstatischen Gesten usw. meist keine spontanen Gefühlsäußerungen, sondern im voraus berechnete, genau einstudierte Szenen"[1].

Die Rolle des völkischen Retters aus dem Kerker des Versailler Friedensdiktats, die er seit 1919/20 übernommen hatte, spielte er auf der politischen Bühne – zunächst Münchens – durchaus gekonnt, und es focht ihn nicht weiter an, dass viele ihn für einen Schmierenschauspieler hielten. Ihm gefiel zunehmend diese Rolle im Rampenlicht der politischen Szene erst Bayerns, dann auch Deutschlands, eine Rolle, die ihm schließlich so zur zweiten Natur wurde, dass er sich am Ende sogar getraute, die ganz große Bühne der internationalen Politik zu betreten. Der Schauspieler in Hitler verlangte nach bedeutenden Kulissen für sein politisches Theater. Gab es ihm doch den angemessenen Rahmen für die große staatsmännische Attitüde einer Persönlichkeit von historischem Rang: Die Welt als Theaterpublikum war ihm gerade recht.

Ja, der einstige „Niemand" wuchs so in seine Rolle hinein, dass er sich schon bald wie eine Art politischer Messias fühlte und, spätestens seit seinem Werk „Mein Kampf" (1925–1927), kräftig an seiner Selbststilisierung arbeitete und seine schäbige Vergangenheit so schönte, dass sie schließlich einigermaßen vorzeigbar erschien.

Typisch für das mitunter pseudoreligiöse Pathos des Staatsschauspielers Hitler ist seine Rede am 10. Februar 1933, wenige Tage nach der „Machtübernahme". Hier, im Berliner Sportpalast, schließt er seinen substanzlosen, mit Phrasen gefüllten Text mit einer Beschwörung des „neuen deutschen Reichs der Größe und der Ehre und der Kraft und der Herrlichkeit und der Gerechtigkeit. Amen". Das machte Eindruck, und selbst Goebbels ist entzückt von diesem „wunderbaren, unwahrscheinlichen, rednerischen Pathos"[2]. Ein ähnlich pseudoreligiöses Pathos erscheint schon am Schluss der Hitlerrede auf einer SA-Versammlung in Berlin am 1. September 1930: „Wir wollen in dieser Stunde geloben, daß nichts uns trennen kann, so wahr uns Gott helfen kann gegen alle Teufel! Unser allmächtiger Herrgott segne unseren Kampf!" Im Polizeibericht zu dieser Rede heißt es: „Die einsetzenden Heil-Rufe wurden abgewinkt, weil Hitler mit gefalteten Händen, wie im Gebet versunken, seinen eigenen Worten nachlauschte" – pures Schmierentheater eines Mannes, der keine vier Jahre später ein Massaker unter seinen SA-Kameraden veranstaltete. Von der „theatralischen Pose" Hitlers spricht z.B. ein Zeitungsbericht vom 6. April

1932 zu einer Rede vom 5. April in Lauenburg; das „Hamburger Echo" vom 2. März 1932 bemerkt zu einer Rede, die er am Vortag in der Hansestadt gehalten hatte: „Was ist Herr Hitler? [...] ein eitler Poseur [...] unangenehmes Theater in der reichlichen Pose". Ein anderer Zeitungsbericht vom 20. November 1931 zu einer Rede am 13. November glossiert die sich unausgesetzt in der Luft verkrampfenden „Schauspielerhände" des Mannes „im Rampenlicht"[3].

Solche Aussagen werden bestätigt durch viele weitere Berichte über die schauspielerischen Qualitäten des „Führers". So wusste Albert Speer: „Mit großer schauspielerischer Intuition konnte er sein Benehmen in der Öffentlichkeit wechselnden Situationen anpassen", und der damalige Reichsfinanzminister Schwerin von Krosigk erinnerte sich an Hitlers Ergriffenheiten, Erregungen und Emotionen aller Art, die den Anschein von Echtheit hatten, aber doch in der Regel nur gut geschauspielert waren[4]. Zweifellos war er „ein posenreicher Schauspieler, der sich seine Reden und Ansprachen vor dem Spiegel einstudiert", was Goebbels als zeitgenössischen Vorwurf gegen seinen Chef überliefert. Kershaw hat in diesem Zusammenhang darauf hingewiesen, wie Hitler als „gewandter Heuchler" in einem dreistündigen Gespräch mit Kardinal Faulhaber am 4. November 1936 diesem die Überzeugung einflößen konnte: „Der Reichskanzler lebt ohne Zweifel im Glauben an Gott. Er anerkennt das Christentum als den Baumeister der abendländischen Kultur."[5]

Bekannt ist auch, dass der Diktator über die schauspielerische Kunst verfügte, noch in den letzten Monaten und Wochen vor dem Ende seinen Generälen und Gauleitern suggestiv wieder Siegeszuversicht einzuflößen, obwohl diese die Dinge schon verloren gegeben hatten. Solch suggestive Wirkung ist kaum anders zu erklären als durch die dem „Führer" im Bedarfsfall zu Gebote stehende Gabe autosuggestiver Selbstberauschung, in der die Grenze zwischen Imagination und Realität bedeutungslos wurde und er mit Willenskraft selbst Widerstrebende quasi hypnotisch wenigstens vorübergehend auf seine Seite ziehen konnte.

Die Selbstberauschung durch sein eigenes Reden ist ein Phänomen, das manche Zuhörer schon während seiner frühen Münchener Biersaalvorträge beobachteten und noch viel später seine Sekretärinnen:

> „Gewöhnlich diktierte er direkt in die Maschine [...] War er einmal in Schwung gekommen, so diktierte er in raschem, fast rasendem Tempo. Bisweilen steigerte er sich in eine derartige Erregung, daß er direkt furchterregend wirkte. Das war besonders bei jenen Reden der Fall, die Angriffe gegen Churchill, Roosevelt oder gegen den Bolschewismus enthielten. Dann schwoll seine Stimme bis zur höchsten Lautstärke an; er gestikulierte mit den Händen, und sein gerötetes Gesicht zeigte einen wütenden Ausdruck, als ob er den betreffenden Feind direkt vor sich hätte [...] In der Erregung sprach er so laut, daß man ihn durch die Doppeltüren und mehrere Zimmer hindurch hören konnte."

In solchen Situationen konnte der „Führer" fast außer sich sein, beinahe wie in Trance. Kershaw spricht in diesem Zusammenhang treffend von der „orgasmischen Erregung" Hitlers, „die ihm nur die ekstatischen Massen gaben"[6].

Ähnlich verschmolzen Wahrheit und Fiktion, wenn er ins Erzählen und Fabulieren geriet, z.B. über seine harte Jugend, über seine Erlebnisse im Krieg 1914–1918 und seinen und der NSDAP mühevollen Aufstieg. Mit dieser Art des Fabulierens kann eine Form der Selbsttäuschung verbunden sein, ja die – besonders Kindern und Jugendlichen eigene – Gewohnheit, „im Erzählen zu erfinden", bei der immer ein größeres oder kleineres Publikum benötigt wird. Beispielsweise Goebbels hat glaubwürdig überliefert: Wenn Hitler vom 9. November 1923, seinem Putschversuch, „erzählt", sei das „wie ein spannender Roman, gefüllt mit lastender Tragik". Fazit: Erzählend formt und stilisiert der Mann aus Braunau seine Vergangenheit und erlebt sie so in gewisser Weise von neuem, fast wie ein Schauspieler, der sich ganz intensiv in seine Rolle hineinlebt[7].

Es deutet alles darauf hin, dass Hitler oft berechnend schauspielert oder im Rausch fast hypnotischer Selbstbeschwörung monologisiert und öffentlich redet, dass er theatralisch à la Wagner posiert, dass er seiner näheren Umgebung und seinem großen Publikum meist als Heuchler gegenübertritt, ja dass er vielleicht seine ganze unglaubliche Karriere überwiegend den schauspielerischen Künsten verdankt, die er praktizierte[8].

Dieser Sachverhalt macht es unwahrscheinlich, dass der Reichswehrgefreite seit 1919 als eine Art Idealist auf den Plan trat mit einer fertigen Ideologie und dass er im Bewusstsein einer patriotischen Mission Politiker wurde, wie er in „Mein Kampf" wissen lässt, z.B. am Ende des siebten Kapitels des ersten Buches: „Ich aber beschloß, Politiker zu werden." Auch eine jahrzehntelange Intention zum totalen Judengenozid, wie er ihn 1942–1945 praktiziert, ist von daher wenig wahrscheinlich. Mehr spricht dafür, dass er als skrupelloser Opportunist Karriere machte.

Es ist bekannt, dass Hitler zum endlosen Monologisieren neigte. Die Gründe dieser Eigenart lassen sich in mehrfacher Hinsicht verhaltenspsychologisch interpretieren: Ein Grund ist sicher das ausgeprägte Geltungsbedürfnis eines ehedem unbedeutenden, aber ehrgeizigen Menschen, dem lange keiner so recht zuhören wollte; der selbst ein Niemand war und jetzt eine Respektperson ist – mit erheblichem Nachholbedarf, dessen Befriedigung er genießt, wie auch die schmeichelnde Bewunderung, die ihm als scheinbar kenntnisreichem Mann nun zuteil wird: „Hitler [...] weiß alles und kennt alles und gibt über alles fabelhaft sichere Urteile ab", staunt Goebbels[9].

Ein weiterer Grund seines oft pausenlosen Monologisierens, mit dem er sein jeweiliges Gegenüber in stumme Verzweiflung treiben, ja geistig niederknüppeln konnte, war wohl das – uneingestandene – Bewusstsein seiner unzureichenden Weltläufigkeit und Bildung und das damit verbundene unterschwellige Minderwertigkeitsgefühl, das er hinter langen Monologen gut verbergen konnte; denn einem kultivierten, dialektisch offenem Dialog mit statusmäßig gleichrangigen, wirklich kompetenten (nicht liebedienerischen wie Goebbels) Gesprächspartnern war er nicht gewachsen. Dementsprechend scheute er auch meist konkrete Zwischenfragen und präzise Antworten, und der Halbgebildete nahm gern seine Zuflucht zu endlosen Tiraden. Wie ein Schauspieler, der er ja war, fürchtete er auch, seinen Faden zu verlieren, sich gedanklich zu verheddern und bei Widersprüchen ertappt zu werden. Dieses Verhalten, gekennzeichnet durch ein fast völliges Fehlen von Gesprächskultur, legte er an den Tag nicht nur bei Treffen mit ausländischen Staatsmännern, sondern auch gegenüber seinen Gauleitern und Ministern; und Kabinetts- und Gauleitersitzungen wurden regelmäßig zu „reinen Paroleausgaben ohne jede sachliche Erörterung, Kritik oder Diskussion", wie Hans Frank überliefert. Beispielsweise sein Justizminister Gürtner klagte einmal: „Von einem Gespräch ist keine Rede. Er läßt mich einen Satz sagen. Dann spricht er selbst, pausenlos, ohne Punkt und Komma, wie ein Sturzbach, der alles überschwemmt." Mit der für einen geltungsbedürftigen Mann ohne höhere Bildung oft typischen zwanghaften Rechthaberei pflegte er so seine (gedanklich vorgefertigte, abrufbar gespeicherte) Suada abzuspulen – eine Art geistiger Terrorismus[10].

Ein dritter Grund für Hitlers oft endlose Monologe ist offenbar seine Erfahrung, dass ihm erst, wenn er vor Zuhörern sprechend überlegte bzw. laut dachte, Dinge richtig klar wurden. In seiner nächsten Umgebung bemerkte z.B. die Sekretärin Christa Schroeder: „Hitler mußte sprechen, da ihm beim Sprechen neue Erkenntnisse zuwuchsen", und der Chefdolmetscher Paul Schmidt erkannte, „daß Hitler, obwohl er mich ansah, mich doch nicht sah. Wie geistesabwesend war er mit seinen eigenen Gedanken und ihrer Formulierung beschäftigt. Die Umwelt schien für ihn versunken zu sein"[11]. Man kann vielleicht sagen: Vor irgendeinem Auditorium, quasi unter Formulierungszwang, vermochte er seine Gedanken erst richtig zu entwickeln, zu ordnen und zu präsentieren. Er benötigte Zuhörer, gleich ob viele oder wenige, fast wie ein Schauspieler das Theater.

Zwei Eigenheiten Hitlers werden nun deutlicher: Sein oft stundenlanges lautes Denken war kaum möglich ohne einen großen Vorrat an Phrasen, Floskeln und Gemeinplätzen, die er jeweils beliebig und nach Bedarf hin- und herwenden und zu plausiblen Gedankenketten verknüpfen konnte. Zum anderen ist erkennbar, dass er ein stummes oder nahezu stummes Publikum benötigte, weshalb er auf Unterbrechungen oder Zwischenfragen, so sie denn gewagt wurden, meist unwirsch reagierte. Konsequent mied er meist Gesprächspartner von geistigem Rang, etwa Winston Churchill, der im April 1932 in München Hitler vergeblich zu treffen versuchte. Nur eine scheinbare Ausnahme bildet des „Führers" Gespräch mit Oswald Spengler 1935 in Bayreuth, der als Antidemokrat zunächst eine gewisse Aufgeschlossenheit gegenüber dem Nationalsozialismus gezeigt hatte; denn der Geschichtsphilosoph, der nicht lange nach dieser Begegnung starb, hatte wohl nicht mehr die Kraft zu einem wirklichen Dialog mit dem Gewaltmenschen Hitler, der dieses Gespräch denn auch umfunktionierte in „ein langes monologisches Selbstgespräch"[12].

Das monologisch-undialektische, oft realitätsferne Denken Hitlers wies zweifellos Elemente von Autosuggestion und Selbsttäuschung auf. Als Mensch mit einem von Haus aus provinziellen Horizont, als Mann ohne Auslandserfahrung und Weltläufigkeit, reduzierte er auch komplexe Sachverhalte gern vereinfachend zu wenigen, scheinbar nicht weiter verstehensbedürftigen Pauschalbegriffen wie Plutokratie, Bolschewismus, internationales Judentum – seinerzeit lauter Allerweltsbezeichnungen, die er übernahm und immerzu benutzte.

Er konnte sich so, auch indem er sich oft wiederholte, in Vorstellungen hineinsteigern, die mit der Wirklichkeit wenig zu tun hatten, wenn er etwa noch wenige Monate oder Wochen vor dem Kriegsende illusionistisch von Divisionen und Armeen faselte, die gar nicht mehr existierten, und mit seiner Willenskraft – von der Macht des Willens sprach er viel – noch den Endsieg herbeizwingen wollte. Geistig überfordert vom Verstehen mancher komplexen politischen und militärischen Gegebenheiten, neigte er dazu, nur das zur Kenntnis zu nehmen, was er fassen konnte und was seinem vereinfachenden Vorwissen entsprach; hinzu kam die Eigenart, autosuggestiv von der Wahrheit dessen, was er gerade sagte, überzeugt zu sein: „Hitler glaubte immer das, was er glauben wollte", wie es sein Weltkriegsvorgesetzter und spätere Adjutant Wiedemann formulierte[13].

Autosuggestive, die Realität verkennende Selbsttäuschungen strahlten vom obersten „Führer" in der Tat bis in das gesamte Regime hinein, bis in die Niederungen der Hitlerjugend. Deren „Führerdienst" zitierte im Juli 1942 die NSDAP-Zeitung „Völkischer Beobachter" mit deren pauschaler Charakterisierung der Amerikaner: Diese „grinsen, einer wie der andere, fast den ganzen Tag [...] sie kauen alle Gummi und lassen alle eine Zahnlücken frei (oder sie schaffen sich eine), wohin das Gummi gelegentlich in Ruhestand kommt" – ein unreflektiertes Klischee ohne Realitätsbezug. Eine NS-typische, geradezu groteske Realitätsblindheit ließ Himmler erkennen, als er noch am 24. April 1945 sich als unentbehrlichen Mitarbeiter künftiger alliierter Behörden sah: „Ohne mich kommt Europa auch in Zukunft nicht aus. Es braucht mich weiter als Polizeiminister, um Ruhe zu halten."[14]

Der autosuggestiven Selbsttäuschung verwandt sind die im Brustton der Überzeugung und als subjektive Wahrheit vorgetragenen Lügen, Lügen, die Hitler z.B. den Staatsmännern und Diplomaten aufzutischen pflegte, mit denen er konferierte[15]. Seine manifesten Lügen sind so zahlreich, dass jeder Versuch einer Aufzählung scheitern muss. Gleichwohl können einige Beispiele nützlich sein:

Als der Mann aus Braunau *Anfang Mai 1932* wieder einmal bei dem glücklich verheirateten Ehepaar Goebbels zu Gast ist und ihm der Berliner Gauleiter seine zur Heirat mit Magda Quandt geführte „Liebesgeschichte erzählt", klagt jener, auch er selbst sehne sich nach einer Frau – in Wahrheit war er seit etlichen Monaten liiert mit Eva Braun. – Am *7. März 1936* verkündet der „Führer" in einer Reichstagsrede: „Wir haben in Europa keine territorialen Forderungen zu stellen" – nicht lange danach machte er sich über große Teile Europas her. – Am *1. September 1939* behauptete er dreist vor dem Reichstag: „Die Minderheiten, die im Deutschen Reich leben, werden nicht verfolgt [...] Deutschland hat keine Interessen im Westen. Unser Westwall ist zugleich für alle Zeiten die Grenze des Reiches nach dem Westen."[16]

In einer Rede vor Rüstungsarbeitern in Berlin am *10. Dezember 1940* tönte er: „Das Volk bestimmt in diesem Staat die Richtlinien seiner Führung [...] Ich wollte [...] nur gegen Soldaten kämpfen nicht gegen Frauen und nicht gegen Kinder" – als ob er der Regierungschef einer parlamentarischen Demokratie wäre und nicht das Volk längst entmündigt hätte, als ob er nicht einen Vernichtungskrieg führen wollte, der auch viele Millionen Zivilisten das Leben kosten sollte. – Am *20. Januar 1941* behauptete er in einer Unterredung mit Mussolini großspurig: „Selbstverständlich erwidere Deutschland die englischen Luftangriffe in achtfacher Stärke." – In einem „Aufruf an die Soldaten der Ostfront" am *2. Oktober 1941*, dreieinhalb Monate nach Beginn der Offensive, ist einmal mehr der Wunsch Vater der Lüge: „Es ist alles seitdem planmäßig verlaufen [...] daß dieser Gegner bereits gebrochen ist und sich nie mehr erheben wird!" – in Wahrheit sollte schon im August Moskau erobert und der Feldzug beendet sein![17]

Mehr als faustdick ist die von Hitler oft wiederholte Lüge, er habe immer nur Frieden und Freiheit für das deutsche Volk und nie den Krieg gewollt, dieser sei ihm vielmehr aufgezwungen worden usw.; und noch in seinem „politischen Testament" vom *29. April 1945* versicherte er: „Es ist unwahr, daß ich oder irgendjemand anderes in Deutschland den Krieg im Jahre 1939 gewollt haben." Da hatte er, am Vortage seines Selbstmordes, anscheinend völlig vergessen, was er am *10. November 1938* vor Vertretern der deutschen Presse wissen ließ: „Die Umstände haben mich gezwungen, jahrzehntelang fast nur vom Frieden zu reden" und „diese pazifistische Platte" zu spielen, um ungestört für den geplanten Krieg aufrüsten zu können. – Hier wenigstens fiel er einmal aus der Rolle. Zeitzeugen erinnern sich in diesem Zusammenhang an einen Flüsterwitz im Dritten Reich: „Oh, hätten wir den uns aufgezwungenen Krieg nie vom Zaum gebrochen!"[18]

Mit dem Schauspielertum Hitlers hat wohl auch die Eigenart zu tun, dass er seine Emotionen und Affekte wie Wut, Zorn und Mitleid bewusst (autosuggestiv?) steuern konnte, sodass seine Umgebung zwar meist den Verdacht hegte, er spiele perfekt eine Rolle, sich aber nicht immer ganz sicher war, ob die

Erregung nun berechnet oder doch echt war. Schon seit 1926 notiert Goebbels in seinen Tagebüchern, dass dem Chef spontan Tränen in die Augen steigen konnten[19].

Der Chefdolmetscher des Berliner Auswärtigen Amtes, Paul Schmidt, berichtet über eine Besprechung Hitlers mit den Engländern Simon und Eden am *25. März 1935* in der Reichskanzlei. In deren Verlauf brauste er einmal empört auf, aber „ebenso überraschend wie der Sturm gekommen war, verschwand er auch wieder. Von einer Sekunde zur anderen wurde Hitler der ruhige, formvollendete Unterhändler." Das weist auf einen berechneten Einsatz der Emotion, um Eindruck zu machen. – Gespielt ist zweifellos am *8. Juli 1941* auch der „heilige Zorn auf die bolschewistische Führungsclique", deren von langer Hand geplantem Überfall auf Deutschland und Europa er am 22. Juni zuvorgekommen sei[20].

Recht typisch ist auch des „Führers" schauspielerisches Verhalten bei einer Besprechung am *25. Januar 1945* mit seinem damaligen Generalstabschef Guderian, der wegen der aussichtslosen Lage Waffenstillstandsverhandlungen anstrebte. Hitler erregte sich und „tobte noch eine Zeit lang weiter, bis er merkte, daß er keinen Eindruck auf mich machte". Ähnlich tobte er maßlos am *29. Januar 1945*, als Guderian die militärischen Führungsfähigkeiten Himmlers bezweifelte und diesem den General Wenck zur Unterstützung beizugeben vorschlug; doch schließlich gab er nach und lächelte gar „sein liebenswürdigstes Lächeln". Überhaupt berichten viele Zeitzeugen aus des Diktators nächster Umgebung, dass er seine gespielt spontanen Zornesausbrüche gezielt einsetzen konnte, dass sie also in der Regel Theaterdonner waren, um die gewünschte Wirkung zu erzielen. Tatsächlich konnte er wohl seine Emotionen wie ein routinierter Schauspieler ein- und ausschalten, verlor jedenfalls kaum irgendwann die Kontrolle über sich[22].

Bedarfsgesteuerte Gefühlsausbrüche mit theatralischer Wirkung beherrschte der Mann aus Braunau perfekt. Aber auch ein perfekter Schauspieler benötigte Zeiten der Entspannung. Die suchte und fand er, außer seinen Treffen mit Eva Braun, zeitweise bei der „Chauffeureska" oder „Bande", wie sein kultivierter Auslandspressechef Hanfstaengl sie spöttisch nannte: im Umgang mit Chauffeuren, Leibwächtern, Dienern, Adjutanten und ähnlichen Leuten seiner allernächsten Umgebung, einer reinen Männerclique, deren Intimität mit Hitler von Goebbels nicht ohne Neidgefühle gesehen wurde; wenigstens sprach er öfters bedauernd darüber, dass sein Chef so gern mit dieser „Bagage", diesen „Schlawinern" bzw. diesem „Klüngel" zusammenhocke, in dem man sich abgestandene Witze erzählte. Er als „Doktor" – und auf diesen Titel legte er mindestens so viel Wert wie Hitler auf sein Eisernes Kreuz 1. Klasse – hätte wohl auch nicht in diesen Zirkel hineingepasst. Wie dem auch sei, der „Führer" benötigte offenbar gelegentlich eine menschliche Entspannung von seinem opportunistischen Schauspielertum. Motiv konnte auch eine geheime Furcht sein, über all dem Opportunismus und Rollenspiel auf der politischen Bühne am Ende seine personale Identität zu verlieren. Schließlich kam er ja von ganz unten. Auch konnte er vielleicht über die Kumpanei der „Chauffeureska" noch eine nostalgische Erinnerung bewahren an das Zusammenhocken mit seinen Kriegskameraden in den Unterständen und Quartieren von 1918–1924. Mit dergleichen konnte „Fräulein Braun" nicht dienen. Der Mensch Hitler hinter seiner Maske scheint, je länger er schauspielerte, desto mehr unter einer Identitätsneurose gelitten zu haben, die mitunter gar seine Maske ins Rutschen geraten ließ. Seiner allernächsten Umgebung konnte er auf die Dauer nur noch mit Mühe verbergen, dass sein personaler Kern erodierte, während gleichzeitig sein Rollenverhalten immer starrer wurde[22].

Vierzehntes Kapitel

Mit der „Machtübernahme" am 30. Januar 1933 hatte Hitler eine – von seiner trostlosen Situation im Winter 1918/19 aus gesehen – ganz unwahrscheinliche Karriere gemacht. Aber Karriere, Macht und das damit verbundene Ansehen ließen den Emporkömmling anscheinend süchtig nach weiteren Erfolgen werden. Zur Macht- und Ansehensvermehrung bot sich an eine territoriale Ausdehnung, zunächst in Richtung der durch den Versailler Vertrag verlorenen Reichsgebiete, darüber hinaus ein Voranschreiten auf den gedanklichen Bahnen einer Osterweiterung des Deutschen Reiches, wie sie schon vor 1918, etwa bei den Alldeutschen, angelegt waren.

In den Schulungskursen und Vorträgen bei der Reichswehr hatte der Gefreite eine Menge gelernt über die Ursachen, Begleiterscheinungen und Folgen des Krieges 1914–1918. In nationalistisch-völkischen Kreisen nicht nur Münchens und Bayerns glaubte man, statt der Niederlage wäre auch ein Siegfrieden möglich gewesen, wenn das Reich über mehr und bessere Ressourcen verfügt hätte, um sich in den Materialschlachten zu behaupten und das Hungersterben Hunderttausender zu verhindern.

Auf dem Boden solcher Erfahrungen gediehen die Autarkiebestrebungen, welche sich seit 1919 auch der Mann aus Braunau, vermutlich dies ebenfalls über die Reichswehrdozenten und -lehrgänge, zu eigen gemacht hatte; waren sie doch in nationalistischen Kreisen seit Fichtes Werk „Der geschlossene Handelsstaat" (1800) gut bekannt, zumeist freilich in der gemäßigten Form „möglichst weitgehender Selbstversorgung ohne Verzicht auf die Einfuhr lebensnotwendiger, im Inland nicht vorkommender oder erzeugter Waren". Diese zumindest partielle Autarkie war, als Element nationalistischer Sicherheitsbemühungen für Staaten mit großem Lebensraum kein Problem, und genau darauf weist Hitler schon am 10. Dezember 1919 in einer Rede auf einer DAP-Versammlung in München hin, dass z.B. „auf den Kopf eines Russen 18 mal mehr Grund trifft als auf einen Deutschen". Und auf dieser Argumentationslinie bleibt er über Jahrzehnte, so noch am 30. Januar 1941 im Berliner Sportpalast, wo er verweist auf „die Tatsache, daß 46 Millionen Engländer im Mutterlande heute rund ein Viertel der Erdoberfläche beherrschen, raummäßig und auch menschenmäßig, d.h. daß auf 46 Millionen Menschen rund 40 Millionen Quadratkilometer Raum kommen"[1].

So ist es der Sache nach keineswegs neu, wenn der Mann aus Braunau in „Mein Kampf" ausführlich auf das Thema „Lebensraum" (im Osten) eingeht und auch ausdrücklich den Begriff verwendet. Diese von 1919 bis zu seinem Ende durchgehaltene Linie ist innerhalb des Hitlerschen Ideenkonglomerats so bedeutend, dass sie wohl auf einen vorrangigen Grundzug seines Denkens weist, noch vor dem Rassismus, der erst im Laufe des Zweiten Weltkrieges zum Genozid wurde, zuvor aber oft nur ein Thema neben anderen war[2].

Der Begriff „Lebensraum" ist jedenfalls von solcher Bedeutung für die Karrierestrategie des ehemaligen Gefreiten, dass er gelegentlich gar als „Lebensraumpolitiker" bezeichnet wurde. Tatsächlich benutzt er seit 1919 zeitlebens die „Raumnot" Deutschlands als attraktives Thema, propagiert eine Korrektur „des Mißverhältnisses zwischen Volkszahl und Bodenfläche" und wirbt für „die Erweiterung des Lebensraumes" als „das natürliche Recht eines jeden Volkes", wozu es „politischer Macht" bedürfe. Da ist der Punkt erreicht, wo der selbsternannte Retter des Vaterlandes aus den Fesseln des Versailler Diktats zum imperialistischen Politiker werden will, der das deutsche Volk aus seiner „Raumnot" erlösen möchte – was ihn, wie er wohl meint, zur Übernahme einer größeren Rolle auf der politischen Bühne nicht nur Deutschlands, sondern auch Europas oder gar der Welt legitimiere[3].

Schon im Jahre 1927, im vorletzten Satz von „Mein Kampf", hatte Hitler beschwörend vorausgesagt, dass ein auf rassische Reinheit bedachter Staat (gemeint war Deutschland) „eines Tages zum Herrn der Erde werden" muss – was aus seiner Sicht nicht ohne Kampf und Krieg zu machen war. Einmal mehr formuliert er diesen Zusammenhang in einem Vortrag vor den Oberbefehlshabern der Wehrmacht am 23. November 1939, über den es in der Aufzeichnung heißt: „Kampf und wieder Kampf [...] Die steigende Volkszahl erfordert größeren Lebensraum [...] Lösung nur mit dem Schwert [...] Verträge werden nur so lange gehalten, wie sie zweckmäßig sind."[4]

Während des Zweiten Weltkrieges glaubte sich der Diktator dem Ziel nahe, den „Ostraum" „diesseits des Ural" samt der „Ukraine" (diese geplant als „Ostgotengau") zu germanisieren: „Die dortige Bevölkerung anderswohin schieben", „Wehrbauern ansiedeln", „die Norweger, Schweden, Dänen, Niederländer müssen wir alle in die Ostgebiete hereinleiten; das werden Glieder des Deutschen Reiches"; die baltischen Staaten sollen ein „Reichskommissariat Ostland" werden. Überhaupt schwelgt er in den ersten noch siegreichen Wochen und Monaten des Ostkrieges in Autarkie- und Machtphantasien: „Die Ukraine und dann das Wolga-Becken werden einmal die Kornkammer Europas sein"; und schon im August 1939 ließ er im Gespräch mit Carl Jacob Burckhardt diesen wissen, alles, was er wolle, sei „Land im Osten, um Deutschland zu ernähren, sowie eine einzige Kolonie, die der Versorgung mit Tropenholz diene. Der internationale Handel biete keine Basis für die nationale Sicherheit"[5].

Der gewonnene Raum rechtfertige allemal den Eroberungskrieg, so versicherten auch führende NS-Ideologen, z.B. Helmut Stellrecht im Jahre 1943: „Und der Krieg, den wir heute führen, kann durch nichts mehr vor der Zukunft gerechtfertigt werden als durch den gewonnenen Raum, auf dem die Bildung neuen adligen Bauerntums geschehen kann." Eine andere, ebenfalls oft vorgebrachte Begründung war: „Der Osten ist urgermanisches Land", und gemeint war damit der gesamte Raum diesseits einer Linie vom russischen Eismeer bis Astrachan am Kaspischen Meer bzw. einer „Linie Wolga-Archangelsk"[6].

Der zunächst vage Gedanke an ein großgermanisches kontinentaleuropäisches Imperium vom Atlantik bis zum Ural (einschließlich Belgiens und der Niederlande, Burgunds und der Schweiz) formte sich in Hitlers Kopf seit 1939/40 zu konkreten Absichten. Die skandinavischen Länder dachte er sich dabei etwa als Marionettenstaaten ähnlich der Slowakei. Vage blieben auch die Bezeichnungen für das neue Großreich. Nach der Einverleibung Österreichs im März 1938 sprach man vom „Großdeutschen Reich" oder „Großdeutschland". Indes lag der Ausgangspunkt einer neuen Begriffslinie schon recht früh:

Am 1. Januar 1921 bezeichnete der ehemalige Weltkriegsgefreite als „Zweck und Ziel" der NSDAP ein *„germanisches Reich deutscher Nation"*.

Am 24. Mai 1921 heißt es: *„germanischer Staat"*; am 21. Oktober 1921, leicht abgewandelt, *„rein germanischer Staat"*; am 18. November 1922 wird daraus *„germanisches Deutschland"*; am 14. Februar 1926 ein *„arisch-germanischer Staat"*; und schließlich am 5. April 1942: *„germanisches Reich"*[7].

So weit Hitlers eigene Formulierungen. Sein Ausgangspunkt, das „germanische Reich deutscher Nation", aktualisiert, wohl nach völkisch-alldeutschem Muster, das „(Heilige) Römische Reich deutscher Nation", also die Bezeichnung des alten Deutschen Reiches (962–1806), und diese Anknüpfung an das Mittelalter bestätigt der „Führer" ausdrücklich in einer Rede vom 12. September 1938. In der Begleitmusik der deutschen Presse zu seinem Staatsbesuch in Italien (Frühjahr 1938) war sogar die Rede vom „Heiligen Germanischen Reich deutscher Nation", wie Victor Klemperer in seinem Tagebuch zum 3. Mai 1938 zu berichten wusste. Ideologische Lobhudler z.B. in der Hitlerjugend boten auch Varianten wie „national-sozialistisches Reich Adolf Hitlers"[8].

Eher auf einen germanisch-europäischen Staatenbund (anstelle einer Einverleibung der Niederlande in das „Reich") arbeitete der Satellitenpolitiker Anton Adriaan Mussert hin, allerdings ohne große Chancen. Immerhin dachte Hitler bezüglich Dänemarks und Norwegens laut Goebbels' Tagebuch zeitweise an einen „nordgermanischen Staatenbund"[9].

Die begriffliche Entwicklung skizzierte Himmler während einer Rede in Grafenwöhr, am 25. Juli 1944: „[...] aus einem Deutschen, Großdeutschen zum Germanischen Reich Deutscher Nation, zur Herrscherin Europas zu werden, wie dieses Reich ehedem schon war in der Zeit der Staufer", redete ansonsten aber meist vom „Großgermanischen Reich". Auf dem Höhepunkt des Machtrausches, im Sommer und Herbst 1942, schien ein germanisches Großreich vom Atlantik bis zum Ural sogar Gestalt anzunehmen – bis seit dem Stalingradwinter (1942/43) allmählich der Rückbau des Phantasiegebäudes begann[10].

Der Mann aus Braunau und andere NS-Größen waren durchaus geschichtsbewusst und sprachen nicht selten vom fränkischen Großreich Kaiser

Karls (800–814), vom Stauferreich (1138–1254) und von Bismarcks Reichsgründung (1871). Sich als triumphalen Höhepunkt in diese Tradition einzurei-
hen und so für immer in die Geschichtsbücher einzugehen, war wohl das eigentliche, tiefere Motiv Hitlers, weniger bzw. nur vordergründig der „Lebensraum" und das Leben der deutschen Menschen, die er ja dann auch skrupellos
zu Millionen auf dem Altar seiner feldherrlichen Ruhmsucht opferte.

Der ungünstige Kriegsverlauf ließ in den Jahren 1943 bis 1945 die vagen
Pläne einer „Neuordnung Europas" obsolet werden, Pläne, die schon deshalb
utopisch waren, weil sie gegen den Willen der Betroffenen auf eine territoriale
Erweiterung des Deutschen Reiches hinausliefen und allenfalls Satellitenstaa-
ten an der Peripherie des neuen „Großgermanischen Reiches" vorsahen. In einer Rundfunkrede für deutsche und europäische Hörer über die BBC brachte
Thomas Mann im August 1942 die Sache auf den Punkt: „Nicht Deutschland
soll europäisch werden, sondern Europa soll deutsch werden."[11]

Bereits vier Wochen nach dem Beginn des Russlandfeldzuges frohlockt
der Propagandaminister Goebbels in einer Tagebuchnotiz zum 20. Juli 1941:
„Heute ist der Führer der Herr über Europa", und dem gleichen Tagebuch ver-
traut er am 8. Mai 1943 Hitlers Absicht an, „daß das Kleinstaatengerümpel, das
heute noch in Europa vorhanden ist, so schnell wie möglich liquidiert werden
muß", und zwar zugunsten eines „einheitlichen Europa", dominiert von der
„Führungsmacht" Deutschland:

> „Der Führer gibt seiner unumstößlichen Gewißheit Ausdruck, daß das Reich ein-
> mal ganz Europa beherrschen wird [...] Von da ab ist praktisch der Weg zu einer
> Weltherrschaft vorgezeichnet. Wer Europa besitzt, der wird damit die Führung der
> Welt an sich reißen."

Entlarvend ist in diesem Zusammenhang, dass Goebbels, seines Chefs Sprachrohr und Echo, in seinem privaten Tagebuch schon zum 14. August 1941 bezüglich der bis dahin eroberten europäischen Länder von „unterworfenen Völkern" spricht![12]

Man sieht, worum es wirklich ging: Auch der „Lebensraum" für das angeblich unterprivilegierte deutsche Volk war nur ein vorgeschobenes ideologisches Ziel, ebenso wie die präventiv-aggressive Verteidigung Europas gegen
imaginäre „asiatische Horden" und „Untermenschen", von denen nun oft die
Rede war. Auch das lag in der völkischen Mottenkiste schon bereit, aus der
sich schon Jahre vor dem Angriffskrieg die Hitlerjugend, allzeit des „Führers"
Lobhudler, bediente, als sie vom „deutschen Bollwerk gegen den Osten"
sprach, gegen den Osten in Gestalt der „Hunnen, Awaren, Magyaren, Slawen,
Mongolen und Türken"[13].

Als der Diktator sein eigenes Ende vor Augen sah, versuchte er, sich zu
retten, indem er sich mit Europa identifizierte, dem angeblich von außen her
der Untergang drohe: „Ich bin für Europa die letzte Chance [...] Das neue Europa kann nur auf Ruinen aufgebaut werden." Der Sinn: Das durch den An-

sturm der Feinde zertrümmerte Europa kann nur mit ihm, unter seiner Führung, wieder aus den „Ruinen" auferstehen. Selbst jetzt noch dachte er an seinen möglichen geschichtlichen Ruhm als Baumeister eines neuen Europa, nicht an die Millionen Toten in den „Ruinen"![14]

Der geschichtsbewusste Hitler war in großen Zügen informiert über den Dreißigjährigen Krieg, die Ergebnisse des Westfälischen Friedens von Münster (1648) und die durch diesen zustande gekommene Neuordnung Europas: Die Niederlande und die Schweiz schieden endgültig aus dem Reichsverband aus, Frankreich und Schweden erhielten erhebliche territoriale Zugewinne, und die deutschen Fürsten bekamen Hoheitsrechte. Was er wusste, gefiel ihm jedoch nicht. Er mochte nicht die friedenstiftende, langfristig stabilisierende Wirkung des Jahres 1648 sehen: Schaffung eines geregelten Nebeneinanders und Miteinanders konkurrierender Einzelstaaten, eine wesentliche Voraussetzung für das Prosperieren des neuzeitlichen Europas. Seine Wahl war vielmehr der gleichsam sozialdarwinistische Kampf der Staaten um die kontinentale Vorherrschaft, verbunden mit einem Zurückdrehen des Rades der Geschichte: Revision des Versailler Friedensvertrages von 1919 und Annullierung der Resultate von 1648 durch die gewaltsame Schaffung eines großgermanischen Kontinentalblocks an Stelle der angeblichen „Kleinstaaterei".

In den Schulungskursen der Reichswehr hatte der ebenso intelligente wie ungebildete Gefreite „allgemeine politische Aufklärung" erfahren (z.B. zum Kommunismus, Bolschewismus, internationales Spekulantentum); ferner „wirtschaftlichen Unterricht" (u.a. zu Bodenschätzen und zur Nahrungsmittelversorgung, d.h. zum Thema „Autarkie"); sodann zu überstaatlichen Finanzgewalten, Verschuldung, Geldmarkt); schließlich hatte er auch „geschichtlichen Unterricht" erhalten, u.a. zum Dreißigjährigen Krieg und seinen Folgen, zu Einzelstaatlichkeit und Reichseinheit usw.[15].

Zum Thema „Dreißigjähriger Krieg" und „Westfälischer Frieden" konnte er so die Lücken seines – wohl längst verblassten – Schulwissens auffüllen, und offensichtlich sog er alles wie ein Schwamm auf. Wie bei fast allen Themen seiner späteren Reden und Zeitungsaufsätze knüpfte er wohl auch hier, zum Jahr 1648, bei dem in der Reichswehr Gelernten an und führte dessen gedankliche Linien weiter.

Beispielsweise am 23. Februar 1937 kündigt er, wie Goebbels in seinem Tagebuch vermerkt, an, „in 15 Jahren habe er den Westfälischen Frieden liquidiert", dies im Rahmen einer „großen Weltauseinandersetzung", und vermutlich mit dem Ziel, bis 1952 das Großgermanische Reich zu erbauen. Der gleiche Goebbels notierte zum 3. November 1939, also bereits ein halbes Jahr vor der Eroberung Frankreichs, der „Führer" wolle die Südtiroler nach Burgund umsiedeln, der also, so ist zu sehen, quasi als Despot über europäische Völkerschaften und Territorien zu verfügen gedachte.

Und das Thema 1648 ließ ihn auch weiterhin nicht los, etwa am 23. November 1939 oder am 10. Dezember 1940 (hier mit Verknüpfung der Friedensverträge von 1648 und 1919!). Am deutlichsten wurde er in dieser Rede vierzehn Tage vor Weihnachten:

> „[...] in den letzten 300 Jahren, also in der Zeit, in der leider unser deutsches Volk ohnmächtig und zerrissen war. Nach dem Ausgang des Dreißigjährigen Krieges, durch den Vertrag von Münster endgültig aufgespalten in Hunderte von Kleinstaaten, hat unser Volk seine ganze Kraft verbraucht im Kampf gegeneinander. Fürsten und Fürstelchen, Könige und geistliche Würdenträger, sie haben unser Volk in seiner Zerrissenheit aufrechterhalten [...] dynastische Zersetzung unseres Volkskörpers [...] als ich zum erstenmal, damals noch selber als Soldat, nach dem großen Krieg auftrat, da war mein erster Vortrag bereits ein Vortrag gegen den Zusammenbruch, im Jahr 1919 dann gegen den Vertrag von Versailles und für die Wiederaufrichtung eines starken deutschen Staates [...] die andere Welt wollte nicht unsere innere Einigung, weil sie wußte, daß dann der Lebensanspruch dieser Volksmassen [...] verwirklicht werden kann. Und zweitens: Sie wollte aufrechterhalten dieses Gesetz von Versailles, in dem sie so einen zweiten Westfälischen Frieden erblickte."[16]

Beim Bau des „Großgermanischen Reiches" hatte Hitler die Tatsache vor Augen, dass es im Jahre 1925 etwa 94 Millionen Deutschsprachige in allen Staaten der Welt gab, von denen nur etwa 63–65 Millionen innerhalb des Deutschen Reiches lebten. Mit diesem Sachverhalt befasste er sich z.B. in einem Aufsatz im „Illustrierten Beobachter" vom 15. Februar 1930, und erneut, am 8. August 1931, sprach er in einer Rede von den „90 Millionen Deutschen in aller Welt"[17].

Solche Überlegungen spielten eine Rolle beim Rückgriff Hitlers auf das mittelalterliche „Reich". Dieser Rückbezug und die entsprechende Annullierung von Versailles (1919) und Münster (1648) schienen plausibler und besser zu rechtfertigen durch die Einbeziehung möglichst aller Deutschen in das geplante neue Imperium. Als Möglichkeiten boten sich an das „Heimholen" der „Volksdeutschen" „ins Reich"; ferner konnte das Projekt, weil dazu die Zahl verfügbarer Deutscher nicht ausreichte, gefördert werden durch das „Eindeutschen" geeigneter Ostbevölkerung im Sinne eines „volklichen Umschmelzungsprozesses" (einschließlich ‚ethnischer Säuberung') auch durch „Herausmendeln" von „verlorengegangenem deutschem Blut" und schließlich gar, als im Laufe des Krieges der Menschenmangel immer größer wurde, durch Vereinnahmung geeigneter Kinder deutscher Soldaten mit ausländischen Frauen oder deutscher Frauen mit Zwangsarbeiten[18].

Zu einem autarken großgermanischen Imperium gehörte unabdingbar der Erwerb von Grund und Boden in Osteuropa. Auch hier bewegte sich Hitler auf nationalistisch-völkischen Gedankenwegen, die schon vor 1919 gebahnt worden waren. Nur tat er es, wie fast alles, was er aufgriff, entschiedener und radikaler. Bereits am 10. April 1923 behauptet er:

„Deutschland kann sich auf seinem Grund und Boden nicht ernähren, es muß sich neuen Boden erkämpfen [...] Hinter dem Pflug muß das Schwert bereitgehalten werden [...] Die Stunde kommt, da du dir ein nicht gegebenes Recht erobern mußt";

und am 10. Dezember 1940, als er sich schon zu seinem Russlandfeldzug entschlossen hatte, ließ er sich in einer Rede vernehmen: „Es ist daher das Recht zum Leben zugleich ein Rechtsanspruch auf den Boden, der allein das Leben gibt."[19]

Vor diesem Hintergrund versteht sich das Triumphieren der Hitlerjugendführer, die ihrem Namensgeber alles nachbeteten: „Das deutsche Schwert hat den Osten befreit. Nun folgt der Bauer mit dem Pflug." Das Schwert ist in solchem Kontext regelmäßig Synonym für „politische Macht" (samt der damit verbundenen militärischen Überlegenheit). „Politische Macht" aber war schon für den Parteipolitiker und Karrieristen Hitler der Königsweg zu Ansehen und Bedeutung, seitdem er im Winter 1918/19 seine längst als hoffnungslos erkannte Künstlerkarriere endgültig an den Nagel gehängt und sich vorübergehend in der Reichswehr über Wasser gehalten hatte[20].

Der gewaltsame Erwerb von Land in Osteuropa wurde methodisch vorbereitet und planerisch begleitet z.B. durch die „Denkschrift" Himmlers über die „Behandlung der Fremdvölkischen im Osten" vom Mai 1940. Hier sprach der SS-Chef, zweifellos mit Wissen und Zustimmung Hitlers, von einer „minderwertigen Bevölkerung", vom „führerlosen Arbeitervolk" und vom „Untermenschenvolk des Ostens"; und er konkretisierte diese Vorstellungen im „Generalplan Ost" (bzw. „Generalsiedlungsplan") vom Juli 1941. Diesem zufolge, so erläuterte Himmler in einer Rede am 16. September 1942 dessen Grundzüge, wollte man in Russland vorgefundene „gutrassige" Kinder nach Deutschland holen und als Bürger des „großgermanischen Reiches" aufziehen, ferner aus dem neu gewonnenen Raum die dort ansässige hauptsächlich slawische Bevölkerung deportieren, vernichten oder helotisieren. Endziel: In diesem „germanischen Osten bis zum Ural" bzw. im großgermanischen Reich überhaupt sollten „statt 120 Millionen 5–600 Millionen Germanen" leben[21].

Hitler wäre nicht Hitler gewesen, wenn er nicht auch in seinem Machtstreben jedes Maß überschritten hätte. Schon in den zwanziger Jahren spricht er, ausgehend von dem Falsifikat „Protokolle der Weisen von Zion", von angeblichen Weltherrschaftsplänen der Juden und erstrebt seinerseits eine „arische Weltordnung"[22].

Seit 1927 deutet der Mann aus Braunau an, dass ein rassisch gesundes Volk „zum Herrn der Welt emporsteigen" oder „zum Herrn der Welt werden" kann, wobei er natürlich, noch ohne es direkt zu sagen, an das deutsche Volk denkt. Am 13. November 1930 wird er ganz deutlich: „Wenn überhaupt ein Volk ein Recht besitzt, bei der künftigen Gestaltung der Erde mitzureden, dann ist es unser eigenes Volk." Am 28. Juli 1934 zitiert Goebbels gar in seinem

Tagebuch, Hitler sehe prophetisch „Deutschland als Herrn der Welt"; und der gleiche Goebbels triumphiert am 21. Februar 1938, Deutschland sei jetzt bereits „die stärkste Landmacht der Welt", der „einmal automatisch die Weltherrschaft zufalle"[23].

Hitler selbst spricht am 8. September 1939 von Deutschland als „Weltmacht" und phantasiert am 24. Februar 1940 vom „Neuaufbau der Welt", der (durch ihn) stattfinden werde. Schon vier Monate vor Beginn des großen Ostfeldzuges, am 25. Februar 1941, wünscht er die studienmäßige Bearbeitung eines deutschen militärischen Aufmarsches in Afghanistan gegen Indien im Anschluss an die für den Sommer 1941 geplante Eroberung Russlands. Nach vier Monaten dieser Invasion und berauscht von der Größe der eroberten Räume sieht er sich, im Oktober, schon im Geiste als „Herrn der Welt" in der neuen Berliner Reichskanzlei residieren[24].

Nach so viel Hybris wird der Emporkömmling angesichts schwerer Rückschläge im Osten etwas bescheidener, als er am 18. Oktober 1943 gegenüber dem Prinzen Cyrill von Bulgarien sogar eine gewisse Kriegsmüdigkeit erkennen lässt: „Keiner wolle jetzt mehr die Welt erobern, sondern sich lediglich sanieren und sich möglichst das erhalten, was ihm der Krieg bisher gebracht habe. Im fünften Kriegsjahr benähmen sich die Kriegführenden wie die Hamster." Letzten Endes blieb der Diktator aber in seiner Machtgier befangen und faselte noch am 10. Februar 1945, also elf Wochen vor dem Untergang, von der „Verteilung der Welt", bei der dekadente Völker kein Recht hätten, mitzureden[25].

Fünfzehntes Kapitel

Ein reinrassiges europäisches Großgermanien zu schaffen, das musste vorbereitet und begleitet werden durch bevölkerungspolitische Überlegungen und Maßnahmen; denn mit den 1933, zur Zeit der „Machtübernahme", im Deutschen Reich lebenden etwa 65 Millionen Menschen konnte man keinen großen Staat machen.

Zu den von Hitler übernommenen völkischen Anschauungen gehörte auch die Überzeugung, die Volkszahl steigern zu müssen, die ihrerseits dann, beträchtlich vergrößert, „ein natürliches Anrecht auf Bodenzuwachs" schaffe. So verkündete er es auf einer NSDAP-Versammlung in Essen am 3. Dezember 1926. Diese „Steigerung der Volkszahl" schloss schon früh die rassische Verbesserung des „Volkskörpers" durch „Auslese" (Eugenik) ein sowie die Möglichkeit der Euthanasie; denn in seiner Rede auf dem Nürnberger Parteitag der NSDAP am 4. August 1929 spekulierte er:

> „Würde Deutschland jährlich eine Million Kinder bekommen und 700.000–800.000 der Schwächsten beseitigen, dann würde am Ende das Ergebnis vielleicht sogar eine Kräftesteigerung sein [...] Der klarste Rassenstaat der Geschichte, Sparta, hat diese Rassengesetze planmäßig durchgeführt. Bei uns geschieht planmäßig das Gegenteil. Durch unsere moderne Humanitätsduselei bemühen wir uns, das Schwache auf Kosten des Gesunden zu bewahren [...] So züchten wir langsam die Schwachen groß und bringen die Starken um."[1]

Dementsprechend wurde seit 1933, und erst recht seit dem Kriegsbeginn im Jahre 1939, allenthalben die kinderreiche „Frühehe" propagiert und für „Geburtenfreudigkeit" geworben. Ja, die Presse machte Anfang Juni 1936, zum „Tag der deutschen Familie", des „Führers" Ausspruch publik: „Jede deutsche Mutter, die einem gesunden Kind das Leben schenkt, gewinnt damit eine Schlacht für das ewige Leben des Volkes!" Konsequent sprach man in diesem Zusammenhang auch vom „Schlachtfeld der Fortpflanzung". Das diesbezügliche Problembewusstsein wurde durch den unerwartet hohen „Blutverlust" im Laufe des Zweiten Weltkrieges dramatisch geschärft: „Der Krieg ist eine negative Auslese [...] gehen uns die Besten verloren, die wir überhaupt besitzen". So jammerte der Propagandaminister Goebbels am 1. April 1942, als ein besonders erfolgreicher U-Boot-Kommandant nicht von einer „Feindfahrt" zurückkam. Der Reichsführer-SS brachte die Not auf den Punkt, als im November 1942 die deutsche 6. Armee schon in Stalingrad eingeschlossen und so gut wie verloren war: „Oberster Grundsatz (ist), daß Deutschland Kinder braucht."[2]

Die Kehrseite der Geburtenpropaganda war die Euthanasie und waren – seit dem Sommer 1941 – besonders die Massenexekutionen der Einsatzgruppen im Osten, alles mit dem Ziel einer völkisch-rassistischen Sanierung des deutschen „Volkskörpers" bzw. der Eliminierung der bei der Germanisierung des

Ostraumes als störend empfundenen Bevölkerungsgruppen. Von „Pazifizieren" sprach Goebbels in diesem Zusammenhang. Es ist evident, dass der National-sozialismus sich altgriechischer Vorbilder bediente, nämlich Platos Eugenik in seiner „Republik" und der Sparta-Überlieferung; dass er Darwins wertneutrales Selektionsprinzip zu rassistisch-ideologischer „Auslese" und zum „Ausmer-zen" ummünzte; dass er das biologische Prinzip des ständigen Existenzkamp-fes missbräuchlich anthropologisch und politisch auf das Zusammenleben der Menschen und der Völker anwendete; dass er deren völkerrechtlich geregeltes Miteinander zum Recht des Stärkeren umwandelte, der sich rücksichtslos durchsetzt; dass er insgesamt Hunderttausende von Menschen als „Ballastexis-tenzen" und „lebensunwert" entweder zwangsweise sterilisierte oder sie töte-te. Man rechnet heute mit über 400.000 Sterilisierungsopfern und bis zu 200.000 durch Euthanasie Ermordeten[3].

Parallel lief eine Normierung des sexuellen und sozialen Verhaltens der deutschen Menschen:

> „Normal ist, was die Art erhält, anormal ist, was gegen die Erhaltung der Art steht. In gleichem Sinne sind die Begriffe ‚Gut' und ‚Böse' zu deuten [...] böse ist, was eine Gemeinschaft als böse und gegen ihre Interessen gerichtet empfinden muß."[4]

Normative und autoritative Gesetze und Regeln füllten solche Leerformeln aus und begründeten eine neue völkische Ethik. Von 1933 bis 1939 richtete sich die soziale und biologische Aggression gegen deutsche Bürger, nach Kriegsbe-ginn auch gegen außerdeutsche, vor allem osteuropäische Bevölkerungsgrup-pen, die politisch oder rassistisch als störend oder gefährlich für das geplante großgermanische Imperium angesehen wurden. Der betroffene Personenkreis war groß; denn man wollte im Osten ein „führerloses Arbeitervolk", das sich der eigenen Helotisierung und der Germanisierung des neuen „Lebensraumes" nicht widersetzte. Kriegsziel war im Sommer 1939 und im Sommer 1941 nicht die Vernichtung des osteuropäischen Judentums, sondern die Eroberung eines weiten Raumes für die großartigen „Ostsiedlungspläne": „Dem gegenüber er-schien die Ausrottung der Juden als drittrangig."[5]

Leitender Gesichtspunkt war die Eliminierung potenziell störender oder auch nur lästiger Personengruppen: Intelligenzschicht, Eliten, Offiziere, Adel, Klerus, Juden, bolschewistische Kommissare, Partisanen, schwer oder unheil-bar Kranke, Asoziale, Sinti und Roma, sowjetische Kriegsgefangene. Auch Städte wie Moskau und Petersburg sollten – als mögliche geistige, politische oder wirtschaftliche Zentren – „ausradiert" werden[6]. Die gegenwärtige Zeitge-schichtsforschung nimmt an, „daß maximal nur 5 Prozent der Soldaten der Ost-front in die ‚Verbrechen der Wehrmacht' verstrickt sein konnten". – Wie man mit Störenfrieden umging, exemplifizierte Goebbels bereits ein Jahr vor dem Kriegsbeginn am Beispiel des Schriftstellers Ernst Wiechert, dem er die „phy-sische Vernichtung" androhte:

„Ich lasse mir den Schriftsteller Wiechert aus dem K.Z. vorführen und halte ihm
eine Philippica die sich gewaschen hat. Ich dulde auf dem von mir betreuten Gebiet keine Bekenntnisfront. Ich bin in bester Form und steche ihn geistig ab. Eine
letzte Warnung! Darüber lasse ich auch keinen Zweifel. Der Delinquent ist am
Schluß ganz klein und erklärt, seine Haft habe ihn zum Nachdenken und zur Erkenntnis gebracht. Das ist sehr gut so. Hinter einem neuen Vergehen steht nur die
physische Vernichtung. Das wissen wir nun beide."[7]

Hitlers Ostkrieg war ein Krieg zur Eroberung von „Lebensraum", und die Helotisierung oder Eliminierung der dort ansässigen Bevölkerungsgruppen war
eine Art unterstützendes Begleitprogramm, nicht das Hauptziel. Darauf weist
auch die Verlustmathematik, welche der „Führer" mitunter praktizierte, nämlich die kalte Aufrechnung der enormen Zahl gefallener deutscher Soldaten
z.B. gegen die Aussicht, „daß wir in zehn Jahren mindestens zehn bis fünfzehn
Millionen Deutsche mehr auf der Welt sind [...] ich schaffe die Lebensvoraus-
setzungen" (durch neuen „Lebensraum")[8].

Zu den Opfergruppen des Ostraums gehörten seit dem Sommer 1939 in
großer Zahl auch die Juden. Aber erst seit dem Winter 1941/42 erfolgte ein
endgültiges Umlenken vom Auswanderungsdruck, vom Abschieben in Ghettos
und lebensfeindliche Reservate und von lokalen Massenexekutionen auf den totalen Genozid aller europäischen Juden. Noch im Mai/Juni 1940 war die Situation offen. Zum Beispiel schrieb Himmler in einer am 25. Mai 1940 dem „Führer"
übergebenen Denkschrift: „Den Begriff Juden hoffe ich durch die Möglichkeit
einer großen Auswanderung nach Afrika oder sonst in eine Kolonie völlig auslö-
schen zu sehen" – was sich auch auf schon innerjüdische Überlegungen zur
Zeit Theodor Herzls hätte berufen können –, der freilich nicht an eine „Auslö-
schung" des Namens dachte. Und die „völlige räumliche Ausscheidung", von
der ein hoher NSDAP-Funktionär am 26. März 1941 sprach, ließ sich etwa
auch in einer Abschiebung über den Ural nach Sibirien realisieren[9].

Die millionenfache Ermordung der Juden in den Vernichtungslagern begann im Frühjahr 1942, vermutlich aufgrund eines mündlichen Auftrages an
Himmler im Laufe des Dezember 1941. Zu diesem Zeitpunkt wurde endgültig
klar, dass ein Sieg über Russland, wenn überhaupt möglich, mit ungeheurem
„Blutverlust" (d.h. Einbuße an rassischer Substanz) erkauft werden musste,
ähnlich den sehr hohen Verlusten im Ersten Weltkrieg, sodass der Diktator die
vermeintlich auch an diesem neuen Krieg Schuldigen, die Juden, nicht unge-
straft davonkommen lassen wollte. Der „Volkskörper" durfte nicht „ausbluten", während die Juden, wenn auch stark dezimiert, überlebten.

In diesem Dezember 1941 brach vermutlich eine stumme Panik aus. Hitler
wurde sich wohl bewusst, dass die Ostfront „wie ein Moloch deutsche Männer
verschlang"; und etwa ein Jahr später, im zweiten Russlandwinter, vertraute
Goebbels voller Angst seinem Tagebuch an, „daß die deutsche Nation sich
langsam verblute". Und weiter: Anfang Dezember 1944 hatte Hitler in der Ber-

liner Reichskanzlei eine Unterredung mit dem ungarischen Nationsführer Szálasi. Jetzt, fünf Monate vor dem Ende, wurde ihm wieder klar, dass „bei einer Niederlage die völkische Substanz ausgelöscht würde". Schon lange vor der dramatischen Zuspitzung seit Dezember 1941, nämlich bereits nach dem verlustarmen Blitzsieg über Polen, war Himmler einschlägig sehr besorgt und erließ am 28. Oktober 1939 einen Befehl „für die gesamte SS und Polizei", möglichst viele Kinder zu haben, und zwar „auch außerhalb der Ehe", und dies als „heilige Verpflichtung" zu betrachten, weil „der Sieg des Schwertes und das vergossene Blut unserer Soldaten ohne Sinn wären, wenn nicht der Sieg des Kindes und das Besiedeln neuen Bodens folgen würden", und: „Jeder Krieg ist ein Aderlaß des besten Blutes. Mancher Sieg der Waffen war für ein Volk zugleich eine vernichtende Niederlage seiner Lebenskraft und seines Blutes."[10]

Dieser Sachverhalt spricht dafür, dass der seit dem Frühjahr 1942 stattfindende Judengenozid in den Vernichtungslagern nicht nach einem langfristigen, etwa schon seit 1919–1923 gemachten Plan erfolgte. Vorrangiges Kriegsziel war offenbar nicht der Holocaust, sondern die Eroberung eines autark machenden Lebensraums. Erst seit Januar 1942 erscheint in den Quellen massiert das Thema Ausrottung und Vernichtung, und zunehmend nicht mehr nur als Drohung, sondern bereits als Faktum[11].

Zu den bedeutendsten Opfergruppen des Krieges 1939–1945 gehörten große Teile der polnischen Führungs- und Oberschicht, gehörten auch Millionen Russen, die in den Kriegsgefangenenlagern umkamen, im belagerten Leningrad verhungerten oder als angebliche Partisanen ermordet wurden. Dazu gehörten zunächst die osteuropäischen und danach auch die mitteleuropäischen Juden. Anfangs gab es ernst gemeinte Pläne, alle Juden auf Dauer in unwirtlichsten Territorien der Erde (Madagaskar, russische Eismeerregion, Sibirien) zu separieren und so zu dezimieren, bzw. auf gleichsam natürliche Weise vielleicht allmählich zu vernichten. Der unerwartet ungünstige Kriegsverlauf machte einen Strich durch diese Rechnung; denn am 6. Dezember 1941 rückten überraschend 100 frische, gut ausgerüstete sowjetische Divisionen auf einer Frontbreite von 300 Kilometern gegen die abgekämpfte deutsche Heeresgruppe Mitte westlich Moskaus vor, trieben sie in eine zunächst fast regellose Flucht und fügten ihr schwerste Verluste zu.

Der Schock saß tief und löste vermutlich etwa Mitte Dezember Hitlers (mündlichen) Auftrag an Himmler aus, nun nicht mehr eine langwierige und vielleicht nicht ganz erfolgreiche Dezimierung durch Klima und harte Arbeit abzuwarten. Jetzt sollte für die Millionen Toten des Ersten und des neuen Weltkrieges an den „eigentlich Schuldigen" schnelle Rache genommen werden: Genozid als Talion. Die 1919–1923 in München erlernte Rolle eines publikumswirksamen Judenhassers hatte er längst so verinnerlicht, hatte sie so oft gespielt und war mit ihr so verwachsen, dass er auch jetzt wieder ganz selbst-

verständlich nach dem vertrauten Sündenbock griff[12]. Wie schon das den Ostraum „pazifizierende" Töten Hunderttausender (1939–1941) war auch das nun
beginnende millionenfache Morden das Ergebnis eines kalten, rationalen Kal-
küls.

Sechzehntes Kapitel

Wer nach dem personalen Kern des Menschen Hitler sucht, findet meist nur den Schauspieler, der eine Rolle auf der politischen Bühne spielt. Fast immer vergeblich sucht man menschliche Wärme und Zuneigung, echte Nächstenliebe und Mitgefühl, Sinn für familiäre Bindung und Geborgenheit, Humor, Güte und gelassene Heiterkeit, ungekünstelte Begeisterung. Selbst sein Lachen war überwiegend hämischer Natur – wozu beigetragen haben mag, dass er seine schlechten Zähne zu verdecken pflegte. Zu Recht ist verschiedentlich auch eine nihilistische Grundbefindlichkeit des Menschen Hitler bemerkt worden, ja man sprach vom „zutiefst nihilistischen Ton", „der seine gesamte Vorstellungswelt beherrschte". Und so stößt man in den überaus zahlreich von ihm hinterlassenen Texten und Aussagen immer wieder auf bittere, zynische Bemerkungen, wie sie besonders unausgeglichene Persönlichkeiten kennzeichnen, die nicht in Harmonie mit sich und ihrer Umwelt leben[1].

Hitlers Nihilismus zeigt sich vielleicht am deutlichsten in seiner Haltung zum Sterben und zum Tod. Sie geht über die vor und nach 1914 verbreitete Verherrlichung des Soldatentodes sichtlich hinaus, und sie hat etwas vom Desperadotum jemandes, der nichts zu verlieren hat, ist aber auch beherrscht von Geltungssucht, von der Gier nach Bedeutung, Ruhm und Nachruhm über den Tod hinaus. Auch fehlt es nicht an hemmungsloser patriotischer Instrumentalisierung des Soldatentodes.

Bezeichnend ist etwa, dass besonders im Nationalsozialismus, vor und nach 1933, ein regelrechter Langemarck-Kult entstand, die pseudoreligiöse Verehrung des Todes von 80–100.000 meist jungen Kriegsfreiwilligen in den Kämpfen bei Langemarck (22.–23.10.1914) und Ypern (30.10.–24.11.1914). In Erinnerung an den „Geist von Langemarck" und den „Opfertod von Langemarck" wurde nach 1933 auch die „Wehrerziehung" der deutschen Jugend betrieben. Der NS-Kult ignorierte, dass der frühe Tod der jungen Soldaten zu tun hatte mit der mangelhaften Ausbildung und der unzulänglichen militärischen Taktik einerseits und andererseits mit der Missachtung menschlichen Lebens zugunsten militärischen Ruhmes. Man benötigte eben Idole und bediente sich bei den Gefallenen der Westfront. Auch Hitler bediente sich hier und ging verschiedentlich auf das Langemarck-Thema ein, so am 18. März 1930 in einer Münchener Rede und am 8. August 1932 innerhalb einer „SA-Anordnung". Hitlers Töne lösten ein verstärktes Echo in der Hitlerjugend aus, deren Führer, Baldur von Schirach, ein – aus heutiger Sicht – grotesk nihilistisches Langemarck-Gedicht verfasste, in dem es hieß:

„Wer nicht an Euren Leichen
gelobte, Euch zu gleichen,
der ist kein Kamerad."[2]

Als Idole geeignet waren auch die 16 beim Münchener Putsch am 9. November 1923 erschossenen Hitler-Anhänger. Hier ging es freilich nicht um Kriegsruhm, sondern es war politisches Desperadotum am Werk, das um jeden Preis Erfolg und Ruhm suchte. Hitler pflegte später oft von diesem „Heldentod" zu erzählen und förderte nach Kräften die geradezu kultische Verehrung der in München „Gefallenen". Meist zählte man 16 Helden, und 16 Sarkophage wurden auch nach 1933 am Ort des Geschehens platziert, jedoch ist die genaue Zahl anscheinend bis heute nicht sicher[3].

Gemeinsam ist der völkischen und nationalsozialistischen Tradition im Falle Langemarck wie des 9. November die Geringschätzung des Sterbens zugunsten eines Platzes in der nationalen Ruhmeshalle. Heute spricht man in diesem Zusammenhang von „pubertärer Todesfaszination" und von „bizarrem Totenkult". Auf der gleichen Denklinie bewegte sich noch die Mythisierung des Unterganges der deutschen 6. Armee im Stalingrad-Winter 1942/43: „Sie starben, damit Deutschland lebe."[4]

Hitler wünschte, „Menschen zum Sterben zu berauschen", wie er 1925 im ersten Band von „Mein Kampf" seine Leser wissen lässt. Dazu war ihm jedes Mittel recht. Zum Beispiel berief er sich auf die Verse „Und setzet ihr nicht das Leben ein, nie wird auch das Leben gewonnen sein" im Reiterlied von Schillers „Wallensteins Lager"; oder auf die Thermopylen-Inschrift für die griechischen Helden des Jahres 480 v.Chr.: „Wanderer, kommst du nach Sparta [...]." Er propagierte „die Hingabe des eigenen Lebens für das Volk". Er dekretierte in einer „Verfügung" vom 27. Oktober 1944: „Das Leben und die Gesundheit des einzelnen gehören nicht ihm, sondern allein dem Vaterland"; und gern berief er sich in solchem Kontext auf Friedrich den Großen, König von Preußen (1740–1786), der auch nach einer verlorenen Schlacht nicht aufgegeben habe und bekannt sei durch seine Worte: „Daß ich lebe, ist nicht wichtig, wohl aber daß ich meine Pflicht erfülle". Hier, und nicht nur hier wird der genuine Text opportunistisch zurechtgebogen – typisch für Hitler – und überdies verkannt, dass Friedrich keineswegs das Leben seiner Soldaten möglichst zu schonen bedacht war und insofern militärische Grundregeln verletzte[5].

Mitunter weiß man nicht so recht, ob der Diktator, der ja nach 1933 intensiv den nächsten Krieg vorbereitete, zynisch redet oder autosuggestiv berauscht Lügen als Wahrheit ausgibt, etwa als er am 1. Mai 1936 zu seiner Jugend spricht:

> „Meine deutsche Jugend! Noch nie in der deutschen Geschichte war einer jungen Generation ein so schönes Schicksal beschieden als euch."

Schließlich erwartete er für den drei Jahre nach dieser Rede beginnenden Krieg ihre „Todeskraft", „den Mut, bis zum Tode zu kämpfen" und „zähe Todesverachtung"[6].

Aber die deutsche Jugend entsprach diesen Erwartungen überwiegend gern; denn vielen galt der Krieg vorrangig als Abenteuer, und man wurde ja

auch erzogen zur „völkischen Dienstbereitschaft" des „heldischen Menschen".
Bereits im Januar 1936 versicherten die „Führerblätter" der Hitlerjugend:
„Deutsche Soldaten sterben gern", und im gleichen Jahr beschwor der HJ-
Oberbannführer Dr. Schlünder „den jederzeitigen freiwilligen Einsatz des ei-
genen Lebens für die Idee des Nationalsozialismus" der „Hitlerjungen"[7].

Ein Jahr danach – nur zwei Jahre vor dem großen Krieg – werden die älteren Jungen der Höheren Schulen über den von Walter Flex gerühmten „Opfertod" im Krieg für das Vaterland belehrt „Er (der Krieg) wird zum ‚großen Abend-
mahl', durch den das deutsche Volk von seinen Schwächen entsühnt und für
eine große politische Aufgabe würdig gemacht wird." Schon seit 1933 sangen
viele Millionen Hitlerjungen das Lied „Vorwärts! Vorwärts!" mit dem Refrain
„die Fahne ist mehr als der Tod"; und genau dieser Text wird noch im Herbst
1943 zum Thema eines HJ-Heimnachmittags[8].

Wie eine makabre Vorwegnahme des Millionengrabes Ostfeldzug (1941–
1945) erscheint der Text des Sprechchores einer schulischen „Heldengedenkfeier" im Jahre 1935:

> „Fern, fern im Osten, da gähnt ein Grab,
> da senkt man zu tausend die Toten hinab
> für uns."

Da nimmt „für uns" gleichsam vorweg das „Für Führer, Volk und Vaterland
(gefallen)", welches man den Soldaten nachrief, die seit 1941 in Russland fielen. Im Jahre 1929 glossierte der ehemalige französische Ministerpräsident
Georges Clemenceau im Gespräch mit seinem Sekretär einmal die seltsame
deutsche Todesverliebtheit: „Dem Menschen ist es eigentümlich, das Leben zu
lieben. Die Deutschen haben diesen Trieb nicht [...] Wie lieben diese Menschen den Tod! [...] lesen Sie nur ihre Dichter: überall finden Sie den Tod!"
Der NS-Autor Pallmann, der diese Aussage kritisch zitiert, unterstellt dem
„Ausländer" Verständnislosigkeit für deutsche soldatische Gesinnung[9].

Dass nicht jedermann freudig für sein Vaterland sterben will, dafür haben
Hitler und seine Nachbeter überhaupt kein Verständnis. Schon in „Mein
Kampf", im Jahre 1925, erregt sich der Mann aus Braunau – ohne Grund, weil
auf deutscher Seite prozentual ebenso viel Juden wie Nichtjuden fielen – über
angebliche jüdische „Drückeberger". Sehr beliebt wurden die den Krieg ver-
herrlichenden Gedichte des Heinrich Lersch (1889–1936) und zumal sein pro-
grammatischer Satz: „Deutschland muß leben, und wenn wir sterben müssen."
Geradezu Abscheu pflegte Heinrich Heines Satz auszulösen: „Lieber ein le-
bendiger Hund als ein toter Löwe", oder gar der dem jüdischen Schriftsteller
Hermann Borchardt (1871–1943 Auschwitz) zugeschriebene Spruch: „Lieber
fünf Minuten feige als das ganze Leben tot."[10]

Als kaum vier Wochen nach Beginn des Russlandfeldzuges im Sommer
1941 an der Front das große Sterben überhand nahm, traf der Reichsminister
für Volksaufklärung und Propaganda Goebbels – ein Meister der Verschleie-

rung und Manipulation – „geeignete Maßnahmen, um die Todesanzeigen für gefallene Soldaten auf ein erträgliches Maß zu reduzieren". Gefallen gab es zuhauf, und selbst nach Goebbels' „Maßnahmen" quollen die Zeitungen noch über von entsprechenden Anzeigen; denn der „Führer" führte Krieg „ohne Rücksicht auf Opfer" und hielt sich für berechtigt, „von jedem deutschen Soldaten das Opfer seines Lebens zu fordern" und verlangte, „bis zum Tode zu kämpfen". Nicht von ungefähr war der Militärjargon „ohne Rücksicht auf Verluste" während des Krieges so verbreitet, dass er zur alltäglichen Redensart wurde[11].

Ungeachtet der dramatisch hochschnellenden Verlustzahlen nahm Hitlers Großmannssucht in den nächsten Monaten des Ostfeldzuges noch zu; denn am 8. November 1941, bei der Gelegenheit seiner traditionellen Rede vor der alten Garde in München, prahlte er, der Krieg könne „dauern, solange er will –, das letzte Bataillon auf diesem Feld wird ein deutsches sein!" Das solchen Sätzen zugrunde liegende nihilistische Desperadotum ließ in der Schlussphase des Krieges selbst einen so brutalen Haudegen wie den Panzergeneral der Waffen-SS Sepp Dietrich empört reagieren: „Der Hitler war schon lange verrückt. Er ließ seine besten Soldaten einfach ins Feuer laufen!" Doch war des „Führers" Nihilismus stets gepaart mit Ruhmgier, mit einer Ruhmsucht, die er selbstverständlich auch anderen unterstellte: Als nach der alliierten Invasion in der Normandie der deutsche Kommandant von St. Malo in aussichtsloser Lage „Kampf bis zum letzten" versprach, telegrafierte sein „Führer" ihm den Trost: „Ihr Name wird für immer in die Geschichte eingehen."[12]

Auf individuellen Nachruhm konnten allerdings nicht hoffen die Einzelkämpfer, von denen und ihren „Himmelfahrtkommandos" in den letzten 14 Kriegsmonaten viel die Rede war: Todesflieger (nach dem Vorbild der Kamikaze-Kampfflieger, gegen Oderbrücken am 7.4.1945), Einmannboote (bzw. Einmanntorpedos) der Marine, bemannte V1-Raketen, Rammjäger (am 7.4.1945 gegen B17-Feindbomber). Bereits Ende Februar 1944 schlug die seinerzeit bekannte Fliegerin Hanna Reitsch Hitler vor, wie die Japaner Selbstmordgeschwader aufzustellen[13].

Die Pervertierung preußischer Pflichterfüllung durch den Nihilismus eines mörderischen Diktators, dem das Leben von Soldaten und Menschenleben überhaupt wenig galten, war eine Sache. Eine andere, auch sie nihilistischer Natur, war Hitlers Weisung in den letzten Kriegsmonaten, beim Herannahen der Gegner die Konzentrationslager samt den Insassen in die Luft zu sprengen, dies mit der Begründung: „Wenn das nationalsozialistische Deutschland schon zugrundegehen soll, dann sollen seine Feinde und die ganze Bande von Kriminellen, die jetzt in den Konzentrationslagern sitzen, nicht den Triumph erleben, als Sieger herauszukommen. Sie sollen den Untergang teilen." Dahin gehört auch die Tatsache, dass noch in den letzten Kriegstagen, vor allem am 9. und 22.–24. April 1945, zahlreiche Widerständler hingerichtet wurden[14].

Hitlers zynischer Nihilismus bezog sich nicht nur auf seine Soldaten und die KZ-Insassen, sondern, als der von ihm erwartete ruhmvolle Sieg in weite Ferne rückte, auch pauschal auf das ganze deutsche Volk. Am 27. November 1941, nach jetzt schon schweren Verlusten des deutschen Ostheeres, sprach er mit dem dänischen Außenminister Erik Scavenius über die „europäische Völkerfamilie" und ihre Bedrohung durch die „bolschewistisch-asiatischen Horden". Erste Zweifel am glücklichen Ausgang des Krieges ließen ihn die Solidarität der (angeblich durch den Bolschewismus gefährdeten) Völker Europas ins Spiel bringen, denen, so schien er sagen zu wollen, ebenfalls ein schlimmes Schicksal bevorstehen könne, wenn sie keine Solidarität zeigten. Und dann in diesem Zusammenhang:

> „Wenn das deutsche Volk einmal nicht mehr stark und opferbereit genug sei, sein eigenes Blut für seine Existenz einzusetzen, so soll es vergehen und von einer anderen stärkeren Macht vernichtet werden. Es verdiente dann nicht mehr diesen Platz, den es sich heute errungen habe."[15]

Am 27. Januar 1942, nach weiterem großen „Blutverlust" der Ostfront, monologisierte er im Führerhauptquartier Wolfsschanze: „Da bin ich auch hier eiskalt: Wenn das deutsche Volk nicht bereit ist, für seine Selbsterhaltung sich einzusetzen, ganz gut: Dann soll es verschwinden!" In solchem Kontext stellte Hitler einmal, im März 1944, die rhetorische Frage, ob nicht das Volk gefragt werden müsse und ob „bei einem Kampf auf Leben und Tod die Verantwortung dem Volk gegenüber nur von einem einzigen getragen werden könne". Die Antwort: „Wenn der Krieg vorbei sei, könne das Volk über ihn urteilen." Er sah nicht den Widerspruch: Wenn das Volk „verschwunden" ist, kann es nicht mehr über ihn „urteilen"![16]

Nihilistisch tönte er auch am 8. November 1942 im Münchener Löwenbräukeller – am Morgen dieses Tages waren die Amerikaner in Nordafrika gelandet –: „Das Deutschland von einst hat um ¾ 12 die Waffen niedergelegt – ich höre grundsätzlich immer erst 5 Minuten nach zwölf auf!" Und wie er sich das dachte, erläuterte er Anfang Januar 1945 in seinem zeitweiligen Führerhauptquartier „Adlerhorst", als die Ardennenoffensive nicht den erwarteten Erfolg brachte: „Wir kapitulieren nicht, niemals. Wir können untergehen. Aber wir werden eine Welt mitnehmen."[17]

In seinen „Erinnerungen" hielt Albert Speer fest, wie sein Chef in der Nacht vom 18. zum 19. März 1945, also keine sechs Wochen vor dem Ende, ihn beiläufig wissen ließ:

> „Wenn der Krieg verlorengeht, wird auch das Volk verloren sein. Es ist nicht notwendig, auf die Grundlagen, die das deutsche Volk zu seinem primitivsten Weiterleben braucht, Rücksicht zu nehmen. Im Gegenteil ist es besser, selbst diese Dinge zu zerstören. Denn das Volk hat sich als das schwächere erwiesen, und dem stärkeren Ostvolk gehört ausschließlich die Zukunft. Was nach diesem Kampf übrigbleibt, sind ohnehin nur die Minderwertigen, denn die Guten sind gefallen!"

Zwölf Tage vor seinem Selbstmord, in einem Gespräch mit Generaloberst Hilpert am 18. April 1945, sagt er ihm schließlich: „Wenn das deutsche Volk den Krieg verliert, hat es sich meiner als nicht würdig erwiesen."[18]

Der Nihilismus der NS-Führung trat noch einmal deutlich zu Tage, als Goebbels – wie der Chefdolmetscher Schmidt überliefert – unmittelbar vor seinem Selbstmord am 1. Mai 1945 seinen engeren Mitarbeitern zynisch verkündete: „Das habt ihr nun davon, daß ihr mit uns (den Nationalsozialisten) zusammengearbeitet habt. Jetzt ist euer Köpfchen verloren. Und auch das deutsche Volk verdient kein besseres Schicksal als diesen Untergang."[19]

Ihr eigenes Ende vor Augen gönnten die NS-Oberen auch anderen nicht das Weiterleben, und die sozialdarwinistische Begründung mit der angeblichen Schwäche des deutschen Volkes verdeckte nur, wie der Autokrat Hitler – darin seinem Minister Goebbels ähnlich – das Volk verachtete, das ihm nicht die ersehnte historische Größe verschaffen konnte. Fazit: Das patriotische Sendungsbewusstsein des Mannes aus Braunau war Fassade, hinter der sich Karrierismus und Ruhmgier verbargen. Der politische Retter, der angeblich Deutschland aus den Fesseln des „Versailler Diktats" befreien und durch neuen Lebensraum autark und mächtig machen wollte, fand zurück zur Verneinung all dessen, wofür er gestanden haben wollte: Nach mir die Sintflut. Als die Fassade im Frühjahr 1945 zusammenbrach und die Schauspielermaske abgezogen wurde, kam zum Vorschein, was immer schon dahinter war: Opportunismus, Desperadotum, skrupellose Gier nach Rang und Namen, Amoralität, zynisch-destruktiver Nihilismus, Erbarmungslosigkeit mit menschlichem Leid. Hehrer Patriotismus? Alles Lüge und Rollenspiel! Unrechts- und Schuldbewusstsein? Übernahme der Verantwortung für die zahllosen Verbrechen? Fehlanzeige!

Der mehr auf Sterben und Tod als auf das Leben gerichtete Drang des Nationalsozialismus erscheint exemplarisch im Totenkopfsymbol der SS und in ihrem Leitspruch: „Den Tod geben und den Tod nehmen." Das schloss den Abbau elementarer Tötungshemmungen ein und den Verlust der Ehrfurcht vor dem Leben, aber auch den Erwerb der Fähigkeit, im SS-Sinne „anständig zu sterben"; denn schon im Jahre 1937 wird eingeschärft:

> „SS-Mann, der Totenkopf an deiner Mütze soll dir auf deinem Wege eine Hilfe sein [...] Der Totenkopf mahnt an das Vergängliche [...] Es ist aus der deutschen Geschichte zu sehen, wie sehr der Deutsche versteht, anständig zu sterben. SS-Kameraden, laßt uns dem letzten Augenblick ohne Zagen entgegengehen!"

Wie Hitler zuletzt sein Volk untergehen lassen wollte, so tötete Goebbels vor seinem eigenen Selbstmord am 1. Mai 1945 noch seine sechs Kinder und seine (einverstandene) Frau, dies offenbar in dem Bewusstsein, mit seiner ganzen Familie hinüberzugehen „in die Ödnis des Nirwana"[20].

Die dem Nationalsozialismus letztlich eigene seelische Düsternis konnte sich über die Todesverherrlichung hinaus zu einem bizarren Totenkult steigern.

So entwarf der deutsche Architekt Wilhelm Kreis (1875–1955), von Hitler beauftragt, seit 1940 sog. Totenburgen, etwa 100 Meter hohe Rundpyramiden; diese sollten entlang der Grenzen des großgermanischen Reiches errichtet werden, als eine Art Totenwall. Am 19. Juni 1942 kam es zu einem „Führererlaß", demzufolge Deutsche, die sich um das Reich besonders verdient gemacht hätten, in „Ehrenhallen" beigesetzt werden sollten. Und es scheint, dass Hitler um 1940/41 gar erwog, den Straßburger Dom umzuwidmen zu einer „Weihestätte für alle deutschen Gefallenen, die im Laufe der Jahrhunderte für Deutschland ihr Leben gaben"[21].

Er wusste: „Der Krieg ist etwas Entsetzliches", sei aber unvermeidlich; denn in der Natur herrsche überall Kampf, und es siege der Stärkere über den Schwächeren. So sieht er den Soldatentod fast immer mit kühler Selbstverständlichkeit wie eine Naturnotwendigkeit, daneben gewiss auch unter dem Aspekt des Kriegsruhms der „toten Helden" und ihrer Feldherren, die nach ihrem Tod in die nationale Geschichte eingehen[22].

Auch sein Desperadotum ist hier wohl von Bedeutung; denn als Vabanquespieler, zu dem er sich schon früh entwickelte, pflegte er alles auf eine Karte zu setzen und militärisch wie politisch „ohne Rücksicht auf Verluste" hoch zu spielen. Wenn ein solches Hasardspiel scheiterte, wie im Stalingradwinter 1942/43, registrierte er ohne viel Mitgefühl die Opferzahlen und gab das Desaster als heroische, geschichtswürdige Ruhmestat aus[23]. „Ohne Rücksicht auf Verluste" zu operieren, fiel den NS-Oberen nicht schwer, gehörte doch „Menschenmaterial" zu den gängigsten Begriffen der Sprache des Dritten Reiches, und der „Führer" selbst nannte seine Untertanen oft „kleine Würmer", „kleines Volk" und „(breite) Masse", der die Entscheidung der Führung fertig zu präsentieren sei. Diese „breite Masse" wurde mit heroischen Propagandasprüchen abgespeist und dumm geredet, noch als während des Krieges bereits die Städte in Trümmern lagen. Beispiel: „Unsere Mauern brachen, aber unsere Herzen nicht."[24]

Das Desperadotum des Emporkömmlings Hitler war nicht ohne eine Portion Vulgarität. Sie brach deutlich hervor seit der russischen Winterkatastrophe 1941/42 und je mehr das Kriegsende nahte. Da fiel die Maske des genialen Staatsmannes und Feldherrn manchmal ab, und Ärger und Frustration suchten sich ein Ventil im Jargon des „kleinen Mannes", der er ja einmal gewesen war. Er ließ sich gehen und benahm sich mitunter wie die Leute seiner ehemaligen „Chauffeureska", der Chauffeure, Leibwächter und Kalfaktoren.

Sein Adjutant Wiedemann hat überliefert, wie sich sein Chef vor dem Anschluss Österreichs, also vor dem 13. März 1938, diesen Anschluss dachte: „Wenn wir einmal in Österreich einmarschieren, müssen 100.000 Leute umgelegt werden!"; und gegen Schluss des Krieges wurde „Umlegen lassen" zum alltäglichen Vokabular. – „Wer frißt, soll auch kämpfen!"; mit dieser Weisung schickte der „Führer" während des Katastrophenwinters 1941/42 sogar Ver-

wundete und Kranke ins Gefecht. Sein Lieblingswort war zweifellos „wurscht"
(im Sinne von „gleichgültig"), etwa in der Verbindung „ist mir völlig
wurscht"[25].

Dieses ordinäre Gossenvokabular mit seiner geistigen Nähe zum Nihilismus fällt besonders auf, wenn Hitler es im Zusammenhang mit der Aufstellung
von weiblichen Arbeitskräften und von „Frauenbataillonen" benutzt, um die es
in den „Mittagslagen" am 1. und 3. März 1945 ging:

> „[...] ob Mädchen oder Frau, ist ganz Wurscht: eingesetzt muß alles werden [...]
> daß er mit allen improvisatorischen Mitteln unter Zusammenkratzen von allem,
> was es in Deutschland gibt, eine Front aufbaut, unter Heranziehung von allem,
> was es gibt, meinetwegen von Weibern. Das ist mir völlig gleichgültig. Es melden
> sich jetzt so viele Weiber, die schießen wollen [...]".

In diesem Kontext vermerkt Goebbels in seinem Tagebuch zum 5. März 1945:

> „[...] ist er (der Führer) damit einverstanden, daß wir in Berlin nunmehr Frauenba-
> taillone aufstellen. Es gibt unzählige Frauen, die sich jetzt zum Frontdienst mel-
> den, und der Führer ist auch der Meinung, daß diese, soweit sie freiwillig kom-
> men, zweifellos fanatisch kämpfen werden. Man müßte sie in der zweiten Linie
> einsetzen; dann würde den Männern schon die Lust vergehen, in der ersten Linie
> zu retirieren".

Von dieser Art Nihilismus war 1935 noch nichts zu sehen, als Hitler in einer
Rede vor der NS-Frauenschaft groß getönt hatte:

> „Wenn ich heute lese, daß in marxistischen Ländern Frauenbataillone aufgestellt
> werden oder überhaupt Frauenregimenter, dann kann ich nur sagen: Das wird bei
> uns niemals geschehen! [...] Ich würde mich schämen, ein deutscher Mann zu
> sein, wenn jemals im Falle eines Krieges auch nur eine Frau an eine Front gehen
> müßte!"

Und jetzt, Ende Februar bzw. Anfang März 1945, gab er den geheimen Befehl
zur „probeweisen Aufstellung eines Frauenbataillons", dies „in Verbindung
mit der Reichsfrauenführung"; und wenn es sich bewähre, sollten weitere auf-
gestellt werden. Am Ende war dem „Führer" wohl alles „wurscht", auch sein
ganzes deutsches Volk, sofern ihm nur die Portion Nachruhm blieb, die er sich
noch mit seinem „politischen Testament" vom 29. April 1945 sichern wollte[26].

Etwas rätselhaft ist und zu Hitlers Nihilismus nicht recht zu passen
scheint, dass ihm oft Tränen in die Augen stiegen. Solche Tränen der Rührung
entsprachen wenig seinem eher „kalten, flachen Gemütsleben" (mit vielleicht
einigen „gefühlswarmen Inseln"), sodass die Vermutung nahe liegt, dass sie
mindestens zum Teil (autosuggestiv) inszeniert und geschauspielert waren.
Hatte er auch menschliche Züge? Waren die ebenso banal wie das Böse in
ihm? Bekannt ist, dass er Operetten liebte, z.B. Lehárs „Lustige Witwe"; und
der Jugend wurden mit Fleiß „menschliche Züge" des „Führers" nahe gebracht,
etwa dass „Im schönsten Wiesengrunde" „ein Lieblingslied unseres Führers
und Reichskanzlers war"; oder dass er sich bei einer Frontfahrt im Sommer

1940 tierlieb um „ein krankes französisches Armeepferd" gekümmert habe. Er sah sich anscheinend als ‚Gutmensch' und „Wohltäter der Deutschen" und sagte einmal, am 25. Januar 1942, fast selbstmitleidig von sich: „Ich weiß nicht, ich bin kolossal human." Hitler ein Gemütsmensch? Wenige Wochen nach dem 25. Januar begann der millionenfache Massenmord in den Vernichtungslagern[27].

Zum düsteren Nihilismus der NS-Oberen scheint ebenfalls nicht zu passen die fast mystische Verehrung des „ewigen Volkes" der Deutschen. Der „Volkskörper" und die „Rassenseele", von denen bis 1945 oft die Rede ist, gehen letztlich zurück auf den Volksbegriff der Romantik (Volk – Volksgeist – Volksseele), der besonders während der zwanziger Jahre des 20. Jahrhunderts in völkischen Kreisen zum aggressiven Nationalismus und Rassismus mutierte.

Hitler teilt den Glauben an die „Ewigkeit" des Volkes und distanziert sich gleichzeitig konsequent vom „Jenseitsgedanken der christlichen Religion", rühmt auch diesbezüglich seine SS:

> „Ich habe sechs SS-Divisionen, die vollständig kirchenlos sind und die doch mit der größten Seelenruhe sterben [...] Den Jenseitsgedanken der christlichen Religion kann ich nicht ersetzen, weil er nicht haltbar ist. Der Ewigkeitsgedanke liegt in der Art fundiert. Geist und Seele gehen gewiss wieder zurück in das Gesamtreservoir – wie der Körper."

Im Unterschied zum „ewigen" Volk müsse jeder sterben. Die Hitlerjugend brachte ihres „Führers" Philosophie auf den Punkt:

> „Ein Volk lebt ewig. Du vergehst."[28]

Danach gelten das Volk, die Art (d.h. Rasse) und, dem Anspruch nach, das Deutsche Reich als unsterblich. Die Formel „Das Ich ist vergänglich, das Volk ist ewig" wird von kleinen und großen Nationalsozialisten so oder ähnlich zahllos oft reproduziert, mal gravitätisch ernst und pseudoreligiös wie bei Himmler, und zwar noch am 26. Juli 1944:

> „Von Ewigkeit her kommt unser Volk und in die Ewigkeit hinein geht der Germane [...] von Ewigkeit her in die Ewigkeit hinein",

mal macht man sich auch lustig über „das Faulenzen der Seelen beim Halleluja-Gesang" im christlichen Himmel im Gegensatz zum „ewigen Kampf in Walhall" (d.h. unterhaltsame Turniere)[29].

Der Ewigkeitsanspruch der NS-Führung war zweifach bedingt: einmal durch die in naturwissenschaftlich interessierten kirchenfernen Kreisen verbreitete Erosion des Glaubens an die Unsterblichkeit der menschlichen Seele und an die mythologisch gefärbten Jenseitsvorstellungen des Christentums; zum anderen durch die naive Erwartung, mit der „Ewigkeit" des deutschen Volkes und Reiches sich zugleich für immer einen Namen als Schöpfer und Heroen eines großgermanischen Imperiums zu machen. Neben der in diesem Reich dominierenden weltlich-politischen Religion sollte das überweltlich-

transzendent orientierte Christentum, zunächst reduziert zu einer kleinen privaten Sekte, schließlich quasi von selbst ganz verschwinden.

Den NS-Oberen einschließlich Hitlers wurde aber nie der Widerspruch ihrer utopischen Zukunftsplanung zu dem gleichzeitig vertretenen sozialdarwi-
nistisch-rassistischen Völkerkampf bewusst, demzufolge auch ein Großgermanien nicht auf Dauer seiner Herrschaft sicher sein konnte – es sei denn, man
hätte alle nichtarischen Ethnien zuvor vernichtet oder zumindest perfekt heloti-
siert. Dies wurde als letztes Ziel des NS-Nihilismus nie ausdrücklich formuliert, war aber virtuell präsent. Lehren aus dem Niedergang des antiken Ras-
senstaates Sparta, auf dessen Rassismus man sich ansonsten gern berief, wurden jedenfalls nicht gezogen[30].

Sterben, auch das Sterben derjenigen, die beim Putschversuch am 9. November
1923 erschossen wurden und dadurch „ihren Opfergeist bezeugten", ist für Hitler zunächst ein „In das Nichts Zurückgehen". Ähnlich düster heißt es in einem
etwa 1932 entstandenen SA-Gedicht Heinrich Anackers

> „Fallen müssen viele/Und in Nacht vergehn,
> Eh' am letzten Ziele/Groß die Banner wehn."

Das erinnert an „die Ödnis des Nirwana", in die Goebbels seinen Vater eingehen
glaubte, als dieser 1929 starb. Hitler schränkt aber im 1925 erschienenen ersten
Band von „Mein Kampf" ein: „Man kann sich aber eine Religion nach arischer
Auffassung nicht vorstellen, der die Überzeugung des Fortlebens nach dem
Tode in irgendeiner Form mangelt". Doch ist das für ihn nicht die jüdisch-
christliche Form; denn es sei so, dass „in Wirklichkeit der Mensch doch auf-
hört damit, daß er diese seine Form verliert"[31].

Ein Weiterleben nach dem Tode kann sich der Mann aus Braunau eigentlich immer nur vorstellen in der großen Ruhmeshalle der nationalen Historie,
wie er in einer Rede im September 1931 wissen lässt:

> „Wir werden vergehen, aber wir wollen, daß unser Name erhalten bleibt und ein-
> gezeichnet ist in das Buch der deutschen Geschichte unter dem Kapitel ‚Aufstieg
> der deutschen Nation'".

Schließlich musste dem Sterben und der Selbstaufopferung für das Vaterland
irgendwie Sinn gegeben werden, und das war gar nicht so einfach, sodass man
früh damit anfing. Entsprechend wurde in der Hitlerjugend viel Mühe verwendet auf die „totale Erziehung für den totalen Krieg" und die Vorbereitung auf
die „Blutopfer", die in diesem Krieg zu bringen waren[32].

Aber es gab auch ein wenig philosophischen Trost, vermittelt durch die
Einsicht in das Werden und Vergehen in der Natur und den Lauf der Dinge
dort. Beliebt war der Vergleich des Volkes und seiner Menschen mit einem
Baum und seinen Blättern:

„Wir alle sind nur Blätter an einem Stamme, die verwelken und vergehen. Belanglos ist, daß die Blätter vergehen, wesentlich ist nur, daß der Stamm gesund bleibt
und erhalten wird."

Ein anderes Mal wird aus dem Baum ein ganzer Wald:

„Was bist du in deinem eigenen Bereich, was sind wir alle? Nichts anderes als
Blätter in einem Wald [...] Die Blätter kommen und vergehen wieder. Wichtig ist
nur die Erhaltung des Stammes, am wichtigsten die Erhaltung des Waldes. So ist
es auch bei den Menschen. Wir einzelnen sind gänzlich unwichtig."

Das gleiche Bild vom Baum und seinen Blättern, das letztlich auf Homers „Ili-
as" zurückgeht, verwendet z.B. auch Goebbels, ebenfalls der seinerzeit bekannte NS-Ideologe Usadel:

„Wenn der Sturm in den Baum fährt und hier einige Blätter abreißt, dort einige
Zweige zerbricht [...] Für das Blatt, das verlorengeht, ist es Schicksal, aber das
Schicksal des Baumes steht über dem des einzelnen kleinen Gebildes. Ein Volk ist
aber in den sich abwechselnden Menschenaltern ewig, wenn es nach seinen artei-
genen Gesetzen lebt und seine Rasse sich rein erhält."[33]

Ähnlich beliebt wie das Bild vom Baum und seinen „vergehenden" Blättern war
die Metapher vom Lebensstrom, in dem der Einzelmensch wie eine Welle ist:

„Für uns Nationalsozialisten hat der Tod nichts Schreckliches, nichts Furchtbares,
er ist nichts Ewiges und Endgültiges. Niemand unter uns geht zugrunde, der Tod
löscht nicht unser Sein, sondern lediglich unser Ichbewußtsein aus. Es gibt nur einen persönlichen Tod, aber keinen allgemeinen. Allgemein, unzerstörbar und ewig
ist das Leben. Ein ewiger Tod ist ein Widerspruch in sich. Das Leben bedient sich
zweier Kräfte, um immer währen zu können: der Geburt und des Todes. Beide,
Geburt und Tod gehören untrennbar zusammen [...] Unser Leben ist mit einem
Strom vergleichbar, auf dem wir eine Welle sind. Hinter dieser Welle ist Leben,
vor dieser Welle ist ebenfalls Leben."

In den Jahren 1939 bis 1945 dienten derartige Bilder dazu, den Menschen das
Sterben zu erleichtern: Die Welle vergeht, der Fluss wird zum Strom und fließt
ins Meer des ewigen Lebens des „ewigen Volkes", von dem völkische Ideologen
und auch Hitler phantasierten. Solche Vorstellungen steigern sich bisweilen
poetisch bis zu einem Verschmelzen der Einzelmenschen mit der Natur (*Unio
mystica*), auch dies ein Versuch, dem einzelnen Menschen eine Art Teilhabe
am ewigen Leben zu geben und ihn so der Sterblichkeit entrinnen zu lassen[34].

Ausdruck einer verqueren Mystik ist auch die Leerformel „Der Sieg des
Lebens ist der Sinn der Welt", die noch im Januar 1945 der Hitlerjugend eingeschärft wurde; denn die Natur habe „den Kampf geschaffen, damit sie durch
den Sieg des Gesunden und Starken die Schöpfung weiter entwickelt und zu
immer größter Vollkommenheit getrieben wird"[35].

Vitalismus, Darwinismus und – über Goethe – Spinozismus vermischten sich
vor 1945 zu einer seltsamen Mixtur, die freilich nicht gegen Depressionen und

schließlichen Selbstmord half. Der dem Nationalsozialismus wesenseigene destruktive Nihilismus obsiegte zumeist, wie sich am Beispiel der SS (mit ihrem Totenkopfsymbol) und besonders Hitlers zeigt, der seit 1923 oft mit dem Gedanken spielt, sich selbst zu töten. Doch war dabei mitunter auch Theatralik im Spiel, um Eindruck auf seine Umgebung zu machen.

Schon beim Putschversuch am 8./9. November 1923, bei dem er wie ein Desperado im Münchener Bürgerbräukeller mit seiner Pistole herumfuchtelnd in die Saaldecke schoss und alles auf eine Karte setzte, um die zögernden Münchener Autoritäten auf seine Seite zu ziehen, rief er:

> „Sie müssen mit mir kämpfen, müssen mit mir siegen oder mit mir sterben. Wenn
> die Sache schief geht: vier Schuß habe ich in meiner Pistole: drei für meine Mit-
> arbeiter, wenn sie mich verlassen, die vierte Kugel für mich."

Als er dann nach missglücktem Putsch hungerstreikend im Spitalzimmer 7 des Gefängnisses Landsberg lag und ein Todesurteil fürchtete, äußerte er: „Ich habe genug, ich bin fertig, wenn ich einen Revolver hätte, würde ich ihn nehmen."[36]

Am 8. Dezember 1932, als der hohe NSDAP-Funktionär Gregor Strasser gegen Hitlers Willen in ein Kabinett Schleicher eintreten wollte und eine Spaltung der Partei durch diesen mächtigen Gegenspieler zu drohen schien, sagte er: „Wenn die Partei einmal zerfällt, dann mache ich in 3 Minuten mit der Pistole Schluß." Seine Furcht war nicht unbegründet; denn Strasser war ein sehr einflussreicher Funktionär, und der Mann aus Braunau wäre, abgehalftert und ohne den stützenden Sockel der NSDAP, durch diesen Konkurrenten schnell wieder zu dem Niemand geworden, der er einmal gewesen war[37].

Fast naturphilosophisch wird Hitler am 1. Dezember 1941: „Auch wenn man sich das Leben nimmt, fällt man als Stoff wie als Geist und Seele in die Natur zurück." Da weht wieder ein Hauch von Pantheismus und Vitalismus. – Als gegen Ende der Stalingradkatastrophe bekannt wird, dass der General Paulus sich von den Russen hat gefangen nehmen lassen, statt, wie erwartet, sich zu erschießen, ist sein Kriegsherr empört:

> „[...] schießt er sich tot. Wie leicht ist so etwas zu machen! Die Pistole, – das ist
> doch eine Leichtigkeit. Was gehört schon für eine Feigheit dazu, vor dem auch
> noch zurückzuschrecken [...] Was heißt das: ‚Leben'? [...] der einzelne muß ja
> sterben. Was über den einzelnen leben bleibt, ist ja das Volk. Aber wie einer da-
> vor Angst haben kann, vor dieser Sekunde, die aus der Trübsal (befrei-
> en kann, wenn ihn nicht) die Pflicht in diesem Elendstal zurückhält! Na! [...] So
> viele Menschen müssen sterben, und dann geht ein solcher Mann her und besudelt
> in letzter Minute noch den Heroismus von so vielen anderen. (Er konnte sich von
> allem Trübsal) erlösen und in die Ewigkeit, in die nationale Unsterblichkeit ein-
> gehen, und er geht lieber nach Moskau."[38]

Des „Führers" Nihilismus nimmt bisweilen auch sarkastische Züge an, so Anfang Juli 1944 in einer Rede vor der Rüstungsindustrie auf dem Obersalzberg, als er von der nach einem Friedensschluss zu erwartenden Umstellung der Industrie auf Friedensproduktion spricht:

> „Wenn der Krieg verloren ginge, meine Herren, dann brauchen Sie keine Umstellung vornehmen; dann ist nur, daß jeder Einzelne sich seine private Umstellung vom Diesseits zum Jenseits sich überlegt, ob er das persönlich machen will, oder ob er sich aufhängen lassen will, oder ob er sich einen Genickschuß geben lassen will, oder aber verhungern will, oder ob er in Sibirien arbeiten will, das sind die einzigen Überlegungen, die dann der Einzelne zu machen braucht."

Im gleichen Zusammenhang überliefert Albert Speer Hitlers hämisch-zynischen Rat: „Wenn wir aber, meine Herren, diesen Krieg verlieren sollten, tun sie gut daran, sich alle einen Strick zu besorgen." Als jedoch acht Tage vor Hitlers Selbstmord der Oberbürgermeister von Leipzig vor der Einnahme seiner Stadt sich mit seiner Familie umbrachte, verurteilte er das als „feige Flucht vor der Verantwortung" – nur eine von zahlreichen Inkonsequenzen des Diktators[39].

Nach dem Attentat vom 20. Juli 1944 ließ er seinen Rüstungsminister Speer wissen, „er habe dadurch eine so starke menschliche Enttäuschung erlitten, daß, wenn er keine Pflicht dem deutschen Volk gegenüber hätte, er sich jetzt eine Kugel durch den Kopf schießen würde". – Am letzten Tag des Monats August 1944, bei einer militärischen Besprechung in der ostpreußischen „Wolfsschanze", sprach er fast lustvoll – anscheinend mit Bezug auf den 20. Juli – von der Möglichkeit, nicht mehr leben zu müssen:

> „Wenn mein (Leben beendet) worden wäre, wäre es für mich persönlich – das (darf ich sagen) – nur eine Befreiung von Sorgen, schlaflosen (Nächten und einem) schweren Nervenleiden gewesen. Es ist nur (der Bruchteil) einer Sekunde, dann ist man von alldem erlöst (und hat seine) Ruhe und seinen ewigen Frieden."

In den Monaten Januar bis April 1945 wird Hitlers lautes Denken zum Thema „Selbstmord" nicht seltener, und im letzten Aprildrittel hört er kaum noch auf, darüber zu reden. So am 23./24. April, im Gespräch mit Albert Speer: „Glauben Sie mir, Speer, es fällt mir leicht, mein Leben zu beenden. Ein kurzer Moment, und ich bin von allem befreit, von diesem qualvollen Dasein erlöst." Da mischt sich (gut gespielte?) Larmoyanz in den Nihilismus. Der Mann aus Braunau, menschlich immer schon isoliert, ohne Familie und wirkliche Freunde, wird oft eigenartig mitteilsam gegenüber Leuten, von denen er erwarten kann, dass sie nach seinem Tode, als Zeitzeugen sozusagen, ihm den ersehnten Platz in der Geschichte sichern helfen. Nach wie vor will er, wie ein Schauspieler auf der welthistorischen Bühne, Eindruck machen. Selbst einst so wichtige Themen wie der „Lebensraum" treten zurück hinter dem Bestreben, einen eindrucksvollen Abgang von der Bühne vorzubereiten, bevor der Vorhang fällt[41].

Jetzt wird ganz vergessen, dass er dem deutschen Volk einst Rechenschaftsablegung versprochen hatte; und vergessen sind auch die pompösen vitalistischen Phrasen früherer Reden, wie sie nicht nur er, sondern auch sein Sprachrohr und Echo Goebbels von sich gab: „Der Nationalsozialismus ist nicht Lebensverneinung, sondern starke Lebensbejahung." Solche Töne ersticken in der nihilistischen Selbstzerstörung, in der beide endeten[42].

Der Reichswehrgefreite Hitler wollte 1919/20 einen Rückfall in die Bedeutungslosigkeit seines Lebens vor 1914 vermeiden. Sein – von der Ausgangssituation her gesehen – durchaus unwahrscheinlicher Karriereweg führte ihn vom Reichswehrpropagandisten über den Parteipropagandisten (als „Werbeobmann" der DAP) zum Politiker, dann zum Staatsmann von internationalem Rang. Es fehlte noch der Feldherrnruhm; und sein Kriegsziel war zwar scheinbar der Kampf um „Lebensraum" und gegen alle Formen angeblicher internationaler Bedrohungen, doch mehr ging es ihm wohl darum, sich als Gründer eines mächtigen Staates und als Heerführer unsterblichen Ruhm zu erwerben, etwa wie der Preuße Friedrich II. (König 1740–1786), sein großes Vorbild.

Er kannte Friedrichs Lebensgeschichte recht gut, wusste sicherlich, dass er zwei private Testamente (1752 und 1769) und zwei „politische Testamente" (1752 und 1768) verfasst hatte und imitierte ihn auch in dieser Hinsicht. Schon am 5. November 1937 hatte er vor einem kleinen Kreis leitender Herren und dem (nachträglich ein Gedächtnisprotokoll anfertigenden) Oberst Hoßbach wissen lassen, was „im Falle seines Todes als sein letzter Wille und als sein Testament betrachtet" werden solle. Dazu kam dann das „politische Testament", das er am 29. April 1945 seine Sekretärin schreiben ließ[43].

Ihm war gewiss gut bekannt, mit welcher Umsicht Friedrich frühzeitig seine Grablege plante. So bestimmte er schon am 2. Mai 1938: „Mein Leichnam kommt nach München, wird dort in der Feldherrnhalle aufgebahrt und im rechten Tempel der ewigen Wache beigesetzt. (Also der Tempel neben dem Führerbau) Mein Sarg hat dem der übrigen zu gleichen." Anders im Juni 1939; jetzt entwarf er in Form einer Skizze ein quadratisches, von einer Kuppel überwölbtes Mausoleum, das eine Art baulicher Appendix zu den in München beabsichtigten Parteibauten sein sollte. Eine Art Wandelgang hatte die große „Halle der Partei" mit diesem Mausoleum zu verbinden, vermutlich um den in der Halle Versammelten den Gang zum Gedenkort zu erleichtern. Ein Jahr später, im Juni 1940, erhielt der Architekt Hermann Giesler den Auftrag dazu: Der Sarkophag sollte im inneren Rundraum (gestaltet nach dem Vorbild des Pantheons in Rom) stehen und durch eine große Öffnung im Scheitelpunkt der halbkugeligen Kuppel sollte Licht auf ihn fallen. – Einer anderen Überlieferung zufolge wünschte sich Hitler bei der Planung für die Neugestaltung seiner Heimatstadt Linz nicht nur im „Turm an der Donau" einen Gewölberaum als Grabstätte seiner Eltern, sondern wollte auch selbst dort im Turm ruhen, mit der Maßgabe, eine bauliche Verbindung dieser Grablege herzustellen mit der Versammlungshalle eines Gauhauses der NSDAP[44].

Ob nun München oder Linz, er gedachte es historischen Größen wie Napoleon (Gruft unter der Kuppel des Invalidendoms in Paris) oder dem Preußenkönig nachzutun. Selbst dessen aufklärerischer Naturphilosophie fühlte er sich in diesem Zusammenhang nahe; denn Friedrich hatte in seinem privaten Testament von 1769 bekundet: „Gern und ohne Klagen gebe ich meinen Lebensodem der wohltätigen Natur zurück, die ihn mir gütig verliehen hat, und meinen Leib den Elementen, aus denen er gebildet ist." Ähnlich ließ sich auch Hitler in solchem Kontext vernehmen, wie bei seinen Selbstmordgedanken zu sehen war. Und wie Friedrich plante er früh seine Grablege[45].

Dieses Planen hatte einen eminent politischen Sinn; denn politische Totenrituale dienten auch „zur Befestigung von Herrschaftsverhältnissen", und Grabkult konnte der Herrschaftslegitimation nützlich sein. Schon Alexander der Große soll vor seinem großen Asienfeldzug das traditionell als solches geltende Hügelgrab Achills in Troja besucht haben, und Hitler selbst machte die „endgültige" Beisetzung Hindenburgs im „Reichsehrenmal Tannenberg" am 2. Oktober 1935 zu einem pompösen Ritual, bei dem er seine Rede pathetisch mit den Worten schloss: „Toter Feldherr, geh' nun ein in Walhall!" – also dorthin, wohin er selbst gern einmal kommen wollte. Auch war ja Hindenburg noch Augenzeuge der Versailler Reichsgründung von 1871. Es ging also immer auch um Kontinuität! Solches hatte Hitler vielleicht auch im Sinn, als er – auf dem Weg zum Stapellauf des Schlachtschiffs „Bismarck" – seine Reise in Friedrichsruh unterbrach, um im Mausoleum an Bismarcks Sarkophag einen Kranz niederzulegen.

In seinem eigenen Fall dachte er wohl so: Die in der großen Halle Versammelten, darunter auch sein jeweiliger Nachfolger, sollten durch den Gang zum Mausoleum, durch eine Art Hitlergrab-Kult, die Herrschaftskontinuität über das „Großgermanische Reich" sichern[46].

Epilog

Bereits im Jahre 1940 stellte Sebastian Haffner fest, man habe zwar Stapel von Papier über Hitler vollgeschrieben, aber den Schlüssel zu seiner Persönlichkeit und seinem Verhalten noch nicht gefunden. Sechs Jahrzehnte später spricht der bedeutende Hitler-Biograph Kershaw immer noch von „Hitlers rätselhafter Persönlichkeit". Solche Ratlosigkeit reizt zu Versuchen, doch noch eine Antwort zu finden. Bis heute ist es z.b. auch eine offene Frage, wann genau der Mann aus Braunau und Linz den Massenmord in den Vernichtungslagern anordnete und ob er seine Politik – einschließlich des Genozids – als Opportunist betrieb oder langfristig zielorientiert plante. Zuletzt hat Götz Aly mit guten Gründen gesagt: „Daher lassen sich die politischen und militärischen Entscheidungen Hitlers am ehesten dann zutreffend analysieren, wenn sie – aller dröhnenden Zukunftspropaganda zum Trotz – auf ihre kurzfristig entstandenen Motive und auf die für die nahe Zukunft beabsichtigten Effekte hin untersucht und eingeordnet werden."

In der vorstehenden Studie ergaben sich bezüglich der Mordbefehle Hinweise auf ein gestuftes Motivpotenzial des Diktators in den Jahren 1939 bis 1945: Zunächst ein „pazifizierendes" Eliminieren von präsumtiv bei der Nutzung des neuen „Lebensraumes" störenden Bevölkerungsgruppen (Adel, Akademiker, Kleriker, Juden, unheilbar Kranke usw.); dann, ab dem Winter 1941/42, der totale Genozid der im europäischen Herrschaftsbereich lebenden Juden, aktuell ausgelöst durch das jetzt drohende „Ausbluten" des deutschen „Volkskörpers", ein Völkermord also, der in der nun praktizierten Form nicht von langer Hand geplant war.

Vom Geschehen der letzten Wochen und Monate Hitlers fällt einiges Licht auf seine frühen Jahre nach 1919: Der zynische Nihilismus in der Endphase lässt nicht etwa auf das tragische Scheitern einer idealistischen, vaterlandsrettenden Mission schließen, sondern auf skrupellosen Opportunismus und Karrierismus von Anfang an; und darauf, dass der unentwegt zur Schau getragene hehre Idealismus nur Rollenspiel und Maske war, hinter der sich fressender Ehrgeiz verbarg.

Als zweckmäßig erweist sich eine historisierende Vorgehensweise, welche die Handlungsmotive Hitlers in ihrer Bedingtheit durch seinen Lebensweg und die Zeitumstände als konsequent und vernunftbezogen verstehen lässt – wobei „Verstehen" nicht mit Verständnis zu verwechseln ist. Schon Haffner hatte im Jahre 1940 vom „asozialen Ich" des Diktators gesprochen, und es hat sich diese Wertung hier in reichem Maße bestätigt: Der Mann „ohne Namen", der „Niemand" mit seiner frustrierten, lange angestauten Geltungssucht, der seit 1919 endlich doch noch eine kaum mehr erwartete Aufstiegschance wit-tert, schlüpft skrupellos in eine Rolle, die wie für ihn gemacht scheint. Er tut dies mit einer Gewissenlosigkeit, die bis 1945 anhält, als er sich im Sinne eines „Nach mir die Sintflut" der Verantwortung für sein Tun entzieht[2].

„Berühmt zu werden" war Goebbels' Motiv bei seinem „Kampf" um Berlin und Deutschland vor 1933, und das war wohl auch der Leitgedanke des „namenlosen" Mannes aus Österreich, seines Chefs. Des Berliner Gauleiters Weg zum Ruhm war, „den Juden" „rücksichtslos und mit aller Schärfe zu bekämpfen", und die gleiche Karrieremethode, ein Anfachen und Instrumentalisieren antijüdischer Stimmungen nach 1918, hat offenbar auch Hitler als nützlich entdeckt. Das könnte seinen seit 1919 ebenso plötzlich wie rätselhaft aufflackernden aggressiven Antisemitismus erklären. „Verschlagen", wie er laut Göring war, hätte er das nur nicht so direkt als Motiv bekannt wie sein Berliner Statthalter. Doch teilte er mit ihm den heißen Wunsch, zu Rang und Namen zu kommen[3].

Der Weg zu Rang und Namen führte für den Weltkriegsgefreiten über Reden, zahllose Reden, Reden, die oft Stunden dauerten; Reden, über die anfangs nur in regionalen Zeitungen berichtet wurde, die bald aber auch ein überregionales Echo auslösten und schließlich, vor allem nach 1933, auch international beachtet wurden. Ja, in vielen Reden während seiner Regierungszeit sprach er sozusagen zum offenen Fenster hinaus, zur Weltöffentlichkeit. Genau das war wohl die Form, in der er wahrgenommen werden wollte.

Besonders charakteristisch für den ebenso rede- wie ruhmsüchtigen Mann waren etwa die fast rituellen Reden und Ansprachen in der traditionellen Attitüde des großen Feldherrn, vor Kriegsbeginn bzw. vor Offensiven. Beispiel: seine Rede vor leitenden Wehrmachtsoffizieren am 22. August 1939, wenige Tage vor dem Überfall auf Polen; oder die Rede vor 10.000 Leutnants am 30. Mai 1942. Auch der Aufruf an die Soldaten der Westfront am 10. Mai 1940 gehört hierhin. Wie wichtig dem „Führer" solche aus der Historie bekannten Gepflogenheiten von Heerführern waren, ist daran zu erkennen, dass er zur Einstimmung in die am 16. Dezember 1944 beginnende und aus seiner Sicht kriegsentscheidende Ardennenoffensive sogar zweimal zu je etwa 20 Generälen sprach, die er in sein Führerhauptquartier „Adlerhorst" bestellt hatte[4].

All dies diente vor allem der Selbstdarstellung für die Geschichtsbücher, denen er gleichsam das Bild vorgeben wollte, das die Nachwelt sich von ihm zu machen hatte. Er suchte auch geradezu nach passenden Gelegenheiten zu bedeutenden Reden und benutzte sie als Rahmen für das Skizzieren seiner Sicht der Dinge und das Entwerfen großartiger Konzeptionen. Beispiel: seine mehrstündige Rede am 10. Dezember 1940 in Berlin vor Rüstungsarbeitern, die im Grunde, betrachtet man den Inhalt, an die Weltöffentlichkeit gerichtet war und gar nicht an die zum geduldigen Anhören genötigten Arbeiter. Selbst gegen das Mitschreiben seiner Monologe bei Tisch in kleinem Kreis erhob er keinen Widerspruch, offenbar in der Erwartung, dass seine Ergüsse dereinst für die Nachwelt wertvolle Dokumente sein würden[5].

Als der Reichwehr- und Parteipropagandist Hitler in den Jahren 1919 bis 1921 erkannte, dass er für seine rednerischen Tiraden, auch durch zahlreiche einschlägige Zeitungsaufsätze, Beifall bekam und gutes Geld verdiente, stellte er sich opportunistisch auf die besonders gefragten Themen ein, griff zu gängigen nationalistischen Phrasen und würzte das Gebräu auch mit Radauantisemitismus. Bald gefiel er sich in der ihm zuteil gewordenen Rolle so gut, dass er sich wirklich zum Retter des Vaterlandes berufen fühlte und so tat, als ob er nie etwas anderes gewollt habe.

Was er hinfort in Bierhallen und Zirkuszelten als nationalistische Ideologie ausgab, war ein zum Zwecke des Erwerbs politischer Macht zusammengestelltes Konglomerat völkischer Parolen. Kompilatorisch benutzte Quellen waren dabei bes. Feder, Lindenau und Drexler. Man hat längst gesehen, dass Hitler als flexibler Populist „die Ideologie grundsätzlich an den Machtzwecken orientierte"[6]. Die noch andauernde Kontroverse, was des „Führers" zentralen weltanschaulichen Ziele waren, ist im Grunde müßig; denn er wechselte, wie die Quellen belegen, die ideologischen Ziele und ihre Gewichtung ganz nach Opportunität: Mal geht es vorrangig um den Kampf gegen den Marxismus / Bolschewismus, mal um die Abwehr eines angeblichen jüdischen Weltherrschaftsstrebens, mal steht die Gewinnung neuen autark machenden „Lebensraumes" im Vordergrund, ein anderes Mal, besonders seit 1930, ist die nationale Geschlossenheit das hehre Leitbild, und vor lauter vaterländischer Gesinnung verblasst das Judenthema geraume Zeit, um erst Jahre später – wieder um konkreter Absichten willen – aktualisiert zu werden.

Ein Beispiel: Die Besetzung der Resttschechei am 15. März 1939; sie geschah Hitler zufolge in der Erwartung von beträchtlichem „wirtschaftlichen und landwirtschaftlichem Zuwachs für das Reich", also im Interesse der Autarkie, nicht, um dort die Juden auszurotten; denn die „Judenfrage" war für den machthungrigen Hitler zu dieser Zeit kein relevantes Thema. Das Hauptinteresse galt hier wie sonst der störungsfreien Nutzung neuen „Lebensraumes"[7]. Was euphemistisch „pazifizieren" genannt wurde, fand in allen eroberten Territorien statt, auch in Polen und Russland, in diesen beiden Ländern jedoch besonders brutal: präventive Separierung und / oder Ermordung potenziell widerständiger Bevölkerungsgruppen (Eliten, Juden u.a.); denn geduldet werden konnte nur ein „führerloses Arbeitsvolk" (Himmler, auch er fast immer ein Sprachrohr und Echo Hitlers). Der undifferenzierte totale Genozid der europäischen Juden begann – kurzfristig motiviert – im Frühjahr 1942.

Den „Führer" als Schauspieler hat Sebastian Haffner schon im Jahre 1940 erkannt: „Hitler ist kein Staatsmann, sondern ein Schwindler in der Maske eines Staatsmannes", der „sich unter Staatsoberhäuptern und Ministern wie ein schlecht getarnter Bandit (bewegt)". Für diese seinerzeit noch recht divinatorische Wertung ohne die heute sehr viel breitere Quellenbasis haben sich in dieser Studie zahlreiche Bestätigungen ergeben. Fazit: Hitler war nicht nur „ein Schwindler in der Maske eines Staatsmannes", sondern auch ein Gesinnungslump in der Charaktermaske eines nationalen Retters und Wohltäters.

Der seinerzeitige Reichspressechef Otto Dietrich, der Hitler lange aus nächster Nähe erlebte, sprach später von ihm als „Zwitterwesen" mit „doppeltem Gesicht", von „der unheimlichen Doppelnatur seines Wesens" und vom „Ungeheuerlichen seiner wahren Gestalt". Daran ist wohl so viel richtig, dass der „Führer" ein höchst begabter Schauspieler war, der gekonnt das Rollenkostüm eines Staatsmannes trug. Es schien ihm, der mit seiner Rolle fast verschmolz, lange Zeit wie auf den Leib geschneidert zu sein, erwies sich aber letztlich als Nessusgewand, das ihn zu Tode brannte. Aber: Hitlers Karriereende war mitnichten das einer tragischen Figur, noch nicht einmal das einer „düsteren Größe", wie Hans Frank apologetisch meinte. Der Mann aus Braunau war genau der, als welchen ihn Haffner 1940 charakterisierte[8].

Es wäre schon eine Verharmlosung, ihn einen intelligenten Scharlatan zu nennen, nur weil er etwa über die „internationale jüdische Weltfinanz" und ähnliche Floskeln schwafeln konnte, er, der vom Bankwesen und von Aktienmärkten nichts verstand. Auch ein neuer Herostrat war er nicht; denn er wollte sich zwar wie jener einen Namen machen, aber er operierte in einer ganz anderen Dimension, indem er den geplanten „Lebensraum" in einem millionenfachen Todesraum verwandelte. Freilich wurde er die geschichtlich bekannteste Gestalt des 20. Jahrhunderts, jedoch anders als von ihm erhofft[9].

Zu den in der gegenwärtigen Zeitgeschichtsforschung diskutierten Problemen gehört auch die Frage: Gab es im NS-Staat eine mehr oder weniger ungesteuerte „kumulative Radikalisierung" oder war da die planvolle Realisierung zerstörerischer Intentionen ein Vierteljahrhundert hindurch bis zum Ende im Jahre 1945? War Hitler in bestimmter Hinsicht ein „schwacher Diktator"? Für beide, von Hans Mommsen im Rahmen seiner strukturalistischen Deutung gestellten Fragen ergeben sich jetzt mögliche Antworten: Es gab keine quasi automatisch, allmählich bis zum Genozid eskalierende Radikalisierung. Für Hitler war seit 1919 der Antisemitismus ein populistisch nutzbares Thema, dessen er sich, phasenweise auch aggressiv, opportunistisch bediente. Im völkischen Denken, das der Mann aus Braunau wie ein Schwamm aufgesogen hatte, war es üblich, die Juden für alle Übel Deutschlands und der Welt verantwortlich zu machen. Der Propagandist Hitler verband nun die nationalistisch-völkischen Phrasen mit einer rassistischen Zuspitzung der Lehren Darwins. Auf dem Wege über eine rassische Reinigung und Vergrößerung des deutschen „Volkskörpers" schien es möglich zu sein, aus dem Deutschen Reich – mit ihm als „Führer" – ein autarkes großgermanisches Imperium zu machen, dem sogar die Weltherrschaft zu winken schien: alles eine Kompilation der auf dem Münchener politischen Markt gehandelten Artikel.

Als im Winter 1941/42 der erwartete schnelle Siegfrieden überraschend in weite Ferne rückte und die Ostfront „wie ein Moloch deutsche Männer verschlang", mochte der Diktator nicht zulassen, dass auch nur Teile des jüdischen Volkes, dezimiert durch harte Arbeitseinsätze in unwirtlichen Weltgegenden, die bevölkerungspolitische deutsche Katastrophe überlebten. So beauftragte er Himmler mit dem totalen Genozid auf dem europäischen Kontinent. Die Radikalisierung erfolgte also nicht gleichmäßig kumulativ, sondern erreichte ihren Gipfel durch Aufstufung auf ein letztes hohes Plateau.

Zuvor, 1933 bis 1939, gab es intermittierend antijüdische Repression mit der Absicht des Druckes zur Auswanderung, und es gab den Terror der Reichspogromnacht (9./10.11.1938); 1939 bis 1941 fielen Zehntausende und Hunderttausende (darunter auch sehr viele Juden) der „Pazifizierung" des Ostraumes zum Opfer. Jetzt aber, seit dem Frühjahr 1942, wurden Millionen ermordet. Motiv war nun nicht mehr die Helotisierung von – zuvor ihrer Führungsschicht beraubten – Völkerschaften, sondern die Vernichtung der vermeintlich wie 1914–1918 so auch jetzt wieder am Tod zahlloser deutscher Soldaten Schuldigen, also gleichsam die Vergeltung von Gleichem mit Gleichem (*Talion*).

Hitler war kein „schwacher Diktator", sondern, wie Haffner schon 1940 erkannte, „der Dreh- und Angelpunkt des ganzen nationalsozialistischen Systems" – was aber nicht das Mittun oder Wegsehen sehr vieler Deutscher entschuldigt[10].

Hitlers Karriere und die seines „Volksstaates" endete in zynischem Nihilismus. Leitendes Handlungsmotiv des „Führers" (wie ähnlich auch Goebbels' und anderer) war, sich über den Erwerb politischer Macht einen Namen zu machen und „berühmt" zu werden, dies anfangs begleitet durch die Attitüden eines Desperados oder auch den Habitus eines Patrioten, schließlich in der gut gespielten Rolle eines politischen Retters und verantwortungsvollen Staatsmannes. Die Methoden seiner Karriere waren Populismus, skrupelloser Opportunismus und grenzenlose Amoralität.

Anhang

Abkürzungen

Abb.	Abbildung(en)
Anm.	Anmerkung
Aufl.	Auflage
BBC	British Broadcasting Corporation
Bd., Bde.	Band, Bände
BDM	Bund Deutscher Mädel
bes.	besonders
Bl.	Blatt
bzw.	beziehungsweise
DAP	Deutsche Arbeiter-Partei
dens.	denselben
ders.	derselbe
Dez.	Dezember
d.h.	das heißt
Diss.	Dissertation
D.J.	Deutsches Jungvolk
Dok.	Dokument
ebd.	ebendort
etc.	et cetera
F.A.Z.	Frankfurter Allgemeine Zeitung
Febr.	Februar
Hg.	Herausgeber(in)
HJ	Hitler-Jugend, Hitlerjugend
Jan.	Januar
Jg.	Jahrgang
KLV	Kinderlandverschickung
KZ	Konzentrationslager
LTI	Lingua Tertii Imperii
Mt	Matthäusevangelium
NS	Nationalsozialismus
NSDAP	Nationalsozialistische Deutsche Arbeiterpartei
o.J.	ohne Jahr
Okt.	Oktober
QFIAB	Quellen und Forschungen aus italienischen Archiven und Bibliotheken

RAD   Reichsarbeitsdienst

s.   siehe
S.   Seite
SA   Sturmabteilung (der NSDAP)
Sept.   September
sog.   sogenannt(e, n, r)
Sp.   Spalte(n)
SS   Schutzstaffel

u.   und
u.a.   und andere, unter anderem, unter anderen
usw.   und so weiter

vgl.   vergleiche
VZG   Vierteljahrshefte für Zeitgeschichte

z.B.   zum Beispiel
z.T.   zum Teil

Anmerkungen

Einleitung

[1]   Fest 2004, 7 das Zitat. – Rosenberg 1955, 342. – Frank 1955, 196–197, 311, 318, 383;
      vgl. ähnlich ebd., 219, 255, 295, 311, 336. – Wagener 1987, 96. – Hanfstaengl 1970,
      307. – Speer/Schlie 2003, 133. – Siehe auch Dietrich 1955, 23, 39, 81.

[2]   Kershaw II, 432, 795. – Goebbels / Fröhlich II, 13, S. 245 (= 16.8.1944). – Burleigh
      2000, 109.

[3]   Schreckenberg 2005, bes. S. 55–60.

[4]   Zur Sache z.b. Kershaw II, 806, 1229–1230.

[5]   Dazu gute Informationen bei Neville 2004; zur Sache auch Sarfatti 2003.

[6]   Einige Ausführungen zu diesem Thema bei Schreckenberg 2001, 428–429; S. 423:
      „Nach Lage der Dinge scheint eine abstufende Bewertung sinnvoll: Es ist zu unter-
      scheiden einerseits zwischen jungen Pimpfen ohne Durchblick, die kaum begriffen, was
      vorging und welche Rolle sie in dem Geschehen spielten, und andererseits den HJ-
      Führern, welche die Jungen und Mädchen marschieren und ihre Lieder singen ließen."
      Ähnlich Mommsen 2000, 189 („gestufte Komplizenschaft") und Kater 2005, 10 (mit
      ebd. S. 9, 193, 199, 224–226). Gegen eine „Mitschuld der heute lebenden Deutschen"
      ist Kurt Reumann, in: F.A.Z. vom 15.6.2005.

[7]   Tyrell 1975, 48. – Mommsen 2002, 177 (ebd., 187–188 zur „kumulativen Radikalisie-
      rung im Bereich der ‚Judenfrage'"). Für Mommsen ist Hitler in gewisser Weise ein
      „schwacher Diktator".

[8]   Z.B. in seinen „Anmerkungen zu Hitler" (1978), 89; einiges zum Thema auch in Haff-
      ners „Geschichte eines Deutschen" (2001).

[9]   Haffner 1996, 14, 16, 22; Toland 2005, 10.

[10] Ein gutes Beispiel ist der Liedermacher Hans Baumann (1914–1988). Über einen weite-
      ren Poeten, Hanns Johst, informiert Rolf Düsterberg (2004). Nach 1945 gehörte Johst
      zu den Autoren, welche „die Täterseite als Opfer des Schicksals zeichneten, die des e-
      hemaligen Gegners aber ausblendeten" (ebd., 396). Es lässt sich auch an den Oberbann-
      führer in der Reichsjugendführung Herbert Reinecker denken, der z.B. in der HJ-
      Zeitschrift „Das Junge Deutschland" noch im Jahre 1944 (Heft 1, 4–6) den Fanatismus
      der „Kriegsfreiwilligen der Hitler-Jugend" pries, die noch mit Dachziegeln und Steinen
      werfen, wenn ihnen die Patronen ausgehen. Nach dem Krieg schrieb er Drehbücher für
      Fernsehkrimis.

[11] Kershaw II, 65. – Tatsächlich galt Hitler noch im Laufe der dreißiger Jahre, vor Beginn
      des Zweiten Weltkrieges, international als bedeutender Staatsmann.

Erstes Kapitel

[1] Kubizek 1953; vgl. Kershaw I, 51–54, 71–84, 98–100.

[2] Kubizek 1953, 76–89; dazu auch Kempka/Kern 1991, 260; Kershaw I, 53, 78, 443.

[3] Hitler, Mein Kampf, 4; ders., Reden etc. IV, 2, S. 207–208, Anm. 20; V, 2, S. 344, Anm. 6; vgl. Frank 1955, 320–322; Wagner 2001, 12–13; Neumayr 2001, 25; Kershaw I, 40–41; Schreckenberg 2003, 496.

[4] Ein Beispiel bei Frank 1955, 232: „Friedrich der Große geht über alle, denn er war in einer Person Staatsoberhaupt, Feldherr und der modernste Ideenträger seiner Zeit. Wenn diese drei Eigenschaften in einer Person genial beisammen sind, dann liegt darin eine absolute Gewähr des Sieges".

[5] Zum Thema „Hitler und Karl May" z.B. Dietrich 1955, 164; Speer (Tagebücher) 1975, 522–524; Hamann 1996, 544–548; Feuersenger 1999, 106, 108; Joachimsthaler 2000, 296; Neumayr 2001, 394; Kershaw I, 482; Hesemann 2004, 28, 50.

[6] Zitiert bei Joachimsthaler 2000, 296; Kershaw (I, 239, 260) spricht von Hitlers Utensil als „Pferdepeitsche", doch war es weder eine Reitgerte noch die lange Kutscherpeitsche. Es handelte sich um eine – dem seinerzeitigen Ochsenziemer ähnliche – Hundepeitsche. Erhaltene Hitler-Fotos (z.B. bei Schroeder 1985, nach S. 32, und Fest 2003, 352) und deren Vergleich mit der Abbildung im „Sprach-Brockhaus" (Leipzig 1938, 466) bestätigen dies.

[7] Goebbels/Fröhlich I, 3/II, S. 299.

[8] François-Poncet, in: Hitler/Bormann 1981, 133.

[9] Z.B. Kershaw II, 909: „Hitler sah sich als neuer Parsifal"; vgl. schon Kubizek 1953, 134–142.

[10] Dies gegen Kershaw II, 908.

[11] Wiedemann 1964, 94, 140, 143; Kubizek 1953, 296; Tyrell 1975, 107; Neumayr 2001, 93. – Thomas Mann nennt ihn 1939 einen „zehnfach Gescheiterten [...] Dauerasylisten und abgewiesenen Viertelskünstler [...], der auch rein technisch und physisch nichts kann, was Männer können, kein Pferd reiten, kein Automobil oder Flugzeug lenken, nicht einmal ein Kind zeugen".

[12] Joachimsthaler 2000, 33, 42, 47, 48, 185; Hamann 1996, 217.

[13] Hitler/Jäckel/Kuhn 1980, 91–92.

[14] Der Brief vom 29.11.1921 bei Hitler/Jäckel/Kuhn 1980, 525–527 (mit S. 127: „Aufklärungsoffizier"); vgl. Joachimsthaler 2000, 245.

[15] Der Hitler-Prozeß 1924, Teil 1, 19; anders ebd., 308: „Schriftsteller"; diese Berufsangabe auch am 2.2.1922 und 13.1.1923 (Hitler/Jäckel/Kuhn 1980, 562, 789).

[16] „Mein Kampf", S. 35; Goebbels (Kaiserhof) 1941, 92 (= Notiz vom 6.5.1932).

[17] Domarus III, 1178 (= 28.4.1939); Hitler/Bouhler III, 215.

[18] May 1935, 43; vgl. Frank 1955, 40, 96, 317; Speer/Schlie 2003, 114, 115.

[19] Zitiert bei Fest 2003, 321.

Zweites Kapitel

[1] Hitler/Heim/Jochmann 1980, 79; zu diesem Thema auch Wiedemann 1964, 28–29; Tyrell 1975, 107 und 270 (Hitlers „Entscheidungsscheu"); Joachimsthaler 2000, 163–164.

[2] Wir rufen. Gedichte der Hitler-Jugend im Land der roten Erde [ohne Ort und Jahr, um 1925], Bl. 17. – Im Hintergrund steht vielleicht die sprichwörtlich gewordene erste Zeile des 1914–1918 verbreiteten Liedes „Mein Regiment mein Heimatland"; das Lied ist abgedruckt z.B. bei Werckmeister 1924, 63.

[3] Zitiert bei Joachimsthaler 2000, 184 (aus „Current History", Nov. 1941, Vol. 1, 193).

[4] So Holzmann 2004.

[5] Hitler / Jäckel / Kuhn 1980, 581 (= 22.2.1922). – Hanfstaengl 1970, 166–167 (= 24.12.1924). – Hitler, Mein Kampf, 226 (= 1925), 388 („die Bedeutungslosigkeit, das Nichtbekanntsein unserer Namen" in der Frühzeit der NSDAP; vgl. ebd., 232: „Schimmer des kommenden Ruhmes"). – ders., Reden etc. IV, 3, S. 104 (= 26.1.1932). – Hitler/Kotze/Krausnick 1966, 107 (= 24.2.1937). – Domarus III, 1178 (= 28.4.1939). – Hitler / Bouhler I, 154 (= 30.1.1940), 170, 177, 178 (= 24.2.1940); II, 353, 362 (= 10.12.1940), 426 (= 24.2.1941); III, 108 (= 8.11.1941), 133–134 (= 11.12.1941), 172, 181–182 (= 30.1.1942). – Hitler/Kotze/Krausnick 1966, 326 (= 15.2.1942); vgl. Hitler / Picker 1997, 722 (= 30.5.1942: „unbekannter, namenloser Soldat"). – Hitler / Heiber 1962, 740 (= 28.12.1944).

[6] Goebbels (Berlin) 1934, 105; ders. (Signale) 1934, 113; die Notiz zu Strasser, in: Goebbels (Kaiserhof) 1941, 243. – Zur erbärmlichen Situation Hitlers im Winter 1918/ 19 und seinem allmählichen Aufstieg siehe z.B. Frank 1955, 198; Rosenberg 1955, 323; Tyrell 1975, 170, 172; Eitner 1994, 50; Joachimsthaler 2000, 184, 194; Kershaw I, 178, 187, 523 und 527 („der Niemand aus Wien").

[7] Zur Szene bei Tisch Rosenberg 1964, 147. Zum Thema überhaupt z.B. Paul 1992, 124, und Kershaw II, 180 (Hitler im August 1939 verächtlich über seine Verhandlungspartner beim Münchener Abkommen von 1938: „kleine Würmchen").

[8] Grundlegend ist hier und für das Folgende Joachimsthaler 2000, bes. S. 182–198; vgl. auch Kershaw I, 151, 162–165. Gute Hintergrundinformationen zur damaligen Münchener Situation bieten Kissel/Witt 1974; Kluge 1975, 347–358; Kolb 1978, 52–57.

[9] Joachimsthaler 2000, 198–199. Hitler war also faktisch eine Art Reichswehrspitzel, auch insofern er seitdem auftragsgemäß die Münchener Szene ausspähte.

[10] Hitler/Jäckel/Kuhn 1980, 853; Hitler, Mein Kampf, 235; vgl. Joachimsthaler 2000, 226, 245, 260.

[11] Zur Sache Wiedemann 1964, 26, und Frank 1955, 228: „Keinerlei Streben nach Beförderung" (Zitat eines Vorgesetzten 1914–1918).

[12] Hitler/Bormann 1981, 99 (= 21.2.1945); vgl. Wiedemann 1964, 208; Haffner 2001, 56.

[13] Goebbels (Kaiserhof) 1941, 214 (= Notiz zum 2.12.1932); ebd., 256 (zum 2.2.1933) und 293 (zum 4.4.1933).

[14] Wiedemann 1964, 140; Schmidt 1949, 366. – Dass Hitler nachtragend war, ist bekannt und wurde oft vermerkt (Tyrell 1975, 198). Beispiel: eine Szene betreffend das Kronprinzenpaar Preußens und des Deutschen Reiches, von denen der Mann aus Braunau sich arg beleidigt gefühlt hatte, was er ihnen nie vergaß (Wiedemann 1964, 198–199). Trevor-Roper (bei: Hitler/Bormann 1981, 17) urteilt treffend: „Er schleppte den Müll und Plunder seiner bitteren, schäbigen Vergangenheit mit sich [...] widerliche Fassade". – Zur Karriere des „Reichswehrspitzels" Hitler siehe auch Haffner 2001, 16–19, 26, 42.

Drittes Kapitel

[1] Joachimsthaler 2000, 230, 243–244.

[2] Wiedemann 1964, 29; Hamann 1996, 8; Kershaw I, 122; zur Wiener Zeit z.B. „Mein Kampf", S. 43, 56, 58; ferner Hitler/Kotze/Krausnick 1966, 147; Heiber 2001, 244 (Hitler am 4.3.1942); Speer (Erinnerungen) 1982, 433; Frank 1955, 90; Tyrell 1975, 40; Wagener 1978, 149; Joachimsthaler 2000, 46–47, 80, 140; Neumayr 2001, 94, 97; Rose 2005, 138, 241.

[3] Speer/Schlie 2003, 96.

[4] Wiedemann 1964, 24, 29.

[5] Kershaw II, 283.

[6] Z.B. Hitler/Bouhler II, 300 (Rede vom 8.9.1940 vor der Alten Garde in München).

[7] Wiedemann 1964, 205; vgl. Frank 1955, 130.

[8] LTI 1995, 225, 268.

[9] Das ist seit langem bekannt, zuletzt z.B. untersucht von Koch-Hillebrecht 2003. Ob Hitler allerdings durch eine „posttraumatische Belastungsstörung" nach 1918 psychopathologisch auffällig war, scheint nicht schlüssig bewiesen, obwohl die massenmörderischen Materialschlachten zweifellos bei den Überlebenden tiefe Spuren hinterlassen haben. – Über den Krieg selbst informiert umfassend Salewski 2004.

[10] Hitler/Bouhler I, 107; Bennewitz 1940, 18.

[11] Hitler/Bormann 1981, 73, 110. Ähnliche Gedanken z.B. auch in Hitler/Bouhler I, 108 (= 10.10.1939) und II, 320 (= 14.11.1940).

[12] Hitler/Jäckel/Kuhn 1980, 329 (= 6.3.1921) und allenthalben bei Hitler/Bouhler I–III (Reden vom 1.9.1939–15.3.1942).

[13] Z.B. bei Halder I, 40 (= 28.8.1939): „Blockade wirkungslos durch Autarkie"; vgl. Hitler /Kotze/Krausnick 1966, 210 (= 20.5.1937): „Ich mache uns unabhängig vom Ausland". – Zum Thema „Blockade" auch Salewski 2004, 172–175.

[14] Einschlägige Erörterungen z.B. bei Speer/Schlie 2003, 438–439; zur Sache überhaupt von Prollius 2003.

[15] Der früheste Beleg bei Hitler/Jäckel/Kuhn 1980, 69 (= Brief vom 5.2.1915).

[16] Hitler/Jäckel/Kuhn 1980, 204 (= 13.8.1920).

[17] Hitler/Heim/Jochmann 1980, 411; Frank 1955, 40; Schroeder 1985, 770; Speer (Tagebücher) 1975, 174; Neumayr 2001, 97–98. – Vgl. „Mein Kampf", S. 385 (Schopenhauer). – Zur Sache auch Frank 1955, 306 (zu Nietzsche).

[18] Feder 1935, 73–74 (= Abdruck eines Textes von 1919); vgl. Frank 1955, 305.

[19] Römische Geschichte, Bd. V (München 1976), 216; vgl. Hitler, Reden etc. V, 2, S. 366–377 (= Rede vom 15.1.1933: „Fermente der Dekomposition, der Zerstörung und des Zerfalls"); Domarus IV, 2083 (= Rede vom 30.1.1944: „Fermente dieser Völkerzersetzung", ebenfalls ohne Angabe der Provenienz!); Frank 1955, 305.

[20] Hitler/Picker 1997, 107; vgl. Frank 1955, 305; Hamann 1996, 325–329.

[21] Hitler/Jäckel/Kuhn 1980, 1221 (in einem Aufsatz Hitlers vom April 1924: „Wille zur Macht"); Hitler/Bouhler I, 154 (Rede am 30.1.1940: „fanatischer Wille"); Stellrecht 1943, 212. Zum Thema s. auch Hanfstaengl 1970, 299–300; Speer/Schlie 2003, 104, und – zu Nietzsche als geistigem Vorläufer des Nationalsozialismus – Taureck 2000, bes. S. 224.

[22] Tyrell 1975, 20.

[23] Feder 1935, 41, 51, 55, 73, 96 (= Abdruck einzelner, z.T. schon 1919 erschienener Abhandlungen). – Tyrell 1975, 188.

[24] Kershaw I, 170; vgl. Tyrell 1975, 26, der von der „Schlüsselfunktion" spricht, „welche dem Gedankengut Gottfried Feders bei der Ausprägung von Hitlers politischem Weltbild zukam". Zu Feder s. auch Barth 2003, 392.

[25] Zur Sache z.B. Joachimsthaler 2000, 268; Kershaw I, 140; Barth 2003, 360–361; zu den imperialistisch-aggressiven Lebensraumutopien auch Steinert 1994, 75, 78–79, und Hermand 1995, 64. – Zum Alldeutschen Verband s. Hering 2003.

[26] Eckart 1937 (1928[1]); s. z.B. auch dens. 1921, eine besonders antisemitische Schrift. – Information zu Eckart bei Joachimsthaler 2000, 276–279; Kershaw I, 201, 807; Barth

2003, 361. – Ganz im Sinne Eckarts und Rosenbergs spricht Hitler in einer Rede am 28.7.1922 vom „bolschewistischen Judentum" und von „russisch-jüdisch-bolschewistischen Banden" (Hitler / Boepple 1933 [1925[1]], 33), so die seinerzeit verbreitete Bolschewismusfurcht für sich nutzend sowie den Umstand, dass bei den Bolschewiki etliche Juden hervortraten. – Zur Sache s. auch Lindenau 1919.

[27] Frank 1955, 25–26, 42–44, 323; über Drexler informieren auch Hanfstaengl 1970, 359; Tyrell 1975, 21–22, 182–184; Joachimsthaler 2000, 250; Kershaw I, 182–184; Barth 2003, 369; vgl. Hitler / Jäckel / Kuhn 1980, 100 („Ausschußsitzung der DAP" vom 5.1.1920; Drexler ist 1. Vorsitzender, Hitler erster von drei „Werbeobmännern").

[28] Tyrell 1975, 188; die verfälschende Benutzung bei Hitler / Jäckel / Kuhn 1980, 674 (= 7.8.1922). – Zum zeitgeschichtlichen Hintergrund s. Hecht 2003.

[29] Hitler, Reden etc. II, 1, S. 191 (= 23.3.1927); II, 1, S. 291–293 (= 7.5.1927); III, 1, S. 91–92 (= 18.9.1928, mit ebd., Anm. 18); III, 3, S. 314–315 (= 10.8.1930), mit ebd., Anm. 45); Hitler/Bouhler I, 131 (= 1.1.1940).

[30] Z.B. Hitler / Jäckel / Kuhn 1980, 281 (= 1.1.1921), 458 (= 19.8.1921); „Mein Kampf", S. 337; vgl. Fritsch 1936, 163–167. – Die Deutsche Höhere Schule 4 (1937), 419–421; Goebbels / Fröhlich II, 8, S. 287–288. – Zur aktuellen Diskussion Tyrell 1975, 184; N. Cohn 1998; Neumayr 2001, 143; Kershaw II, 765; Barth 2003, 367; Meyer zu Uptrup 2003; Hesemann 2004, 183–186.

[31] Zu Josephus s. Schreckenberg 2004, 36–50; vgl. dens. 1996, 26–27.

[32] Kershaw I, 177; von daher ist weniger einleuchtend Kershaws Annahme, Hitler habe im November 1918 die Revision dieses Novembergeschehens „zur Mission seines Lebens" gemacht (II, 796); denn ernsthafte ideelle Motive, wie sie die Formulierung „Mission seines Lebens" unterstellt, hat er wohl immer nur geschauspielert. Politik war ihm eher das ideale Betätigungsfeld, sich „einen Namen" zu machen.

[33] Hermand 1995, 12–14. Der Autor leistet mit seinem Buch einen beeindruckenden Beitrag zur Erforschung des Einflusses völkischer Utopien auf den Nationalsozialismus.

Viertes Kapitel

[1] Joachimsthaler 2000, 255 (Mayrs Brief an Gemlich vom 17.9.1919); Hitler / Jäckel / Kuhn 1980, 80–90 (Hitlers Brief an Gemlich vom 16.9.1919; Hitler verhält sich auch hier „obrigkeitsdienernd", Joachimsthaler 2000, 204); vgl. Brechtken 2004, 11.

[2] Tyrell 1975, 208; s. auch Joachimsthaler 2000, 250–251.

[3] Hitler/Jäckel/Kuhn 1980, 100 (= 5.1.1920), 303 (= 27.1.1921).

[4] Hitler/Jäckel/Kuhn 1980, 643 (= 29.5.1922: Selbstbezeichnung als „Trommler"); ferner z.B. Der Hitler-Prozeß 1924, Teil 4, S. 1585 (= 27.3.1924); Hitler, Reden etc. IV, 1, S. 353 (= 2.5.1931); IV, 3, S. 108 (= 26.1.1932); V, 1, S. 341 (= 4.9.1932); V, 2, S. 72

(mit Anm. 3, = 17.10.1932), 151 (= 2.11.1932). – Hitler/Jäckel/Kuhn 1980, 109–111 (= 24.2.1920, und Bericht im „Völkischen Beobachter" dazu).

[5]   Zum „Trommler" Hitler s. Tyrell 1975 und Kershaw I, 215–276; vgl. auch Frank 1955, 38, 47.

[6]   Schreckenberg 2003, 479, 506. – Das Gedicht zum 20. April in: Unser Lager. Richtblätter etc., Heft 4, April 1943, S. 141. – Zum Thema „Trommler" auch Goebbels (Signale) 1934, 42. – Über den Textdichter des Liedes, Herbert Böhme, informieren Rolf Seeliger (Hg.), Die braune Universität, Heft 3 (München 1965), 46, und Klee 2003, 59–60.

[7]   Zitiert bei Tyrell 1975, 208–209; ebd. auch zu weiteren Unterstützungen durch reiche „mütterliche Freundinnen".

[8]   Hitler, Reden etc. I, S. 14 (= 27.2.1925); V, 1, S. 69 (= 18.4.1932).

[9]   Hitler/Jäckel/Kuhn 1980, 580 (= 22.2.1922). – Zu Hitlers Einkünften s. Tyrell 1975, 28, 33, 130; Joachimsthaler 2000, 264, 272, 283–284, 296; Kershaw I, 172, 185, 207, 240–241, 453, 809, 831. – Zur Finanzierung der NSDAP vor 1933 durch Überschüsse aus Versammlungen z.B. Goebbels (Kampf) 1935, 179, 279.

[10] Hitler, Reden etc. V, 1, S. 134–135 (= 25.5.1932); ähnlich ebd., V, 2, S. 24, mit Anm. 15 (= 13.10.1932).

[11] Hitler/Jäckel/Kuhn 1980, 447 (= 29.7.1921 = Kontamination mit den drei „Werbeobmännern" der DAP, von denen Hitler einer war!). – Zur 7-Mann-Legende s. bes. Joachimsthaler 2000, 257, 259.

[12] Hitler/Jäckel/Kuhn 1980, 100 (= nach 5.1.1920); zur Sache s. Tyrell 1975, 29; Joachimsthaler 2000, 267–269, und Kershaw I, 84–85, 171, 189–190, 353.

Fünftes Kapitel

[1]   Goebbels (Kaiserhof) 1941, 139 (= 6.8.1932); Hitler, Reden etc. V, 2, S. 328 (= 4.1.1933); Hitler / Jäckel / Kuhn 1980, 438 (= 14.7.1921: Hitler muss bestreiten, „machtlüstern" zu sein!); Goebbels / Fröhlich I, 2/II, S. 297 (= 6.6.1932), 331 (= 5.8.1932), 334 (= 7.8.1932); Goebbels (Signale) 1934, 96–97 (= 19.11.1932). – Zum Thema „Machtergreifung" und „Machtübernahme" s. Strenge 2002.

[2]   Solche Formulierungen z.B. bei Domarus II, 824 (= 5.3.1938): „[...] melde ich vor der Geschichte nunmehr den Eintritt meiner Heimat in das Deutsche Reich"; ebd. III, 1427 (= 23.11.1939); Goebbels (Signale) 1934, 118 (= 18.3.1933), 134 (= 6.4.1934), 150 (= 29.6.1933); Goebbels (Kaiserhof) 1941, 295 (= 7.4.1933). – Zur Sache und überhaupt zum Selbstverständnis der NS-Führung als Akteure auf der Bühne der Geschichte s. z.B. Frank 1955, 306–307; Rosenberg 1955, 322; Kershaw I, 382; II, 131, 215, 320, 731, 962, 970–971, 976, 1043, 1056, 1277; vgl. Speer/Schlie 2003, 56–57.

[3]   Hitler, Reden etc. IV, 2, S. 88 (= 6.9.1931); Hitler/Bouhler II, 202 (= 10.5.1940); III, 71 (= 3.10.1941), 107 (= 8.11.1941), 113 (= 11.12.1941); Hitler / Heiber 1962, 135

(= 1.2.1943); Maser 2002, 356–375. – Vgl. Hitler bei Speer (Tagebücher) 1975, 35, zu seiner „Bedeutung" für die „Nachwelt".

[4] Hitler / Bouhler III, 72 (= 2.10.1941), 200 (= 30.1.1942), 226 (= 15.3.1942); Goebbels (Signale) 1934, 312 (= 7.11.1933).

[5] Hitler/Bouhler I, 57 (= 19.9.1939); III, 202, 205 (= 30.1.1942); Hitler/Heiber 1962, 721 (= 12.12.1944); vgl. Hitler, Reden etc. V, 2, S. 254 (= 10.12.1932), 368 (= 16.1.1933) und Goebbels/Fröhlich II, 15, S. 221 (= 25.1.1945).

[6] Wiedemann 1964 (zu einer Abb. vor S. 129); Frank 1955, 336–337.

[7] Völkische Musikerziehung 8 (1942), 292. – Zum Thema und zum Vorbild Friedrichs für Hitler s. z.B. Rosenberg 1964, 149; Hanfstaengl 1970, 223; Joachimsthaler 2000, 80; Kershaw I, 434, 539; II, 379, 385, 793, 899, 911, 965, 1011, 1043.

[8] Goebbels (Signale) 1934, 283 (= 7.11.1933); Goebbels, zitiert bei Hitler / Kotze / Krausnick 1966, 44 (= 5.4.1940). – Ähnlich Hitler selbst am 27.9.1939 (bei Halder I, 86): „Über Verträgen steht Staatsinteresse [...] Ewig gültig ist nur der Erfolg, die Macht." – Zum Thema „Legalität" auch Frank 1955, 68–80; Kershaw I, 426–428; Strenge 2002.

[9] Hitler, Reden etc. I, 389–390 (= 14.4.1926); Goebbels (Signale) 1934, 25 (= 5.10.1927), 39 (= 9.1.1928), 187 (= 17.7.1933).

[10] Stellrecht 1943, 187; ders. 1942, 36; Die Kameradschaft. Blätter für die Heimabendgestaltung in der Hitlerjugend, 17.5.1939, S. 7; Domarus III, 1423 (= 23.11.1939), 1237 (= 22.1.1939).

[11] Hitler/Bormann 1981, 125 (= 2.4.1945).

[12] So etwa Tyrell 1975, 48.

[13] Tyrell 1975, 215 (zum 22.10.1922); Hitler, Reden etc. I, 478–480 (= 18.6.1926); IV, 3, S. 74–110 (= 26.1.1932); Domarus I, 203–208 (= 10.2.1933); Hitler, Reden etc. IV, 3, S. 272 (= 26.3.1932); Hitler / Kotze / Krausnick 1966, 123 (= 29.4.1937). – Goebbels / Fröhlich I, 9, S. 379 (= 16.6.1941).

[14] Schwerin von Krosigk 1951, 214–216, 218 (Verträge und Versprechen haben nur „taktischen Augenblickswert"); Kershaw II, 273; s. auch Goebbels / Fröhlich II, 6, S. 44 (= 2.10.1942): Ein Präventivkrieg muss „zu günstiger Stunde" angefangen werden!

[15] Zur Sache z.B. Kershaw II, 434–435 (= Sommer 1940).

[16] Hitler/Picker 1997, 262 (= 4.4.1942), 436 (= 15.5.1942); Hitler, Reden etc. II, 1, S. 135 (= 18.1.1927); Hitler/Jäckel/Kuhn 1980, 778 (= Ende Dez. 1922), 891 (= 13.4.1923). – S. auch Schreckenberg 2005, 41–61: Möglicherweise löste erst der katastrophale „Blutverlust" des deutschen Ostheeres im Winter 1941 / 42 den umfassenden Genozidbefehl Hitlers aus, dem es unerträglich schien, dass die Juden Mitteleuropas das zu dieser Zeit absehbare deutsche Desaster unter Umständen großenteils überleben könnten.

[17] Z.B. bei Speer (Sklavenstaat) 1981, 346.

[18] S. zur Sache etwa Paul 1992, 8–9, 236, 262; Dierker 2002, 323–324; Kershaw I, 369, 394, 402, 720.

[19] Kershaw II, 78 (kein „Kirchenkampf" gewünscht, Febr. 1937), 86 (= 5.11.1937), 577 (= Sommer 1941); Goebbels / Fröhlich I, 7, S. 221 (= 5.12.1939); II, 4, S. 177 (= 26.4.1942: „die Abrechnung aufsparen für eine günstigere Situation"); I, 2, II, S. 94 (= 9.11.1931).

[20] Der Hitler-Prozeß 1924, 3. Teil, S. 1159.

[21] Speer (Sklavenstaat) 1981, 64 (= Ende Okt. 1943); Goebbels / Fröhlich II, 14, S. 198 (= 11.11.1944); II, 15, S. 170–171 (= 21.1.1945). – Zur opportunistischen Verwässerung rassistischer Grundsätze s. z.B. Heinemann 2003. – Über Himmlers vergebliches Angebot an die USA, in großem Umfang jüdische Gefangene gegen rückkehrwillige Lateinamerika-Deutsche einzutauschen, berichtet Andrea Schuhmacher, in: F.A.Z. vom 3.2.2004.

[22] Hitler / Heiber 1962, 231 (= 20.5.1943); Hitler / Hillgruber II, 422 (= 22.4.1944); Hitler / Heiber 1962 (= 12.12.1944), 722 und Warlimont 1962, 519 (= 11. / 12.12.1944). – Bekanntlich gehörten „blitzschnell" und „eiskalt" zu des Diktators Lieblingswörtern, wie z.B. auch Haffner (1997, 129) gesehen hat; vgl. Hanfstaengl 1970, 237: „eiskalte Berechnung". Guderian (1951, 398) überliefert als Prinzip Hitlers: „Wenn Fortuna, die Glücksgöttin, auf ihrer goldenen Kugel vorbeischwebt, muß man entschlossen springen, um den Zipfel ihres Gewandes zu erfassen. Tut man es nicht, entschwindet sie für immer!"

[23] Zum Thema z.B. Wiedemann 1964, 194–195. Hitler / Speer / Boelcke 1969, 280, 383, 438; Speer (Sklavenstaat) 1981, 142, 200; Kershaw II, 410; Klee 2003, 273.

[24] Schramm VIII, 40; zum Thema auch Wagener 1978, 75, 252.

[25] Speer (Sklavenstaat) 1981, 164, 237; vgl. ebd., S. 429 (zu Himmler).

[26] Zu Hitlers Misstrauen s. z.B. Warlimont 1962, 193; Hitler/Bormann 1981, 75, 89, 123; Speer (Sklavenstaat) 1981, 60, 102–103, 137–138.

[27] Beispiele: Schramm IV, 879; Guderian 1951, 317; Speer (Tagebücher) 1975, 156, 174; Hitler/Heim/Jochmann 1980, 162; Hitler/Heiber 1962 (passim). Weitere Beispiele bei Kershaw II, 159, 750.

[28] Kershaw I, 27.

[29] Goebbels/Fröhlich I, 2/II, S. 116 (= 5.10.1931); s. auch Goebbels (Kaiserhof) 1941, 38 (zum 3.2.1932: „Baupläne für ein neues Parteihaus sowohl als auch für einen grandiosen Umbau der Reichshauptstadt"). – Hitler / Heim / Jochmann 1980, 101–102 (= 21. / 22.10.1941). – Joachimsthaler 2004, 124–125 (März 1945, mit Abb.).

[30] Wiedemann 1964, 87–88; Speer/Schlie 2003, 29; zur Sache auch Rosenberg 1955, 337; Frank 1955, 411; Speer (Tagebücher) 1975, 145, 156; Speer (Erinnerungen) 1982, 171, 175, 195, 224; Himmler (im Mai 1940, in seiner „Denkschrift über die Behandlung der

Fremdvölkischen im Osten"), bei Krausnick 1957, 198: Die helotische Ostbevölkerung hat an den „ewigen Kulturtaten und Bauwerken" des deutschen Volkes mitzuarbeiten.

[31] Kershaw II, 253.

Sechstes Kapitel

[1] Hitler/Jäckel/Kuhn 1980, 581 (= 22.2.1922); Hitler, Reden etc. I, 328 (= 28.2.1926); I-II, 1, S. 285 (= 30.11.1928), 287; ebd., S. 286: „Vor 9 Jahren haben wir mit 7 Mann begonnen".

[2] Hitler, Reden etc. III, 3, S. 85 (= 1.2.1930; vgl. ebd., V, 1, S. 23 = 4.4.1932: „Klein, verachtet und verspottet haben wir begonnen"); V, 1, S. 134–135 (= 25.5.1932; vgl. ebd., V, 1, S. 139 = 27.5.1932: „verlacht, verhöhnt, verspottet"); V, 1, S. 166 (= 12.6.1932); ähnlich ebd., S. 174, wieder in Verbindung mit der 7-Mann-Legende (= 14.6.1932).

[3] Hitler, Reden etc. V, 1, S. 219 (= 15.7.1932); vgl. ebd., V, 2, S. 355 (= 12.1.1933): „Ich habe gekämpft gegen Hohn und Spott [...]", und ebd., S. 354, betont er, seine „Prophezeiungen" seien bisher alle eingetroffen. – Hitler, Reden etc. V, 2, S. 383 (= 20.1.1933).

[4] Wagner 2001, 110–111 (zum 14.6.1934, mit Abb.); Wiedemann 1964, 142–143 (zum Mai 1938); Kershaw II, 150, 288. – Ein letztes Beispiel: Der großmächtige „Führer" sitzt allein und verloren, wie ein Häufchen Elend, auf dem Deck eines Rheinbootes (unzensiertes Momentfoto um 1933/1936; Abb. in: Bothien 2003).

[5] Hitler/Kotze/Krausnick 1966, 107 (= 24.2.1937); Hitler/Bouhler I, 171 (= 24.2.1940); II, 237 (= 19.7.1940); II, 286 (= 25.10.1940); vgl. ebd. II, 313, 315 (= 8.11.1940): beschimpft, bespuckt, verlacht, verspottet und verfolgt.

[6] Hitler / Bouhler II, 325 (= 14.11.1940): „bespuckt"; II, 353 (= 10.12.1940): „ausgelacht"; hier auch wieder die gedankliche Junktur mit dem einst „unbekannten, namenlosen Menschen" Hitler; II, 401 (= 30.1.1941); II, 420 (= 24.2.1941). – Maser (Hitlers Briefe und Notizen) 2002, 363 (= 29.4.1945).

[7] Hitler / Bouhler II, 406 (= 30.1.1941); vgl. ebd. III, 184 (= 30.1.1942): „Lachen oder spotten".

[8] Goebbels (Signale) 1934, 86–87, 101, 108, 177; ders. (Kampf) 1935, 32, 44, 48–49, 60, 270; ders. (Kaiserhof) 1941, 279.

[9] Zur Sache z.B. Frank 1955, 41, 198; Rosenberg 1955, 332; Wiedemann 1964, 83; Speer (Erinnerungen) 1982, 314; Hanfstaengl 1970, 68, 174, 272–275; Hoffmann 1974, 196–198; Schroeder 1985, 184–185.

[10] Das Flugblatt samt Bild ist als Faksimile abgedruckt bei Wantzen 2000, 771; die Rede bei Hitler / Bouhler II, 423 (= 24.2.1941); vgl. Domarus II, 475 (= 29.10.1937): „Ich fühle mich jetzt frisch wie ein Füllen auf der Weide".

[11] Goebbels/Fröhlich II, 1, S. 265–266, 269 (= 19.8.1941); Domarus IV, 1937 (Hitler am 8.11.1942); Goebbels am 21.1.1945 in der Wochenzeitung „Das Reich" (dazu Klemperer, in: LTI 1995, 190–191). Ähnliches zuerst in: Hitler, Reden etc. III, 2, S. 331 (= 2.8.1929). – Zu Hitlers Genozidauftrag im Dezember 1941 s. Schreckenberg 2005, 41–61. – Hitlers Furcht vor Blamagen und Lächerlichkeit (samt den sie möglicherweise auslösenden Situationen) ist im Übrigen bekannt. S. z.B. Burleigh 2000, 15 (Hitler als mögliche „Witzfigur"); Neumayr 2001, 97–98, 100, 125, 366–367; Kershaw II, 68–69, 72, 327, 362, 672; Fest 2003, 212: „[...] quälendes Außenseiterbewußtsein [...] Furcht vor gesellschaftlicher Geringschätzung [...] eine tiefsitzende Unsicherheit".

Siebtes Kapitel

[1] Auszugsweiser Abdruck beider Texte bei Kühnl 2000, 279–280; vgl. Wagner 2001, 120.

[2] Das sog. Hoßbach-Protokoll ist abgedruckt in: Der Prozeß etc., Bd. XXV, Dok. 386–PS, S. 402–413; Teilabdruck bei Kühnl 2000, 280–283; vgl. Brechtken 2004, 137–139.

[3] Krebsfurcht als Motiv bei Kershaw II, 75; das Referat der Ansprache vom 29.10.1937 bei Domarus II, 745.

[4] Müller 1943, 27: Lebenserwartung 60–62 Jahre. – Hitler, „Mein Kampf", S. 604.

[5] Frank 1955, 322, 335; vgl. ebd., S. 358 („Präventivkrieg"), 364, 372, 404 (= 20.6.1941: „Präventivkrieg"); zur Sache auch Guderian 1951, 397: „die merkwürdige Ahnung eines frühen Todes [...], ich weiß, daß ich nicht alt werde. Ich habe nicht viel Zeit zu verlieren"; Haffner 1997, 27–28, 125; Kershaw II, 297, 300, 320.

[6] Domarus III, 1234–1235 (= 22.8.1939), 1424 (= 23.11.1939); s. auch Halder I, 86 (= 27.9.1939); Below 1980, 210.

[7] Goebbels/Fröhlich II, 4, S. 354 (= 24.5.1942). – Hitler/Bormann 1981, 110 (vgl. ebd., S. 79). – Der seinerzeitige Reichspressechef Otto Dietrich, der Hitlers Eigenarten gut kannte, sprach treffend von der „politischen Neurasthenie" (Ruhelosigkeit) des „Führers"; vgl. auch Haffner 2001, 21.

[8] Hitler/Bormann 1981, 110; vgl. Domarus IV, 2077 (= 4.1.1944): „Zeitgewinn". – S. zur Sache auch Frank 1955, 355 („Terminangst"); Kershaw I, 92, 133, 253, 382, 387–388, 436; Speer/Schlie 2003, 30–31: „Die zwanghafte Vorstellung, nicht alt zu werden, trieb Hitler zu einem rastlosen Tempo an. Die Nürnberger Bauten [...] aber auch die Berliner Bauten, waren auf das Jahr 1950 terminiert. Hitler hätte dann in seinem 61. Jahr gestanden. Unter allen Umständen wollte der Diktator die Fertigstellung noch zu seinen Lebzeiten sehen [...]. Das sage ich Ihnen, Speer, diese Bauten sind das Wichtigste! Sie müssen alles dransetzen, sie noch zu meinen Lebzeiten fertigzustellen."

Achtes Kapitel

[1] Hitler/Kotze/Krausnick 1966, 184; Wiedemann 1964, 29 (zu Hitler 1914–1918); Goebbels (Kampf) 1935, 212 (zum Jahr 1927); vgl. ebd., S. 191 („die Massen dachten einfach und primitiv"), 200 („Wir dachten primitiv, weil das Volk primitiv denkt").

[2] Neumayr 2001, 101; s. auch Tyrell 1975, 54–56, 220–221; Paul 1992, 37.

[3] Schaller 1935, 99; Reinecker 1938, 3.

[4] Hitler, Reden etc. V, 1, S. XI. – Vgl. Dietrich 1955, 156: „Mindestens achtzig Prozent seiner Reden sind von Hitler frei und ohne Manuskript gehalten worden."

[5] S. z.B. Hitler/Jäckel/Kuhn 1980, 287–294.

[6] Domarus IV, 2082 (= 30.1.1944).

[7] Maser 2002, 359.

[8] Zum Thema z.B. Kluge 1975, 369; Lipp 2003; W.J. Mommsen, bei Hirschfeld 2004, 29; Salewski 2004, 313. – Vgl. Hitler, Reden etc. V, 1, S. 26 (Kommentar); IV, 3, S. 19 (Kommentar).

[9] Hitler/Jäckel/Kuhn 1980, 692; vgl. Hitler, Reden etc., III, 2, S. 37, 436; III, 3, S. 404, 441; IV, 1, S. 3; IV, 3, S. 19; V, 1, S. 26; V, 2, S. 307; Der Hitler-Prozeß 1924, Teil 1, S. 35.

[10] Zur Sache z.B. Hecht 2003.

[11] Hitler, Reden etc. IV, 2, S. 193, Kommentar (zum 13.11.1931); IV, 3, S. 53, Kommentar (zum 23.1.1932); ebd., S. 103, Kommentar (zum 26.1.1932); ebd., S. 183, Kommentar (zum 5.3.1932); ebd., V, 1, S. 35, Kommentar (zum 6.4.1932); ebd., S. 40, Kommentar (zum 8.4.1932); ebd., S. 69, Kommentar (zum 18.4.1932).

[12] Goebbels/Fröhlich I, 1/III, S. 298 (= 5.8.1929); Magda Goebbels zitiert bei Kershaw II, 283. S. dazu schon oben im 3. Kapitel.

[13] Die Zitate bei Hanfstaengl 1970, 173; Schmidt 1949, 308; Rosenberg 1955, 317. – Goebbels/Fröhlich I, 1/II, S. 200 (= 5.10.1927). Vgl. auch Dietrich 1955, 159.

[14] Schmidt 1949, 410, 451, 476, 499, 509, 537 (mit S. 546, 551, 563), 547, 569. – Das eidetische Gedächtnis Hitlers hat schon seine Umgebung bemerkt, s. Frank 1955, 234; Wiedemann 1964, 79; Schroeder 1985, 77 (Lesefrüchte als eigene Erkenntnis ausgegeben!). Zur Sache auch Neumayr 2001, 98, 391 und 401 (Hitler: „Und ich kann mit einem einzigen Blick die ganze Seite eines Buches lesen"); Dietrich 1955, 159 („Hitler-Gespräche waren Monologe"); Below 1980, 215 (eine Unterhaltung = „Lautes Denken"); Speer (Tagebücher) 1975, 34 (monologisierend redet sich Hitler in eine „autosuggestive Euphorie" hinein).

[15] Für „Mein Kampf" s. etwa Frank 1955, 39.

[16] So geschehen in der Rede auf einer NSDAP-Versammlung in München am 4.5.1923 (Hitler/Jäckel/Kuhn 1980, 92).

Neuntes Kapitel

[1] „Deutschvölkische Bewegung" zuerst in einem Aufsatz Hitlers im „Völkischen Beobachter" vom 1.1.1921; hier auch das „germanische Reich deutscher Nation". – Der „Brief an Gemlich" – inhaltlich wohl einigermaßen konform mit den Auffassungen der Münchener Reichswehr – in: Hitler/Jäckel/Kuhn 1980, 88–90.

[2] Die Lektion für Hitlerjugendführer in: Der HJ-Führer. Führerdienst des Gebietes Niedersachsen, Folge 1, Jan. 1945, S. 6. – Hitler, „Mein Kampf", S. 395–400; Goebbels (Kampf) 1935, 46, 215.

[3] Hitler/Bouhler II, 340 (= Rede vom 10.12.1940); „nationaler Volkskörper" ist schon eine Formulierung Hitlers im „Völkischen Beobachter" vom 5.6.1921 (Hitler / Jäckel / Kuhn 1980, 432). – Zum Thema „Volkskörper" s. Wolfgang Keim, in: Lehmann/Oexle II, 245–248.

[4] Hitler, Reden etc. II A, S. 9 (= Sommer 1928); III, 2, S. 487 (= 29.11.1929); vgl. dazu Neumayr 2001, 100–101, der zutreffend auf die „alldeutsche" Provenienz solcher Gedanken weist, die, so ist zu sehen, in der Münchener völkischen Szene verbreitet waren.

[5] Hitler, Reden etc. II A, S. 23, mit Anm. (= Sommer 1928). – Günther 1927, 21; ders. 1934, 190–214 („Die seelischen Eigenschaften der nordischen Rasse"). – Stellrecht 1938, 41 („Blut" hier, wie oft, synonym mit „Rasse").

[6] Bartelmäs/Noethlichs 1934, 32.

[7] Seipp 1935, 137, 142, 149, 150. – Zur Frühgeschichte der Eugenik im Vorfeld der NS-Ideologie s. Schreckenberg 2003, 523–524.

[8] Stellrecht (Erziehung) 1943, 23; ebd., S. 23, als Kontrastfigur: „der nordische, germanische Mensch", „in tiefster Seele tapfer, treu und mit der ewigen Sehnsucht in die Höhe und in die Ferne". – Die „Ausmerzung aller Arbeitsunfähigen" in: Die Deutsche Höhere Schule 4 (1937), 18; vgl. die einschlägige NS-Gesetzgebung bei Münch 1994, 113–118.

[9] Hitler, Reden etc. III, 1, S. 306 (= 3.12.1928).

[10] Hitler, Reden etc. V, 2, S. 328 (= 4.1.1933). Ein Echo von Le Bon (die „Masse" als „Weib")?

[11] Münch 1994, 79.

[12] Goebbels (Kaiserhof) 1941, 294–295 (= 6.4.1933); ebd., S. 140 (= 2.8.1932).

[13] Das Zitat bei Goebbels (Kaiserhof) 1941, 140 (= 2.8.1932).

14 Zur Sache s. Schreckenberg 2001, 195–196: „Führer – Gefolgschaft – Verhältnis", „unbedingter Gehorsam" usw.

15 Goebbels/Fröhlich I, 7, S. 164 (= 19.10.1939), 329 (= 1.3.1940). – Die Deutsche Höhere Schule 6 (1939), S. IX–X. – Einschlägige Aussagen Hitlers z.B. in: Reden etc. IV, 1, S. 386–387 (= 12.5. u. 14.5.1939). Hitler/Bouhler II, 275 (= 4.9.1940). Zum Thema „Volksgemeinschaft s. auch Luther 2004.

16 Führerblätter der Hitler-Jugend, Februar 1936, S. 2. – Kaufmann (Langemarck) 1938, unpaginiertes Bl. nach S. 155.

17 Hitler, Reden etc. IV, 1, S. 405 (= 7.6.1931: „Du bist nichts, dein Volk ist alles); vgl. Wehner 1939, 15 (Der einzelne Mensch „ist nichts, wenn er nicht dienendes Glied ist in der Gemeinschaft der lebenden Volksgenossen") und Ziegler 1940, 9 („Du hast Dein Leben also gar nicht zu Deiner freien Verfügung, Du hast Dein Einzelleben gar nicht für Dich"). – Dienstvorschrift KLV 1945, S. 29; Mädel im Dienst 1940, 9 („Unser Körper gehört" etc.). – Goebbels (Signale) 1934, 207 („Ein Volk, ein Reich, ein Wille", dies im Sinne einer „geistigen Gleichschaltung des Volkes mit dem Wollen der Regierung", ebd., S. 181), 236 („veredelte Art von Demokratie").

18 So in: Reden etc. II A, S. 19 (= Sommer 1928).

19 Hitler, Reden etc. III, 1, S. 169 (= 18.10.1928); vgl. auch zum Thema ebd., III, 2, S. 47 (= 15.3.1929); III, 3, S. 233 (= 19.6.1930); IV, 1, S. 113 (= 16.11.1930), 134 (= 28.11.1930): „Leben und Sterben der Völker"; Hitler/Kotze/Krausnick 1966, 307 (= 15.2.1944).

20 Hitler, Reden etc. II, S. 94, 136 („daß der Vater aller Dinge der Kampf ist"), 221, 384, 406 („der Kampf ist der Vater aller Dinge"); III, 1, S. 84–85 („der Kampf der Vater aller Dinge"); Goebbels/Fröhlich I, 1/III, S. 57 (= 23.7.1929: *Polemos panton pater*); Schaller 1935, 11: „[...] steten Kampf ums Dasein [...] Die Härte dieses Kampfes sorgte für Auslese des Gesunden und Starken, für Vernichtung alles Schwachen und Kranken [...] Diese Auslese erhielt die Rasse stark und gesund und war die Ursache zu einer immerwährenden Höherzüchtung".

21 Dienstvorschrift KLV, 1945, S. 1.

22 Zum Thema s. Krumeich/Lehmann 2000.

Zehntes Kapitel

1 Hitler / Jäckel / Kuhn 1980, 123 (= 17.4.1920: „Internationales Großkapital"), 124 (= 18.4.1920: „Jüdische Geldinternationale"), 129–130 (= 2.5.1920: „fremdländische Elemente", „internationale Zeitungstrusts"), 140 (= 2.6.1920: „Bolschewismus"), 148 (= 17.6.1920: „internationales Großkapital"), 163 (= Juni 1920: „Bolschewismus" von Juden gesteuert), 163 (= 21.7.1920: „Marxismus"), 220 (= 31.8.1920: „Karl Marx ist Begründer der roten Internationale", „internationale Judenclique", „internationales Ju-

dentum"), 233 (= 22.9.1920: „internationales Börsen- und Leihkapital", meist in den Händen von Juden) usw.

2   Dergleichen und mehr allenthalben im Abdruck der Arbeiten Feders seit 1919, in: Feder 1935, z.b. S. 11, 15, 21, 22, 38–39, 41–42, 51–55, 73–74 (Disraeli, Die „Rassenfrage" „ist der Schlüssel zur Weltgeschichte"), 96–100, 101 (Rathenau: „300 Börsenleute beherrschen die Welt"), 106–107 („Hochfinanz ... überstaatliche Geldmacht ... überstaatliche Finanzgewalt"), 108 („bolschewistisches Chaos ... Beseitigung des arbeitslosen Einkommens ... Volksgemeinschaft ... Zins aber ist Diebstahl") usw. – Hitler bedient sich allenthalben daraus und übernimmt u.a. die Methode, Aussagen jüdischer Provenienz, auch verdrehte und gefälschte, antijüdisch zu benutzen. Die große Bedeutung Feders für die Formulierung der NSDAP-Leitvorstellungen geht wohl auch daraus hervor, dass Goebbels ihn, wenn auch etwas widerstrebend, den „ersten Programmatiker der Bewegung" nennt, in: Goebbels/Fröhlich I, 1/II, S. 48 (= 25.1.1926). Etwa gleichzeitig mit den frühen Arbeiten Feders hatte im Übrigen auch Drexler seine Programmschrift („Mein politisches Erwachen") verfasst. In diesen ersten Monaten des Jahres 1919 war Hitler ein unbedarfter Soldat, der noch nicht über das politische Wissen verfügte, das ihm Feder, Drexler und die Texte (Lindenau!), Kurse und Vorträge in der Reichswehr erst im Laufe des Jahres 1919 vermittelten.

3   Hitler/Jäckel/Kuhn 1980, 679–680 (= 16.8.1922: „östlicher, jüdischer Bolschewismus"); Reden etc. V, 2, S. 75 (= 17.10.1932: „jüdisch-internationaler Bolschewismus"); Hitler/Bouhler III, 106 (= 8.11.1941: „ein Regime von Kommissaren, zu 90 Prozent jüdischer Herkunft, die diesen ganzen Sklavenstaat dirigieren").

4   Z.B. Hitler/Hillgruber II, 45, 96; vgl. Der Hitler-Prozeß 1924, Teil 4, S. 1556 (= 26.3.1924); Hitler, Reden etc. II, 1, S. 137 (= 10.10.1928); Ur-Katastrophe 2004, 22 (Manifest).

5   Etwa in: Der Hitler-Prozeß 1924, Teil 4, S. 1294, 1458, 1556; Hitler, Reden etc. I, S. 11, 391, 451; IV, 1, S. 339; IV, 3, S. 248 („rotes Untermenschentum").

6   Goebbels/Fröhlich I, 3/II, S. 241 (= 6.11.1936); vgl. ebd., S. 137: Hitler wird die „Juden- und Bolschewistengefahr" in Deutschland „niederhalten" (= 22.7.1936). – Hitler, Reden etc. IV, 2, S. 68 (= 8.8.1931); vgl. ebd., IV, 3, S. 144: „Vernichten" konkurrierender (durch Hindenburg noch geschützter) politischer Gegner ist beabsichtigt!

7   Der Dienst. Ausgabe für die Einheiten des Allgemeinen BDM in der HJ, Folge 2, Januar bis März 1941, S. 17.

8   Z.B. Bosch III, 87 (= 19.7.1942); Goebbels/Fröhlich I, 7, S. 147 (= Okt. 1939); II, 4, S. 221 (= 2.5.1942); II, 7, S. 291 (= 8.2.1943).

9   Kühnl 2000, 321 („arbeite unverdrossen", mit Bild: Die krallenbewehrte russische Bestie fällt über Europa her); Goebbels/Fröhlich II, 13, S. 379 (= 1.9.1944).

10   Goebbels (Kampf) 1935, 176.

[11] Das Zitat „Überhaupt-haben" aus Joachimsthaler 2000, 268. – Hitler/Jäckel/Kuhn 1980, 123 (= 17.4.1920: „stürmischer Beifall"), 125 (= 20.4.1920: „stürmischer Beifall"), 127 (= 27.4.1920: „lebhafter Beifall"), 128, 132–133, 135 und oft. – Aly 2005, 35.

[12] Solche Töne z.B. bei Goebbels / Fröhlich I, 9, S. 34 (= 4.12.1940); II, 1, S. 218 (= 12.8.1941); eher selten erscheint ein deutlicheres „Vernichten", ebd. I, 7, S. 157 (= 17.10.1030).

[13] Joachimsthaler 2000, 260. – Joachimsthaler hätte hier vor allem auch noch Gottfried Feder nennen können, der seit Februar 1919 einschlägig publizierte und Hitler stark und nachhaltig beeinflusst hat. Noch in dessen spätesten Reden lassen sich die Begriffe und Gedankengänge Feders erkennen.

[14] Hitler/Jäckel/Kuhn 1980, 88 (= 25.8.1919).

[15] Barth 2003, 392.

[16] Hitler/Jäckel/Kuhn 1980, 88–90 (= 16.9.1919); dazu s. z.B. Kershaw I, 81, 169, 199.

[17] Der „Brief an Hierl" bei Hitler/Jäckel/Kuhn 1980, 155–156 (= 3.7.1920); vgl. Feder 1935, 51–78 (= Text von 1919).

[18] Hitler/Jäckel/Kuhn 1980, 184–204 (= 13.8.1920).

[19] Hitler/Bouhler II, 430 (= 16.3.1941).

[20] So wird heute – wegen der Rätselhaftigkeit der Sache – gewöhnlich angenommen, z.B. Kotze/Krausnick, in: Hitler/Kotze/Krausnick 1966, 29; Kershaw I, 97, 101, 197; s. auch Joachim Fest, in: F.A.Z. vom 7.10.1995: „obsessiver Judenhaß".

[21] Die Rede vom 24.2.1928, in: Hitler, Reden etc. II, 2, S. 674; vgl. Kershaw I, 672–673. – Das Zitat vom 6.6.1940, in: Goebbels/Fröhlich I, 8, S. 159 (s. dazu auch Kershaw II, 435).

[22] Dazu Schreckenberg 2005, 41–61.

[23] Joachimsthaler 2000, 255.

[24] Barth 2003, 391–392.

[25] „Die Juden" oder „der Jude" als Teufel z.B. in: Hitler / Jäckel / Kuhn 1980, 128 (= 7.4.1920); „Mein Kampf", S. 355; Hitler/Bouhler II, 299–300 (= 8.11.1940); III, 136 (= 11.12.1941: „Der Jude in seiner ganzen satanischen Niedertracht"); vgl. Eckart 1937, 137, 205. Zur Sache z.B. auch Eitner 1994, 109; Paul 1992, 197. Zur christlich-antijüdischen Vorgeschichte Schreckenberg 1996, 255. – Der „Ewige Jude" etwa in Hitlers „Mein Kampf", S. 475; ders., Reden etc. I, 145 (= 15.8.1925), 153 (= 17.9.1925), 456 (= 22.5.1926); Hitler/Bouhler III, 143 (= 11.12.1941), 159 (= 31.12.1941), 173–174 und 178 (= 30.1.1942); Hitler/Bormann 1981, 118 (= 26.2.1945); Rosenberg bei Eckart 1937, 29–31, 129; Ziegler 1940, 32. – Zur seinerzeitigen öffentlichen Reaktion auf den NS-Film „Ewiger Jude" eine interessante Beobachtung bei Klemperer I, 564. – Viele Bildbeispiele der christlichen Ahasver-Legende bei Schreckenberg 1996, 303–308.

[26] Hitler/Jäckel/Kuhn 1980, 605 (= 10.4.1922); Goebbels (Kampf) 1935, 138; Goebbels/Fröhlich I, 1/III, S. 277 (= 29.6.1929). Zur Sache auch Barth 2003, z.B. S. 44–45.

[27] Goebbels (Kampf) 1935, 176, zur Möglichkeit, „berühmt zu werden".

[28] Hitler/Bormann 1981, 110 (= 25.2.1945). – Zum Verhältnis des NS zum Christentum ein zusammenfassender Überblick bei Brechtken 2004, 72–75.

[29] Führerblätter der Hitler-Jugend vom Dezember 1935, S. 7–17; Stark 1931, 88.

[30] „Mein Kampf", S. 654; vgl. das lange gültige, exegetisch mit dem Lukasevangelium (24, 23: „nötige, zu kommen") begründete Prinzip der Zwangsmission zum Christentum (Schreckenberg 1996, 19, 230, 243).

[31] Hitler, Reden etc. III, 3, S. 85 (= 14.2.1930): „Jede von einem Parteigenossen oder von einer Untergliederung der Partei herausgegebene Druckschrift, die sich mit grundsätzlichen Fragen der NSDAP befaßt, *muß* vor Drucklegung der Reichsleitung zur Einsichtnahme und Genehmigung zugeleitet werden." – Zur gemeinsamen katholischen und nationalsozialistischen Gegnerschaft gegen „liberalistisches Ichdenken" s. z.B. die Hitlerjugendzeitschrift „Wille und Macht" 7 (1939), 46.

[32] Zum Thema „Freimaurer" z.B. Hitler/Jäckel/Kuhn 1980, 885–888 (= 13.4.1923). – Zum Abweichlertum s. etwa Hitler, Reden etc. V, 2, S. 253 (= 10.12.1932).

[33] Hitler/Jäckel/Kuhn 1980, 731 (= 18.11.1922).

[34] Hitler, „Mein Kampf", S. 275; Stellrecht 1943, 123; Seipp/Scheibe 1939, 264; Hermannsen/Blome 1941, 5; Geis 1929, 104.

[35] Zum Russlandfeldzug als „Kreuzzug" z.B. Schramm II, 409 (= 24.6.1941); Hitler/Hillgruber II, 64 (= 28.2.1942); s. auch Kershaw II, 574, und Neumayr 2001, 265–266 (mit Hinweis auf die befremdende „Lobpreisung Hitlers durch Papst Pius XII., der von einer ‚hochherzigen Tapferkeit Deutschlands bei der Verteidigung der Grundlagen christlicher Kultur' sprach").

[36] Zur Sache Baird 1990 (z.B. S. 41–72 zu den Toten des 9.11.1923); Schreckenberg 2003, 178; Lilje 1941 (darin u.a. zur „Bewährung im Kampf, bis hin zur Feier des Todes auf dem Schlachtfeld als ‚Opfertod'"; vgl. Martin Greschat bei Thoss/Volkmann 2002, 517).

[37] S. z.B. Schreckenberg 2001, 164–173, 181–186; ders. 2003, 174–185; Kershaw I, 617–618; Seidel 2003 (u.a. zum deutschchristlichen Bischof Sasse).

[38] Pieper 1934, 6, 14, 17, 32 etc. – Leute wie Pieper bewirkten viel für die Akzeptanz des NS-Regimes in der katholischen Bevölkerung.

[39] Für die freundliche Übersetzung des gesamten Aufsatzes danke ich Frau Dörthe Wilken und Frau Andrea Christenhuis vom Romanischen Seminar der Universität Münster. – Zur NS-Sicht der Dinge s. Rosenberg 1934, 252–255.

[40] Sasse 1938, 2.

[41] Kershaw II, 20, 785. Zum Schweigen der deutschen Bischöfe in den Jahren 1933–1934 s. Unterburger 2002; zur Sache zuletzt Wolf 2005, 1–42.

[42] Goebbels/Fröhlich II, 4, S. 360 (= 24.5.1942); I, 5, S. 248–249 (= 7.4.1938; vgl. ebd., zum 6.4.1938: „Diese Pest muß einmal ausgerottet werden"). – Konrad Repgens Feststellung in: F.A.Z. vom 4.3.2003.

[43] Goebbels/Fröhlich II, 3, S. 122 (= 16.1.1942); Führerblätter der Hitler-Jugend, August 1936, S. 32, 33.

[44] Kissel / Witt 1974, 9. – Hitler, Reden etc. I, 323 (= 28.2.1926); vgl. ebd. I, 423 (= 9.5.1926): „politischer Glaube".

[45] Goebbels/Fröhlich I, 4, S. 166–167 (= 10.6.1937); ebd., S. 135 (= 10.5.1937).

[46] Hitler/Bouhler II, 233 (= 19.7.1940). – Domarus II, 893 (= 6.9.1938). – Hitler/Bormann 1981, 124 (= 2.4.1945).

[47] Goebbels / Fröhlich I, 1 / III, S. 103 (= 16.10.1928); Goebbels (Signale) 1934, 101; Goebbels/Fröhlich I, 4, S. 91 (= 13.4.1937).

[48] Schirach 1936, 17; Kerutt 1939, 98. – Hitler, Reden etc. I, 182 (= 5.11.1932).

[49] Zum Thema „Vorsehung" s. Rüthers 2004, 25–26: „Wo und von wem auch immer die eigene Politik als unmittelbarer Vollzug eines göttlichen Willens definiert wird, da scheint das große Blutvergießen unabwendbares Schicksal zu sein. Das gilt für die Kreuzzüge des hohen Mittelalters, das gilt für die Glaubenskriege nach der Reformation [...] es gilt übrigens ebenso für die Weltanschauungskriege des 20. Jahrhunderts, bei denen totalitäre Ideologien die Funktionen der Religion übernommen haben". – Zur Frage, ob und wie der Nationalsozialismus eine „politische Religion" sein wollte, s. z.B. Paul 1992, 250–252; Hermand 1995, 280 (bes. zum Bild, das sich die NSDAP von Hitler machte); Burleigh 2000, 28 (Hitlers Furcht, durch eine „ausgewachsene Religion" entbehrlich zu werden), 296–297; Dierker 2002, 342–344 (bes. zu Voegelins „politischen Religionen" und den Wirkungen dieser Vorstellungen); Kershaw I, 330; II, 23, 26 (zum Thema „nationale Erlösung"), 248, 399, 908–909 („Eintauchen in puren Messianismus ... Wagnersche Erlösungsgestalt ... Hitler sah sich als neuer Parsifal"); Speer/ Schlie 2003, 203–205 (zur „Heiligsprechung" Hitlers).

[50] Jesus als Arier z.B. bei Hitler / Jäckel / Kuhn 1980, 367 (= 21.4.1921: „Ich kann mir Christus nicht anders vorstellen als blond und mit blauen Augen"), 635 (= 26.4.1922), 727 (= vor 11.11.1922). Hitler, Reden etc. I, S. 237 (= 12.12.1925): „Christus war arischen Blutes"); Hitler/Heim/Jochmann 1980, 150 (= 3.12.1941: „Christus war Arier"), 412 (= 30.11.1944: „Jesus war sicher kein Jude"). Zur Sache auch Head 2004 und Hesemann 2004, 66–70.

[51] Einschlägiges z.B. bei Hitler / Jäckel / Kuhn 1980, 623–624 (= 12.4.1922), 666 (= 28.7.1922), 720 (= 2.11.1922), 769–770 (= 17.12.1922), 779 (= 3.11.1923), 909 (= 20.4.1923); Hitler, Reden etc. II, 1, S. 105–106 (= 18.12.1926); III, 1, S. 349–351 (= 11.12.1928); III, 2, S. 285 (= 6.7.1929: „... dasselbe Judentum, das einst Christus selbst ans Kreuz geschlagen hat"). Hitler / Heim / Jochmann 1980, 412 (= 30.11.1944:

„Jesus kämpfte ... gegen die Juden"). – Zur Sache s. z.B. Tyrell 1975, 215; Eitner 1994, 160; Barth 2003, 356. – Die arische Herkunft des Jesus von Nazareth hatte übrigens bereits der Orientalist Friedrich Delitzsch (1850–1922) vertreten (zu ihm s. Arnold 2002); nach ihm u.a. auch die Deutschen Christen.

[52]   Hitler/Jäckel/Kuhn 1980, 286 (= 3.1.1921), 367 (= Rosenheimer Rede vom 21.4.1921; Bericht darüber im „Völkischen Beobachter" vom 28.4.1921); Hitler, Reden etc. II, 1, S. 106 (= Rede vom 19.12.1926, Bericht darüber im „Völkischen Beobachter" vom 29.12.1926); III, 3, S. 350 (= 11.12.1928, Bericht darüber im „Völkischen Beobachter" vom 13.12.1928); IV, 1, S. 148–149 (= 5.12.1930, Bericht im „Völkischen Beobachter" vom 7./8.12.1930; die zitierte Passage erhielt „brausenden Beifall").

[53]   Diesen quasi-messianischen, schauspielerisch inszenierten Größenwahn Hitlers hat seinerzeit bereits seine nähere Umgebung registriert; s. etwa Frank 1955, 40, und Hanfstaengl 1970, 109. – Bei Kaffanke (2001) ist ausgeleuchtet, wie in Deutschland das Bild des heldischen Christus entstand und wie es bis in die NS-Zeit hinein wirkte. Zum aktuellen Echo dieser Tradition bei deutschen Soldaten des Zweiten Weltkrieges s. Kempowski 2004, 47 (zum 22.6.1941): „Christus ist am Kreuze gestorben, die Sünden der Menschheit auf sich ladend. Der Führer aber geht unablässig seinen Kreuzweg, beladen mit den Schmerzen, den Unklarheiten eines großen Volkes und der gewaltigen Verantwortung für einen Weltteil, ja für die gesamte Kultur der Welt". Vgl. Kershaw I, 328, 399; II, 107. Es erscheint indes kaum möglich, Hitlers Erlösungsmessianismus wirklich ernst zu nehmen, wie es anscheinend Kershaw und andere, wenigstens ansatzweise, versuchen.

[54]   Schirach 1929, 21 (und May 1935, 37; ferner in: Die Deutsche Höhere Schule 2, 1935, 246). – Hitler/Kublank 1934, 29 (vgl. Domarus I, 298 = 2.9.1933). – Domarus II, 641 (= 11.9.1936; vgl. Cancik 1980, 24). – Domarus II, 643 (= 13.9.1936). – Zur Sache auch Kotze / Krausnick, in: Hitler / Kotze / Krausnick 1966, 63, und Frank 1955, 312 („Hochzeitstag"). – Der Aspekt der Verschmelzung zu einem *Corpus mysticum* erscheint vielleicht auch in: Hitler, Reden etc. V, 2, S. 381 (= 20.1.1933): „Parteigenosse, Volksgenosse [...] mußt Du Deinen Willen verschmelzen mit einem Willen von Millionen anderen [...] Dich einem Führer anvertrauen".

Elftes Kapitel

[1]   S. Joachimsthaler 2000, 299–230, 237–241, 251–252, 259 zu den Reichswehrkursen und zur DAP. – Hitler als „alter Propagandist" bei Goebbels / Fröhlich II, 7, S. 610 (= 21.3.1943).

[2]   Dazu Schreckenberg 2005, 41–61.

[3]   Goebbels (Kampf) 1955, 176.

[4]   So zuerst Albert Speer (im Sommer 1945), in: Speer/Schlie 2003, 530–531. Doch immerhin deutet Speer (ebd.) alternativ des „Führers" Antisemitismus auch als „taktisches Mittel zur Aufpeitschung von Masseninstinkten". – Zu Hitlers Positionen in den Jahren

1915–1922 s. Hitler / Jäckel / Kuhn 1980, 69 (= 5.2.1915), 204 (= 13.8.1920), 674 (= 7.8.1922).

[5] Haffner 1996, 22–23; vgl. auch Kershaw I, 177: „Als Propagandist und nicht als Ideologe [...] gewann Hitler in den frühen Jahren an Profil. Was er in den Münchner Bierkellern zu Markte trug, war nicht neu oder originell. Die Gedanken gehörten zum Grundstock der verschiedenen völkischen Gruppen und Sekten und waren schon von den Alldeutschen vor dem Krieg verbreitet worden [...] Seine Karriere beruhte auf Darstellung." – Schon aus Görings Sicht war Hitler „verschlagen", „wendig in seiner Taktik" und „wechselte auch häufiger seine Auffassung und erst recht seine Methoden" (Göring bei Bross 1950, 110, 185).

[6] So z.B. Kershaw I, 720.

[7] Buddrus 2003, 69, spricht zutreffend von der „antijüdisch-rassistischen Komponente" der NS-Ideologie. Andere, wie Leitz (2004) betonen als zentralen Punkt von Hitlers Ideologie die Eroberung von „Lebensraum", dem auch die „Endlösung der Judenfrage" nicht übergeordnet war (vgl. dazu Josef Henke, in: F.A.Z. vom 24.9.2004).

[8] Hitler / Jäckel / Kuhn 1980, 163 (= 21.7.1920), 306 (= 13.12.1923); Der Hitler-Prozeß 1924, Teil 2, S. 737 (= 10.3.1924); Teil 3, S. 1197 (= 18.3.1924); Hitler, Reden etc. I, 258 (= 16.12.1925); ders., „Mein Kampf", S. 741–742 (= 1927); ders., Reden etc. III, 2, S. 72–100 (= zwischen Sept. 1929 u. März 1930); IV, 2, S. 193 (= 13.11.1931); Domarus I, 203–207 (= 10.2.1933); II, 730 (= 13.9.1937). – Das „Hoßbach-Protokoll" bei Kühnl 2000, 280–283 (Auszug; vollständig in: Prozeß, Bd. XXV, S. 402–413 = Dok. 386-PS; vgl. ebd. I, 211, 216–217; IV, 462, 464–465; IX, 343–345; XXII, 486–490; zur Sache s. Göring bei Bross 1950, 69, u. Below 1980, 49; ferner Kershaw I, 691–693; II, 87–92). – Hitler / Bouhler I, 128 (= 8.11.1939), 178 (= 24.2.1940); Heiber (Rückseite) 2001, 101–103 (= Juli 1941); Hitler/Heim/Jochmann 1980, 62 (= 17.–18.9.1941); Hitler/Heiber I, 638 (= 28.11.1941); Hitler/Bouhler III, 219 (= 24.2.1942); Hitler/Heim/Jochmann 1980, 296 (= 26.2.1942); Hitler/Picker 1997, 707–723 (= 30.5.1942); Hitler/Bormann 1981, 43, 46–47, 65, 69, 91, 92, 103, 104, 115, 118, 120, 122, 125 (= Febr. u. April 1945).

[9] Abgedruckt ist Goebbels' Leitartikel bei Kühnl 2000, 349–350; vgl. Buddrus 2003, 27, zum „Lebensraum" als dem in der Hitlerjugend propagierten „Kriegsziel". Als wesentliche ideologische Bausteine des Nationalsozialismus nennt z.B. auch Stark 1931: „Volksgemeinschaft" und „Kampf um Lebensraum" (dabei gleichsam als *Modus operandi*: Antimarxismus und Antisemitismus). Von einer notwendigen „starken Erweiterung des deutschen Lebensraumes" sprachen auch die Nationalsozialistischen Monatshefte vom Juni 1930 (Heft 4 des 1. Jahrgangs), S. 184.

[10] Der Runderlass ist abgedruckt bei Kühnl 2000, 392–394.

Zwölftes Kapitel

[1] Ein Echo davon z.B. bei Goebbels (Wetterleuchten) 1939, 321, und ders. (Kampf) 1935, 160; vgl. Barth 2003, 379–380: „Die Entstehung eines paramilitärischen Nihilis-

mus" und dessen mögliche „Putschabsichten"; s. auch ders., S. 5, und Domarus I, 345 (Hitler noch 1934 ein „Desperado").

[2] Joachimsthaler 2000, 289–290.

[3] Hitler/Bouhler II, 234.

[4] Rosenberg 1955, 103–104 (zu Coburg; vgl. Kershaw I, 227–228). – Goebbels/Fröhlich II, S. 8 (= 26.8.1931). – Hitler, Reden etc. V, 1, S. 317, Anm. (= 9./10.8.1932); vgl. Kershaw I, 476–477. – Zum Verprügeln von Juden auf Berliner Straßen z.B. Goebbels (Kampf) 1935, 169–170, 180, 227, und Goebbels/Fröhlich I, 1/II, S. 239 (= 29.6.1927: „Landfriedensbruchprozeß"); Frank 1955, 60–61; Kershaw I, 707.

[5] Hitler/Jäckel/Kuhn 1980, 303–305; Hitler, Reden etc. V, 2, S. 328, Anm. 7; dazu Joachimsthaler 2000, 296. – Ballerstedt ereilte, wie viele andere, Hitlers Rache am 30.6.1934, bei der Gelegenheit des Röhm-Massakers.

[6] Zur Sache z.B. Rosenberg 1955, 122–123; Frank 1955, 58–59; Goebbels (Kampf) 1935, 165, 168. – SA-Verbote ergingen am 9.11.1923 in Bayern und am 20.11.1923 und wieder am 10.4.1932 im Deutschen Reich; dazu Hitler, Reden etc. V, 1, S. 57–58, Anm. 5 und 20.

[7] Führerdienst Hitler-Jugend, Gebiet Niedersachsen, Folge 6 (Juni) 1943, S. 21; ebd. 7 (Juli) 1943, S. 18. Das Junge Deutschland, Jg. 1943, S. 295; Der HJ-Führer. Führerdienst des Gebietes Niedersachsen, Folge 1 (Jan.) 1944, S. 28–29.

[8] Beispiele: Hitlers „Mein Kampf", S. 392 („brutalste Rücksichtslosigkeit"); ders., Reden etc. V, 1, S. 26 („vernichten"); Kühnl 2000, 313 (Hitler am 16.7.1941: „ausrotten, was sich gegen uns stellt"); Goebbels/Fröhlich II, 2, S. 222 (= 2.11.1941: „ausrotten ... Brutalität"); II, 3, S. 335 (= 18.2.1942: „mit Stumpf und Stiel ausrotten"); Hitler, Reden etc. I, S. 174 (= 8.10.1925: „brutale Rücksichtslosigkeit").

[9] Hitler/Bouhler II, 260 (= 19.7.1940); II, 277–278, 280 (= 4.9.1940).

[10] Goebbels (Wetterleuchten) 1939, 275 (= Notiz zum 4.4.1932 als Referat des Urteils von Hitlergegnern).

[11] „Niemals verzweifeln" in: Wir rufen, Bielefeld [o.J., unpaginiert]. – „Im Herzen Mut" in: Die Jungenschaft vom 9.3.1938, S. 1. – „Wer sich" in: Völkische Musikerziehung 6 (1940), 146. – „Was sich" in: Musik in Jugend und Volk 4 (1941), 130. – Zu den „Mechanismen des Terrors" (Hermand 1994, 28) im Allgemeinen und im Einzelnen s. z.B. Paul 1992, 41, 263; Kershaw II, 199, 988; Schreckenberg 2003, 298, 338 (zum Liedtext: „Wehe Fahne, weh zum Sturm! Wer dich angreift ist ein Wurm. Gleich dem Wurm wird er zertreten, keine Zeit hat er zum Beten"; ebd. auch andere NS-Lieder ähnlicher Art); Mallmann/Paul 2004; Neurath 2004.

[12] Z.B. in Hitlers „Mein Kampf", S. 304, 741; Speer (Sklavenstaat) 1981, 64. – Zur Veränderung des Bedeutungsgehalts von „human" s. z.B. Goebbels (Signale) 1934, 238–239, 242–243; Heiber (Rückseite) 2001, 345; schließlich Maser 2002, 360 (in Hitlers „politischem Testament" vom 29.4.1945).

[13] Das Zitat „wandelte sich" etc. in: Die Deutsche Höhere Schule 10 (1943), 40; vgl. Goebbels/Fröhlich I, 1/III, S. 31 (= 7.6.1928): „Mussolini ist schon Staatsmann, während Hitler noch Revolutionär ist". – Hitler als „schlecht getarnter Bandit" bei Haffner (Germany) 1996 (= 1940), S. 23 (ebd., S. 29: „Räuberbande"). – „Verführung und Gewalt" oder auch „Charisma und Gewalt" hat Hans-Ulrich Thamer als „Grundmerkmale des NS-Herrschaftssystems" erkannt (Thamer 1986; vgl. ders., „Der Nationalsozialismus", S. 19). – Die „Gangsterclique" bei Hanfstaengl 1970, 393.

Dreizehntes Kapitel

[1] Domarus I, 49; zur Sache auch Haffner 2001, 32 („Hang zum Theatralischen") und Below 1980, 234 (Geschichtsszene, gespielt im Wald von Compiègne am 21.6.1940).

[2] Goebbels (Kaiserhof) 1941, 260; vgl. ebd., S. 266 (= Notiz zum 20.2.1933): Der Propagandaminister ist entzückt von „der Geschlossenheit der Darstellung und der Übereinstimmung in Wort, Mimik und Geste"; s. dazu auch Kershaw I, 573–576.

[3] Hitler, Reden etc. III, 3, S. 379 (= 1.9.1930); V, 1, S. 26 (= 5.4.1932); IV, 3, S. 183 (= 1.3.1932); IV, 2, S. 193 (= 13.11.1931).

[4] Speer (Erinnerungen) 1982, 37; Schwerin von Krosigk 1951, 198, 210, 217, 219, 220–223; s. auch Frank 1955, 88, und Hanfstaengl 1970, 165, zu seinen Imitationskünsten; ebd., S. 183–184: Hitler mimt gekonnt den schmachtenden Liebhaber.

[5] Goebbels (Wetterleuchten) 1939, 275 (zur Sache s. Maser/Devrient 2003); Kershaw II, 66.

[6] Schroeder 1985, 269; s. dazu z.B. auch Tyrell 1975, 59; Wagener 1978, 87, 189; vgl. Kershaw I, 177 („orgasmische Erregung").

[7] Goebbels / Fröhlich I, 1 / III, S. 107 (= 22.10.1928); vgl. ebd. I, 2 / II, S. 251 (= 30.3.1932), 275 (= 7.5.1932). – „Im Erzählen erfinden" schon in Goethes „Dichtung und Wahrheit" (II, 10).

[8] So kann Kershaw (I, 177) den Schluss wagen: „Seine ganze Karriere beruhte auf Darstellung"; s. auch Heiber, in: Hitler/Heiber 1962, 20; Tyrell 1975, 59; Eitner 1994, 68, 99, 103, 126, 128–129, 249; Kershaw I, 360–361 („Schauspieler in Vollendung ... er schauspielert fast immer"); Fest 2003, 8, 236 („rhetorische Rauschzustände").

[9] Goebbels/Fröhlich I, 2/II, S. 250 (= 28.3.1932).

[10] Frank 1955, 198; Schwerin von Krosigk 1951, 321 (zu Gürtner). – Vgl. auch Schmidt 1949, 296–297, 302, 304, 329, 364–373 (zum Treffen Hitler-Mussolini am 25.9.1938: „gigantische Opernaufführung ... Opernstatisten ... Schaudarbietungen ... theatermäßiger Festtrubel"), 384–386, 390, 419–420, 425, 475, 564, 583, 676; Schwerin von Krosigk 1951, 199; Wiedemann 1964, 56, 60; Frank 1955, 357–358, 368–369; Kershaw I, 363, 434, 436; II, 476; Hitler, Reden etc. IV, 3, S. 29, Anm. 3 („zwanghafte Rechthaberei").

[11]   Schroeder 1985, 276; Schmidt 1949, 295; vgl. Schramm I, 140 E; Wagener 1975, 266, 268; Kershaw I, 434; II, 1153.

[12]   Frank 1955, 248 (zu Spengler); Hanfstaengl 1970, 272–278 (zu Churchill).

[13]   Wiedemann 1964, 151 (u. S. 192); s. auch Kershaw II, 76 („Hitler glaubte, was er sagte"), 825, 834 („Selbstbetrug wie auch Täuschung waren Grundzüge des gesamten Regimes"), 1021; Schmidt 1949, 439, 450, 531, 571, 573, 583–584; Schwerin von Krosigk 1951, 201; Schramm VII, 65–66; Warlimont 1962, 281; Speer (Tagebücher) 1975, 245, 326–327, 360; Eitner 1994, 224; Speer/Schlie 2003, 109.

[14]   Führerdienst, Gebiet Nordsee, Juli 1942, S. 11. – Speer (Sklavenstaat) 1981, 162 (zu Himmler).

[15]   Allenthalben bei Hitler/Hillgruber 1967, z.B. II, 74 (mit Anm. 35; = 29.4.1942), 514 (= 18.9.1944: Verschweigen des Röhm-Massakers). – Im Übrigen hielt selbst Göring Hitler für „verschlagen" (Bross 1950, 185).

[16]   Goebbels/Fröhlich I, 2/II, S. 237 (= 2.5.1932). – Domarus II, 596 (= 7.3.1936). – Hitler /Bouhler I, 21, 23 (= 1.9.1939).

[17]   Hitler/Bouhler II, 349, 358 (= 10.12.1940). – Hitler/Hillgruber I, 447 (= 20.1.1941). – Hitler/Bouhler III, 79 (= 2.10.1941). – Weitere manifeste Lügen z.B. bei Hitler/Bouhler III, 117 (= 11.12.1941) und Hitler/Kotze/Krausnick 1966, 358 (= Ende Juni/Anfang Juli 1944).

[18]   Der angeblich „aufgezwungene Krieg" z.B. bei Hitler/Bouhler II, 263 (= 19.7.1940), 352 (= 10.12.1940). – Das „politische Testament" bei Schramm VIII, 1666–1669, und Maser 2002, 356–375. – Hitler/Kotze/Krausnick 1966, 269 (Zitat: „Die Umstände – Platte"). – Das Zitat „Oh – gebrochen" in F.A.Z. vom 4.11.2003 (W. Stier). – Zu Hitlers Lügen s. z.B. Schramm VII, 20; VIII, 1702, 1733–1735 (= Carl J. Burckhardt); Schmidt 1949, 428, 459–461, 483; Guderian 1951, 309; Schwerin von Krosigk 1951, 222–223; Frank 1955, 291, 331, 336; Hanfstaengl 1970, 341–342; Domarus IV, 2088; Eitner 1994, 238 („notorischer Lügner ... Lügen-Virtuose"); Hitler, Reden etc. V, 1, S. 58–59, Anm. 21 (zum 14.4.1932); Burleigh 2000, 109 (Hitler sagt in „Mein Kampf" nicht immer die Wahrheit über seine Wiener Zeit von 1907–1913); Neumayr 2001, 390.

[19]   Goebbels / Fröhlich I, 1 / II, S. 72 (= 13.4.1926), 189 (= 25.2.1927); I, 2 / II, S. 100 (= 16.9.1931), 135 (= 27.10.1931), 151 (= 18.11.1931), 176 (= 20.12.1931), 211 (= 5.2.1932), 225 (= 23.2.1932).

[20]   Schmidt 1949, 297 (= 25.3.1935). – Goebbels/Fröhlich II, 1, S. 31 (= 9.7.1941).

[21]   Guderian 1951, 368 u. 376–377 (zum 25. u. 29.1.1945). – Weiteres zur Sache z.B. bei Schramm VIII, 1731; Schmidt 1949, 390–392, 396–397, 401, 407–409, 509; Hanfstaengl 1970, 226; Speer (Tagebücher) 1975, 161, 326–327; Tyrell 1975, 105–106, 121–123; Speer (Erinnerungen) 1982, 111 („gespielter leidenschaftlicher Ausbruch"): Domarus I, 52; Eitner 1994, 235; Feuersenger 1999, 198–199, 246–247; Neumayr 2001, 177, 395, 414; Kershaw I, 211, 296; II, 287.

[22] Hanfstaengl 1970, 310 („Chauffeureska", „Bande"); Goebbels / Fröhlich I, 2 / II, S. 85 (= 26.8.1931: „die ganze Bagage"), 91 (= 4.9.1931: „Schlawiner"), 96 (= 12.9.1931: „der ganze Klüngel"), 272 (= 1.5.1932: „die ganze Bagage"). – Zum Spannungsverhältnis zwischen dem Menschen Hitler und seiner Schauspielerrolle s. besonders Kershaw I, 430, 435–436 („gelegentlich geriet die Maske ins Rutschen"); II, 737.

Vierzehntes Kapitel

[1] Das Zitat „möglichst – Waren" aus Meyers Lexikon I, Leipzig 1936, 784. – Hitler / Jäckel/Kuhn 1980, 96 (= 10.12.1919). – Hitler/Bouhler II, 381 (= 30.1.1941).

[2] „Mein Kampf", S. 150–153 das Thema; ebd., S. 732 u. 741 erstmals der Begriff „Lebensraum".

[3] Hitler/Kotze/Krausnick 1966, 180 (Hitler als „Lebensraumpolitiker"). – Hitler/Hillgruber II, 523 (= 8.12.1944: „Raumnot"). – Hitler, Reden etc. II, 1, S. 296 (= 11.5.1927: Volkszahl u. Bodenfläche); IV, 2, S. 190 (= 11.11.1931: Erweiterung des Lebensraumes), 191 (= 11.11.1931: politische Macht).

[4] Domarus III, 1422–1423 (= 23.11.1939); vgl. Kühnl 2000, 287.

[5] Hitler / Heim / Jochmann 1980, 48 (= 27.7.1941), 55 (= 8.8.1941), 58 (= 19. / 20.8.1941: die Ukraine als Kornkammer; ebd., Inkaufnahme des Todes Hunderttausender für dieses Ziel). – Das Gespräch Hitler / Burckhardt bei Kershaw II, 288. – Zum Thema „Lebensraum im Osten" s. auch Himmler 1974, 246 (Reden am 25.7. u. 3.8.1944).

[6] Stellrecht (Erziehung) 1943, 192; vgl. Buddrus 2003, 27: „Lebensraum" als „Kriegsziel" in der Hitlerjugend. – Hitler / Hubatsch 1983, 85 und Hitler / Picker 1997, 94 zur Ostgrenze des Ostraumes. – Zu Hitlers „Lebensraum"-Thema s. auch Kershaw I, 146, 197, 299, 324–325, 418, 561; II, 974. – Zur gedanklichen Vorbereitung der Siedlungspolitik im Osten während der Zeit der Weimarer Republik s. Ludwig 2004.

[7] Hitler / Jäckel / Kuhn 1980, 282 (= 1.1.1921: *„germanisches Reich deutscher Nation"*; vgl. Maser 2002, 323), 323 (= 20.2.1921), 646 (= 22.6.1922), 1050 (= 30.10.1923); „Mein Kampf" (1925–1927), S. 362; Domarus II, 732 (= 13.9.1937), 761 (= 23.11.1937; vgl. Hitler / Picker 1997, 36, 697); III, 1451 (= 27.1.1940), 1519 (= 1.6.1940); Hitler/Picker 1997, 723 (= 30.5.1942). – Hitler / Jäckel / Kuhn 1980, 409 (= 24.5.1921: *„germanischer Staat"*), 671 (= 28.7.1922), 924 (= 5.8.1923); „Mein Kampf" (1925–1927), S. 380. – Hitler / Jäckel / Kuhn 1980, 506 (= 21.10.1921: *„rein germanischer Staat"*). – Hitler / Jäckel / Kuhn 1980, 732 (= 18.11.1972: *„germanisches Deutschland"*). – Hitler, Reden etc. I, 296 (= 14.2.1926: *arisch-germanischer Staat"*) und ebd. I, 333 (= 12.3.1926). – Hitler / Picker 1997, 275 (= 5.4.1942: *germanisches Reich"*); vgl. Goebbels/Fröhlich I, 8, S. 45 (= 10.4.1940).

[8] Domarus II, 905 (= 12.9.1938). – Klemperer I, 405. – Führerdienst der Hitler-Jugend, Gebiet Niedersachsen, Folge 7 (Juli) 1942, S. 3.

[9]   Goebbels / Fröhlich II, 3, S. 50 (= 3.1.1942); vgl. Giesler 1977, 399: „Bund germani-
       scher Staaten". – Zum „nordgermanischen Staatenbund" Kershaw II, 1167, Anm. 29, u.
       ebd., S. 1220, Anm. 134, zum „großgermanischen Reich" (einschließlich der Nieder-
       lande u. Belgien).

[10]   Himmler / Smith / Peterson 1974, 246 (= 25.7.1944); ebd., S. 229, 236, 245 das „Groß-
       germanische Reich"; ebd., S. 257, auch „germanisches Großreich". – Zum Echo dieser
       Gedankengänge in der NS-Jugenderziehung s. Buddrus 2003, z.B. S. 737, 745, 759. –
       Pläne bezüglich der wirtschaftlichen Neuordnung Europas bei Speer / Schlie 2003, 350–
       351. – Eine Karte des geplanten „Großgermanischen Reiches" bei Heiko Steuer, in:
       Lehmann-Oexle (Hg.) 2004, I, S. 488; zur Neuordnung Europas Otto Gerhard Oexle,
       ebd., II, S. 13–40.

[11]   Mann 1986, 78.

[12]   Goebbels / Fröhlich II, 8, S. 236 u. 238 (= 8.5.1943: „Kleinstaatengerümpel ... Weltherr-
       schaft"); II, 1, S. 96 (= 20.7.1941: „Herr über Europa"); II, 1, S. 232 (= 14.8.1941: „un-
       terworfene Völker").

[13]   Führerblätter der Hitler-Jugend, Ausgabe D.J., Sept. 1936, S. 19. – Zum Thema „Euro-
       pa" in der Hitlerjugend s. Buddrus 2003, 787–802.

[14]   Hitler / Bormann 1981, 117 (= 26.2.1945).

[15]   Details zu Hitlers Lern- und Übungsstoffen bei Joachimsthaler 2000, 238–243; große
       Bedeutung hat Lindenaus 48-seitige Broschüre von 1919.

[16]   Goebbels / Fröhlich I, 3 / II, S. 389 (= 23.2.1937); II, 7, S. 180 (= 3.11.1939; dazu Ker-
       shaw II, 366); Domarus III, 1422 (= 23.11.1939); Hitler / Bouhler II, 334–340
       (= 10.12.1940).

[17]   Hitler, Reden etc., III, 3, S. 89, mit Anm. 1–5 (= 15.2.1930); IV, 2, S. 67 (= 8.8.1931).

[18]   Goebbels / Fröhlich II, 2, S. 170 (= 24.10.1941, zum „Eindeutschen" und zum „völki-
       schen Umschmelzungsprozeß"). – Zum „Heimholen" ins Reich s. Schreckenberg 2003,
       47, 70. – Himmler / Smith / Peterson 1974, 140–141 („Germanisierung ... Eindeut-
       schung") und ebd., Abb. vor S. 193 („herausmendeln"). – Zur rassenpolitischen Neu-
       ordnung Europas einschließlich der Vereinnahmung von Säuglingen aus Mischehen s.
       Heinemann 2003. – Zur „ahistorischen Instrumentalisierung" der bis zum Jahre 300
       n.Chr. in den Ostraum eingewanderten germanischen Stämme s. Buddrus 2003, 775. –
       Siehe auch Luther 2004.

[19]   Hitler / Jäckel / Kuhn 1980, 874 (= 10.4.1923); die Formel „mit dem Schwert den Grund
       und Boden erwerben" auch in: Hitler, Reden etc. II, 1, S. 204 (= 26.3.1927). – Hitler /
       Bouhler II, 336 (= 10.12.1940).

[20]   Das Junge Deutschland 36 (1942), 2 (Schwert u. Pflug). – Hitler, Reden etc. IV, 1,
       S. 308, 410–411, und IV, 2, S. 195 zu „Schwert" im Sinne „politischer Macht". – Die
       ersehnte „politische Macht" erscheint als Thema zahllos oft in NS-Texten vor 1933.

[21] Himmler/Krausnick 1957, 197–198. – Kühnl 2000, 350–352 (Auszüge aus dem „Generalplan Ost"); Madajczyk 1994; s. auch Kershaw II, 619; Hermand 1995, 325, zu Himmlers erträumtem „Heiligen Germanischen Reich Deutscher Nation". Zur Sache zuletzt Aly 2005, 29.

[22] Hitler / Jäckel / Kuhn 1980, 273 (= 8.12.1920: „Weltherrschaft" als „ewiges jüdisches Ziel"), 472 (= 8.9.1923: „Kampf des Judentums um die Weltbeherrschung"), 482 (= 16.9.1921: „jüdische Weltherrschaft"), 550 (= 23.1.1922: „Weltherrschaftspläne" des Juden), 698 (28.9.1922: „arische Weltordnung").

[23] Hitler, Reden etc., II, 1, S. 402 (= 26.6.1927; u. „Mein Kampf", S. 782); ders., Reden etc. IV, 1, S. 110 (= 16.11.1930); ebd., S. 95 (= 13.11.1930); Goebbels/Fröhlich I, 3/I, S. 85 (= 28.7.1934); I, 5, S. 169 (= 21.2.1938); I, 7, S. 298 (= 6.2.1940).

[24] Hitler/Bouhler I, 117 (= 8.9.1939), 168 (= 24.2.1940). – Halder II, 292 (= 25.2.1941); dazu Goebbels / Fröhlich II, 6, S. 46–47 (= 2.10.1942: Kaspisches Meer und Mesopotamien als strategische Ziele!). – Hitler / Heim / Jochmann 1980, 101 (= 21./22.10.1941); vgl. Speer (Sklavenstaat) 1981, 130.

[25] Hitler/Hillgruber II, 20–21 (= 18.10.1943); Hitler/Bormann 1981, 61 (= 10.2.1945). – Zu Hitlers Weltmachtsstreben und Weltmachtsplänen s. Hitler/Kotze/Krausnick 1966, 58; Hitler / Hillgruber II, 540, Anm. 5; Kershaw II, 696, 705, 766, 1099, und, immer noch, Haffner 1997, 93, 106, 115. – Bezüglich Berlin („Germania") als geplantem imperialen Zentrum eines neuen „Germanischen Reichs deutscher Nation" s. Hitler/Picker 1997, 524 (= 8.6.1942) und besonders Hermand 1995, 271–272. Eine Abb. des Modells der monströsen „Großen Kuppelhalle" in: Lexikon der Kunst VIII, Freiburg 1989, 315.

Fünfzehntes Kapitel

[1] Hitler, Reden etc. II, 1, S. 101 (= 3.12.1926); III, 2, S. 348 (= 4.8.1929).

[2] Martius 2003, 43 (zum Juni 1936); Kühnl 2000, 217 („Schlachtfeld der Fortpflanzung", Zitat aus A. Mayer, Deutsche Mutter und deutscher Aufstieg, München 1938, S. 25); Goebbels/Fröhlich II, 4, S. 30 (= 1.4.1942); Heiber (Wahnsinn) 2001, 178 (Nov. 1942).

[3] Michael Kater bei Lehmann / Oexle 2004, 104–105; Goebbels / Fröhlich II, 1, S. 31 (= 9.7.1941: „pazifizieren"). – Zur Sache z.B. auch Kershaw II, 349–359, 575–580; Ley 2004.

[4] Gauhl 1940, 9.

[5] Mommsen 2002, 179. – Himmler/Krausnick 1957, 198 („führerloses Arbeitervolk").

[6] Der Aspekt des „Störens" z.B. bei Hitler/Hillgruber II, 557 (vgl. ebd., S. 233); Halder II, 337 (= 30.3.1941: „Vernichtung der bolschewistischen Kommissare und der kommunistischen Intelligenz"); Goebbels/Fröhlich I, 7, S. 221 (= 5.12.1939: „Die polnische Aristokratie verdient ihren Untergang"); ebd. II, 1, S. 33 (= 9.7.1941: „Ausradieren" von Moskau und Petersburg). – Vgl. Prozeß 1984, I, 299; II, 300, 304–305, 306. – Zum

Thema s. besonders Kershaw I, 680; II, 323, 326–327, 334–335, 338, 340–342, 577, 620, 624, 685. Viele Details auch bei Angrick 2003. – Zum Thema „ethnische Säuberung" im Vorfeld des Genozids und zum Übergang von der Vertreibung zum Völkermord s. Naimark 2002.

[7] Zu den „Verbrechen der Wehrmacht" Michael Salewski, in: F.A.Z. vom 5.8.2004. – Goebbels/Fröhlich I, 6, S. 64 (= 30.8.1938, zu Wiechert).

[8] Hitler/Heim/Jochmann 1980, 58 (= 19./20.8.1941).

[9] Himmler/Krausnick 1957, 197. – Zum Thema „Auswanderung" bzw. Abschiebung s. z.B. Hilberg (Quellen) 2002, 124; Kershaw II, 192; Aly 2002, 253 („völlige räumliche Ausscheidung", 26.3.1941); Hildebrand 2003, 52.

[10] Möller/Wengst 2003, 163 (Zitat „wie ein Moloch"); Goebbels/Fröhlich II, 7, S. 290 (= 8.2.1943: „verbluten"); Hitler/Hillgruber II, 521 („völkische Substanz ausgelöscht"); Heiber (Wahnsinn) 2001, 142–143 (= 28.10.1939). – Zur Sache s. Schreckenberg 2005.

[11] Domarus IV, 1829 (= 30.8.1942); Goebbels/Fröhlich II, 3, S. 320 (= 15.2.1942), 335 (= 18.2.1942), 423 (= 6.3.1942), 425–426 (= 6.3.1942), 561 (= 27.3.1942, dies eine besonders deutliche Bezugnahme); Domarus IV, 1937 (= 8.11.1942); Himmler/Smith/Peterson 1974, 169–170 (= 6.10.1943); Hitler/Bormann 1981, 43 (= 4.2.1945), 122 (= 2.4.1945). – Die mit dem Genozid zusammenhängenden Fragen werden erörtert z.B. bei Kershaw II, 212–213, 464–465, 468–469, 618–619, 626–629, 636–637, 644 (Beginn der Massenvernichtung im Frühjahr/Sommer 1942; ähnlich Browning 2001, 82), 649 (zur Verknüpfung der 2 Millionen Weltkriegsgefallenen mit den hohen Verlustzahlen des Russlandfeldzuges), 680–681, 704. – Zum Thema „Endlösung" s. auch Browning 2003 und besonders dens. 2001, 47–92. – Hitlers Genozid-„Grundsatzentscheidung" ist von Gerlach (1998, 87, 117, 135–137, 141, 143, 155, 160, 162–165) auf Mitte Dezember 1941 datiert worden, jedoch mit einer anderen als der hier vorgeschlagenen Begründung; „Hitler reagierte damit", so Gerlach, „auf politische Initiativen und Anstöße aus Verwaltung und Parteiapparat" (S. 87).

[12] Der „eigentlich Schuldige" (d.h. das „internationale Judentum") und „das letzten Endes verantwortliche (jüdische) Volk" sind noch am 29.4.1945 Hitlers Sündenbock in seinem „politischen Testament" (Maser 2002, 359–360); zur Rationalität von Hitlers Genozidauftrag und zum Aspekt der Talion s. Schreckenberg 2005.

Sechzehntes Kapitel

[1] Das Zitat zum Nihilismus Hitlers bei Fest 2003, 197.

[2] Zum Thema s. „Deutsche Schulerziehung", Jg. 1941/42 (1943), S. 16; Schirach 1943, 26–32 (das Sterben von Langemarck war eine „sakrale Handlung"); Hitler, Reden etc. III, 3, S. 137 (= 18.3.1930) mit Anm. 18; V, 1, S. 295 (= 8.8.1932), mit Anm. 2; Kaufmann 1938, nach S. 155 (Schirachs Gedicht „Wer nicht" etc.).

[3] Hitler, Reden etc. I, S. 113 (= 8.7.1925): „17 Helden"; Hitler/Kotze/Krausnick 1966, 243, Anm. 27: „17 Todesopfer"; Kershaw I, 265, mit Anm. 277: „14 Putschisten und vier Polizisten [...] zwei weitere Putschisten wurden im Wehrkreiskommando getötet; insgesamt gab es 16 Tote". – Rainer Blasius, in: F.A.Z. vom 12.12.2004: „Sechzehn Hitler-Anhänger und drei Polizisten".

[4] Burleigh 2000, 22, 297; Barth 2003, 395 (vgl. ebd., S. 396: „heroischer Totenkult"); Domarus IV, 1985 (= 3.2.1943, zu Stalingrad); Details zu dieser inszenatorischen Beförderung des Massensterbens in die Metaphysik bei Jörg Kirchhoff, in: F.A.Z. vom 8.1.2004.

[5] Hitler, „Mein Kampf", S. 202 („zum Sterben berauschen"), 224 („Wanderer"). – Das Reiterlied" zitiert von Hitler in: Hitler/Jäckel/Kuhn 1980, 767, 778; „Mein Kampf", S. 166; Hitler, Reden etc. II, 1, S. 139, 401; V, 2, S. 376; ebd. IV, 2, S. 99 (= 13.11.1930: „Hingabe des eigenen Lebens"); Hitler/Moll 1997, 463 (Leben und Gesundheit gehören dem Vaterland). – Zu „Daß ich lebe" etc. s. Hitler, Reden etc. V, 2, S. 254 (= 10.12.1932), 384 (= 20.1.1933); IV, 3, S. 243, mit Anm. 27; ähnlich Hitler/Bouhler I, 27 (= 1.9.1933): „Es ist gänzlich unwichtig, ob wir leben, aber notwendig ist es, daß unser Volk lebt, daß Deutschland lebt". – Zum Thema z.B. Kunisch 2004 (dazu Gerrit Walther, in: F.A.Z. vom 6.10.2004); ebd., 14.5.2005, Wulf Segebrecht zum „Reiterlied" der Wallenstein-Söldner als durchsichtig perverse Kriegspropaganda!

[6] Domarus II, 620 (= 1.5.1936). – Hitler/Bouhler I, 112 (= 8.11.1939); Hitler/Bormann 1981, 125 (= 2.4.1945); Domarus IV, 2226 (= 21.4.1945).

[7] Schaller 1935, 123, 141, 161. – Führerblätter der Hitlerjugend, Ausgabe D.J., Januar 1936, S. 1.

[8] Knust 1937, 435 (zu Flex). – Schreckenberg 2003, 296–297, 336 (zum Lied „Vorwärts!"; ebd. zahlreiche weitere Beispiele für Todeslieder). – „Unser Lager", Okt./Nov. 1943, S. 518 (Heimnachmittag).

[9] Naumann 1936, 179–182 („Fern im Osten"). – Pallmann 1942, 25 (zu Clemenceau). – Zum Thema s. z.B. auch Dargel/Dierk 1985, 68–83 („Deutschland muß leben" etc.); Hoffmann 1988; Schreckenberg 2003.

[10] „Mein Kampf", S. 211 („jüdische Drückeberger"); vgl. ebd., S. 105: „Die Welt ist nicht da für feige Völker"; für einschlägige Aussagen zur Zeit des Zweiten Weltkrieges s. Hitler/Heim/Jochmann 1980, 75, und Goebbels/Fröhlich II, 15, S. 479 (= 12.3.1945); Frank 1955, 305 (die Juden für Hitler „geradezu der Prototyp des Unheldischen"). – Thomae 1941, 43 (zu Lersch). – Szliska 1940, 392 (zu Heine). – Die Jungmädelschaft, März 1937, S. 9 (zu Borchardt).

[11] Goebbels/Fröhlich II, 1, S. 82 (= 17.7.1941: „Maßnahmen"). – Hitler/Bouhler I, 68 (= 6.10.1939: „ohne Rücksicht auf Opfer"); Guderian 1950, 241 (= 20.12.1941); Hitler/Bormann 1981, 125 (= 2.4.1945). – Schmidt 1949, 427 („ohne Rücksicht auf Verluste").

[12] Hitler/Bouhler III, 103 (= 8.11.1941); Domarus IV, 1778; vgl. Junge 2002, 176. – Speer (Tagebücher) 1975, 33 (zu Dietrich). – Domarus IV, 2142 (= 18./19.8.1944: St. Malo).

[13] Details zum Einsatz todesbereiter Einzelkämpfer bei Goebbels / Fröhlich II, 13, S. 63
      (= 8.7.1944), 131 (= 16.7.1944), 356 (= 29.8.1944), 575 (= 27.9.1944), 582
      (= 28.9.1944); Hitler/Moll 1997, 462–463 (Verleihung des Namens „Hitler-Jugend" an
      „Kleinkampfverbände" der Kriegsmarine); Goebbels / Fröhlich II, 14, S. 262
      (= 23.11.1944); II, 15, S. 658 (= 1.4.1945). – Vgl. Speer (Erinnerungen) 1982, 420. –
      Zur Sache auch Below 1980, 351, 363–364, 403; Kershaw II, 822.

[14] Speer (Sklavenstaat) 1981, 335 (Sprengen der KZ-Lager); s. zur Sache auch Rainer
      Blasius, in: F.A.Z. vom 9.4.2005 (Hinrichtung von Widerständlern im April 1945); vgl.
      auch Sigrid Grabner/Hendrik Röder (Hg.), Emmi Bonhoeffer, Berlin 2004 (dazu F.A.Z.
      vom 10.8.2004).

[15] Hitler/Hillgruber I, 657–658 (= 27.11.1941). – Vgl. Dietrich 1955, 121: „Keine Anteil-
      nahme am Leid des Volkes".

[16] Hitler / Heim / Jochmann 1980, 239 (= 27.1.1942). – Hitler / Hillgruber II, 370
      (= 16.3.1944).

[17] Domarus IV, 1935 (= 8.11.1942). – Below 1980, 398 (Anfang Jan. 1945).

[18] Speer (Erinnerungen) 1982, 446 (= 18. /19.3.1945). – Schramm VII, 68 (Hilpert); Be-
      low 1980, 405 (zu Hitlers „Nerobefehl" am 19.3.1945.

[19] Schmidt 1949, 358.

[20] Kotz 1937, 33–34 („anständig sterben"). – Goebbels /Reuth I, 432 (= 7.12.1929, zum
      Tod seines Vaters).

[21] Himmler/Smith/Peterson 1974, nach S. 224 Abb. der „Totenburgen"; vgl. Speer (Tage-
      bücher) 1975, 237. – Heiber (Rückseite) 2001, 250–251 (Führererlass vom 19.6.1942).
      – Frank-Rutger Hausmann, in: F.A.Z. vom 18.1.2005 (Straßburger Dom). – Hymnische
      Preisungen toter Krieger z.B. bei Wegner 1937, 117, und Stellrecht (Glauben) 1942, 22.
      – Zur Sache s. bes. Behrenbeck 1996 (z.B. S. 374–384: „Kultbauten für die toten Hel-
      den").

[22] Frank 1955, 342 (Febr. 1938: Entsetzlichkeit des Krieges); vgl. Hitler, Reden etc. I, 372
      (= 28.2.1926), und Domarus IV, 1760 (= 3.10.1941).

[23] Hitler als „Hasardeur" z.B. bei Dietrich 1955, 88, u. Haffner 2001, 24. – Zu seinen Va-
      banquespielen s. Kershaw II, 245–322, 856–857, 947, 965.

[24] Beispiele der Volksverachtung bei Hitler/Kotze/Krausnick 1966, 117, 119, 120, 128,
      131, 134, 139, 149, 152. – Die Volksverdummung durch Propagandasprüche z.B. bei
      Goebbels /Fröhlich II, 12, S. 160 (= 21.4.1944). – Eine Abb. des Trümmerspruchs bei
      Kempka/Kern 1991, nach S. 112.

[25] Wiedemann 1964, 80. – Frank 1955 („umlegen"). – Feuersenger 1999, 107 („Wer frißt,
      soll auch kämpfen!"). – „Wurscht" z.B. in: Hitler/Kotze/Krausnick 1966, 352 (Anfang
      Juli 1944); Hitler/Heiber 1962, 608 (= 31.7.1944), 815 (= 10.1.1945), 893 (= 1.3.1945),

916 (= 2.3.1945). – Vgl. „unschädlich machen" und „wurscht" auch bei Göring (Bross 1950, 90, 129).

[26] Hitler/Heiber 1962, 903, 920 (= 1.3. u. 3.3.1945). – Goebbels/Fröhlich II, 15, S. 421 (= 5.3.1945). – Westenrieder 1984, 112 (Rede von 1935 vor der NS-Frauenschaft). – Zum Thema „Soldatinnen" s. auch Gersdorff 1969, 72; Westenrieder 1984; Schreckenberg 2001, 401. – Zur Vulgarität Hitlers z.b. Frank 1955, 235; Kershaw II, 24, 248, 908; vgl. II, 873 (zur Abneigung Spenglers „gegen die Vulgarität der Nationalsozialisten"); ein bemerkenswertes Beispiel von Vulgarität auch bei Goebbels, der einmal über Göring schimpft: „Er ist ein Haufen gefrorene Scheiße", in: Goebbels/Reuth II, 577 (= 4.4.1931). – Hitlers „politisches Testament" abgedruckt z.b. bei Maser 2002, 356–375.

[27] Zu Hitlers Tränen s. z.b. Goebbels / Fröhlich I, 1 / II, S. 72 (= 13.4.1926), 189 (= 25.2.1927); Goebbels (Kaiserhof) 1941, 252 (= 30.1.1933); Rosenberg 1955, 129, 149, 255; Frank 1955, 280, 283; Hanfstaengl 1980, 226; Speer/Schlie 2003, 91; vgl. Kershaw I, 880; II, 127, 497, 1011. – Eitner 1994, 231 („kaltes, flaches Gemütsleben"). – Speer / Schlie 2003, 117 (der Operettenliebhaber; dazu auch Junge 2002, 93; Rose 2005, 126, 215). – Völkische Musikerziehung 5 (1939), 407 („Im schönsten Wiesengrunde"). – Wir folgen. Jahrbuch der Jungmädel 1942 (unpaginiertes Vorsatzblatt mit Foto der Pferd-Szene). – Hitler/Heim/Jochmann 1980, 229 (= 25.1.1942: „Ich bin kolossal human"); vgl. dazu Speer (Sklavenstaat) 1981, 423.

[28] Hitler/Heim/Jochmann 1980, 150–151 (= 13.12.1941: 6 SS-Divisionen); Hitler/Picker 1997, 110. – Zur „Ewigkeit" des Volkes und der Sterblichkeit des Einzelmenschen z.b. Hitler, Reden etc. II, S. 398 (= 26.6.1927); III, 1, S. 321 (= 7.12.1928); V, 1, S. 222 (= 15.7.1932); V, 2, S. 115 (= 26.10.1932); Domarus II, 641 (= 12.9.1936); Hitler / Bouhler II, 299 (= 8.11.1940); Hitler/Heim/Jochmann 1980, 279 (= 17.2.1942); Hitler/ Heiber 1962, 129, und Hitler/Picker 1997, 38 (= 1.2.1943). – Adolf Hitler an seine Jugend 1938, unpaginierter Vorspruch („Ein Volk – vergehst"). S. auch O.W. von Vacano, in: Führerblätter der Hitler-Jugend, Dez. 1935, S. 2 („das Volk ist ewig").

[29] Knust 1937, 434 („Das Ich" etc.). – Himmler/Smith/Peterson 1974, 237 (= 26.7.1944). – Weitere Beispiele: Goebbels (Signale) 1934, 359; Himmler/Smith/Peterson 1974, 61 (= 1937); Reichsbefehl der Reichsjugendführung 7/III, S. 186 (= 25.2.1938, Rezitation bei einer Feier): „Ahn und Enkel fallen/Werden bald zunicht/Mächtig aus uns allen/ Steigst Du, Volk, ins Licht"; Freyberg 1939, 7; Hermannsen/Blome 1941, 10; Führerinnendienst Obergau Niedersachsen, Folge 2, Febr. 1942, S. 12; Kindermann 1942, 44 („das Volk ist unsterblich"); Führerdienst Hitler-Jugend, Gebiet Niedersachsen, Folge 2, Febr. 1943, S. 2; Stellrecht (Erziehung) 1943, 106–107; Rosenberg 1955, 297; Speer/ Schlie 2003, 148. – Bennewitz 1940, 25 (Himmel: Walhall).

[30] Zur rassistischen Lebensphilosophie Hitlers und des Nationalsozialismus s. z.b. Burleigh 2000, 28 („Remystifizierung der Naturwissenschaften und der Natur selbst"), 126, 296–299 (zur „Rassenseele" und zum Nebeneinander von „Vitalismus" und „pubertärer Todesfaszination"); Heep 2002, 502 (der Tod „nun durch rassische Unsterblichkeit überwunden"); Buddrus 2003, 198 (zur Sicherung des „ewigen Bestandes des deutschen Volkes" als Ziel der NS-Jugendbewegung im Jahre 1939).

[31] Hitler, Reden etc. I, 25 (= 27.2.1925: „in das Nichts wieder zurückgehen"). – Anacker
      1932, 26 (vertont wohl um 1935; vgl. Bartelmäs / Noethlichs 1934, 33; Schreckenberg
      2003, 478, 503). – Goebbels/Reuth I, 432 (= 7.12.1929: „Ödnis des Nirwana"). – Hitler
      /Picker 1997, 146 (= 17.2.1942: Beim Tode hört der Mensch auf).

[32] Hitler, Reden etc. IV, 2, S. 88 (= 6.9.1931). – Buddrus 2003, bes. S. 344–355.

[33] Hitler, Reden etc. IV, 1, S. 130 (= 23.11.1930: „Wir alle – wird"); ähnlich ebd., S. 99–
      100 (= 13.11.1930); IV, 1, S. 377 (= 9.5.1931: „Was bist – unwichtig"). – Goebbels
      (Signale) 1934, 17. – Usadel 1939, 24. – Homer, Ilias 6, 146–149. – Zum Sterben und
      Vergehen des Einzelmenschen in der NS-Dichtung und der NS-nahen Literatur s. z.B.
      Wegner 1937, 82 („Lied an Deutschland") und Ziegler 1940, 6 („Heilig Vaterland ...
      Du sollst bleiben, Land, wir vergehn").

[34] Der HJ-Führer. Führerdienst des Gebietes Niedersachsen, Folge 10, Nov. 1944, S. 4 („Für
      uns" etc.); ähnlich z.B. in: Die Deutsche Höhere Schule 2 (1935), 240–249 („ewiges
      Deutschland ... deutsche Unsterblichkeit ... silberner Lebensstrom"); Himmler / Smith /
      Peterson 1974, 202 (= 5.5.1944: „ewige Wellenbewegung des Lebens"). – Kindermann
      1942, 45–46: Unio mystica).

[35] Dienstvorschrift KLV/10, 1. Ausgabe 1945: Der Acht Jahres-Schulungsplan der Hitler-
      Jugend, S. 41.

[36] Der Hitler-Prozeß 1924, Teil 2, S. 750 (Aussage des Zeugen von Lossow: „Sie müssen"
      etc.); ebd., Teil 1, S. XXX–XXXI (Hitler im Gefängnishospital). – Rose 2005, 84 (zu
      Selbstmordgedanken Hitlers im Jahre 1926; vgl. ebd., S. 330).

[37] Goebbels (Kaiserhof) 1941, 220 (Notiz zum 8.12.1932); vgl. Hitler/Picker 1997, 384.

[38] Hitler/Picker 1997, 107 (= 1.12.1941). – Hitler/Heiber 1962, 126, 129, 135 (= 1.2.1943,
      zu General Paulus).

[39] Hitler / Kotze / Krausnick 1966, 351 (Anfang Juli 1944); Speer (Tagebücher) 1975, 34;
      Bross 1950, 223 (Leipziger Oberbürgermeister).

[40] Goebbels/Fröhlich II, 13, S. 224 (= 4.8.1944: Speers Bericht). – Hitler/Heiber 1962, 620
      (= 31.8.1944).

[41] Speer (Erinnerungen) 1982, 483 (= 23./24.4.1945).

[42] Goebbels (Signale) 1934, 338 („Der Nationalsozialismus" etc.). – zu Hitlers letzten
      Wochen und seinen Selbstmordgedanken s. z.B. Speer (Tagebücher) 1975, 34–35; Be-
      low 1980, 398–399; Speer (Erinnerungen) 1982, 482–483; Eitner 1994, 90, 236, 249–
      251 („Theaterexistenz ... opernhafter Tod"); Haffner (Germany) 2000, 24 („Hasardspie-
      le ... potentieller Selbstmörder par excellence ... Hasardeur"); Haffner (Anmerkungen)
      1997, 9 („ständige Selbstmordbereitschaft"); Kershaw I, 26, 846; II, 722–723, 743,
      910–911, 962 („Ziel des Kampfes nur seine Stellung in der Geschichte"), 975–978
      („ein Platz in der Geschichte ... war sein Erfolgswunsch ... ein Ende im Stil von Richard
      Wagner"), 1033–1035, 1038, 1042, 1056–1057, 1061–1062; Speer / Schlie 2003, 113;
      Fest 2003, bes. S. 150–155 („Destruktionswille ... zuviel Wagner und zuviel Unter-

gangsverlangen in ihm ... Strafaktion gegen das eigene Volk"); Joachimsthaler 2000, 146, 149, 152, 161 (Hitler will im April 1945 nicht aus Berlin fliehen, und nicht „als ruhmloser Flüchtling vom Parkett der Weltgeschichte verschwinden").

[43] Prozeß 1984, I, 211 („Hoßbach-Protokoll"; Teilabdruck bei Kühnl 2000, 280–283). – Maser 2002, 356–375 (ebd., S. 157–167 das „private Testament"); Schramm VIII, 1666–1669. – Anfang August 1934 gab es Gerüchte um ein „politisches Testament" des verstorbenen Reichspräsidenten (Goebbels/Fröhlich II, 3/I, S. 90).

[44] Maser 2002, 157 (im „persönlichen Testament" vom 2.5.1938: Aufbahrung in der Feldherrnhalle etc.). – Giesler 1977, 10–11, 25–35 (mit Abb.); vgl. Speer (Erinnerungen) 1982, 113, 310, 386 und ders. (Tagebücher) 1975, 258–259; Eitner 1994, 251–252.

[45] Zu Friedrichs privatem und politischem Testament s. Kunisch 2004, bes. S. 290–291, 534. Des Königs frühe Planung seiner Gruft bei Kunisch, S. 529–539.

[46] Zum Thema „politischer Totenkult" s. Rader 2003, bes. S. 10–11, 232–235. – Vgl. Below 1980, 149 (Hitler im Bismarck-Mausoleum). – Vielleicht darf in diesem Zusammenhang erwähnt werden: Unmittelbar vor seiner Amtseinführung, am Morgen des 24.4.2005, begab sich Papst Benedikt XVI. zum Petrusgrab in Sankt Peter.

Epilog

[1] Haffner 2001, 14. – Kershaw I, 434; vgl. z.B. auch Neumayr 2001, 6: „Seine monströse, ebenso gefühlskalte wie unnahbare Persönlichkeit gibt bis heute Rätsel auf"; Burleigh 2000, 105: „welthistorisches Ungeheuer". – Aly 2005, 357.

[2] Zu Hitlers „asozialem Ich" Haffner 2001, 19; ähnlich Kershaw I, 25: „grenzenlose Egomanie".

[3] Goebbels (Kampf) 1935, 176: aggressiver Antisemitismus als probate Methode, berühmt zu werden.

[4] Domarus III, 1234–1235 (= 22.8.1939). – Hitler/Picker 1997, 707–723 (= 30.5.1942). – Hitler/Bouhler II, 201–202 (= 10.5.1940). – Vgl. Below 1980, 354 (Ansprache vor dem Offiziersnachwuchs in Breslau am 20.11.1943). – Auch „Frontbesuche" gehören in diesen Zusammenhang, deren letzten der „Führer" noch am 15.2.1945 bei Frankfurt an der Oder machte (Below 1980, 40) – auch dies ein nutzloses Ritual, das aber nun einmal zur Rolle eines Feldherrn gehörte.

[5] Die Rede vom 10.12.1940 ist abgedruckt bei Hitler/Bouhler II, 333–362.

[6] Fest 2003, 216.

[7] Below 1980, 155: „Er (Hitler) sprach von dem wirtschaftlichen und landwirtschaftlichen Zuwachs für das Reich, der beträchtlich sei und ihm manche Sorge nähme [...]. Es müsste Ruhe und Ordnung einkehren". Also, mit Goebbels gesprochen, „Pazifizierung" war gefragt, um den Raum störfrei nutzen zu können.

8   Haffner 1940, 23. – Dietrich 1955, 24. – Frank 1955, 373.

9   Die „internationale jüdische Weltfinanz" z.B. in: „Mein Kampf", S. 163. – Das Wort-
    spiel zum „Todesraum" bei Wegner 1992, 17–37.

10 Haffner 2001, 39: „Dreh- und Angelpunkt". – Zutreffend spricht Brechtken (2004, 6)
    vom „millionenfachen Mitmachen der Deutschen", bestätigt aber auch Peter Longerichs
    These „Ohne Hitler kein Holocaust" (Brechtken, S. 7; ebd., S. 157: „Die Person und
    Rolle Hitlers ist entscheidend").

Bibliographie:
Gedruckte Quellen, Zeitzeugenberichte zu Hitler, Literatur

Aly, Götz, „Endlösung". Völkerverschiebung und der Mord an den europäischen Juden. – Frankfurt am Main 2001[6] (2000[1])

–   Hitlers Volksstaat. Raub, Rassenkrieg und nationaler Sozialismus, Frankfurt am Main 2005

Anacker, Heinrich, Die Trommel. SA-Gedichte, München 1932

Angrick, Andrej, Besatzungspolitik und Massenmord. Die Einsatzgruppe D in der südlichen Sowjetunion 1941–1943, Hamburg 2003

Arnold, Bill T. (u.a.), Babel und Bibel und Bias. How Anti-Semitism Distorted Friedrich Delitzsch's Scholarship, in: Bible Review 18 (2002), 32–40, 47

Baird, Jay W., To die for Germany. Heroes in the Nazi-Pantheon, Bloomington 1990

Bartelmäs, Eugen Frieder / Noethlichs, Richard (Hg.), Gott, Freiheit, Vaterland. Sprechchöre der Hitlerjugend, Stuttgart [1934]

Barth, Boris, Dolchstoßlegenden und politische Desintegration. Das Trauma der deutschen Niederlage im Ersten Weltkrieg 1914–1933, Düsseldorf 2003

Barth, Christian T., Goebbels und die Juden, Paderborn 2003

Behrenbeck, Sabine, Der Kult um die toten Helden. Nationalsozialistische Mythen, Riten und Symbole 1923 bis 1945, Vierow bei Greifswald 1996

Below, Nicolaus von, Als Hitlers Adjutant 1937–45, Mainz 1980

Bennewitz, Gert, Die geistige Wehrerziehung der deutschen Jugend, Berlin 1940

Benz, Wolfgang (u.a. Hg.), Enzyklopädie des Nationalsozialismus, Stuttgart 1997

–   Geschichte des Dritten Reiches, München 2000

Bosch, Heinz (Hg.), Heimatkalender in der Kriegszeit, Teil I-IV (1942–1945, Nachdruck), Geldern 1993

Bothien, H.P., Adolf Hitler am deutschen Rhein, Essen 2003

Bracher, Karl Dietrich, Die deutsche Diktatur. Entstehung, Struktur, Folgen des Nationalsozialismus, Berlin 1997[7]

Brechtken, Magnus, Die nationalsozialistische Herrschaft 1933–1939, Darmstadt 2004

Bross, Werner, Gespräche mit Hermann Göring während des Nürnberger Prozesses, Flensburg 1950

Browning, Christopher R., Die Entfesselung der „Endlösung". Nationalsozialistische Judenpolitik 1939–1942, Berlin 2003

–   Judenmord. NS-Politik, Zwangsarbeit und das Verhalten der Täter, Frankfurt am Main 2001

Buddrus, Michael, Totale Erziehung für den totalen Krieg. Hitlerjugend und nationalsozialistische Jugendpolitik, München 2003 [2 Teile, mit durchgehender Seitenzählung]

Bullock, Alan, Hitler. Eine Studie über Tyrannei, Kronberg 1977 [Englisch 1952]

Burleigh, Michael: Die Zeit des Nationalsozialismus. Eine Gesamtdarstellung, Frankfurt am Main 2000

Cancik, Hubert, „Wir sind jetzt eins". Rhetorik und Mystik in einer Rede Hitlers (Nürnberg, 11.9.1936), in: Günter Kehrer (Hg.), Zur Religionsgeschichte der Bundesrepublik Deutschland, München 1980, 13–48

Cohn, Norman, „Die Protokolle der Weisen von Zion". Der Mythos der jüdischen Weltverschwörung, Baden-Baden 1998

Dargel, Reinhard/Joachim, Dierk, „Deutschland muß leben, und wenn wir sterben müssen!", in: Ursel Hochmuth/Hans-Peter de Lorent (Hg.), Hamburg: Schule unterm Hakenkreuz, Hamburg 1985, 68–83

Dierker, Wolfgang, Himmlers Glaubenskrieger. Der Sicherheitsdienst der SS, seine Religionspolitik und die „politische Religion" des Nationalsozialismus, in: Historisches Jahrbuch 122 (2002), 321–344

Dietrich, Otto, 12 Jahre mit Hitler, München 1955

Domarus, Max, Hitler. Reden und Proklamationen 1932–145. Kommentiert von einem deutschen Zeitgenossen, 4 Bde., Wiesbaden 1988[4]

Drexler, Anton, Mein politisches Erwachen. Aus dem Tagebuch eines deutschen sozialistischen Arbeiters, München 1919 (1920[2]; 1923[3]; 1937[4])

Düsterberg, Rolf, Hanns Johst, „Der Barde der SS". Karrieren eines deutschen Dichters, Paderborn 2004

Eckart, Dietrich, Totengräber Rußlands. Zeichnungen von Otto von Kursell, Verse von Dietrich Eckart, München 1921

–   Ein Vermächtnis. Hg. u. eingeleitet von Alfred Rosenberg, München 1937[4] (1928[1])

Eitner, Hans-Jürgen, Hitler. Das Psychogramm, Frankfurt am Main/Berlin 1994

Evans, Richard J., Das Dritte Reich. Bd. I: Aufstieg, München 2004

Feder, Gottfried, Kampf gegen die Hochfinanz, München 1935

Ferrari Zumbini, Massimo, die Wurzeln des Bösen. Gründerjahre des Antisemitismus: Von der Bismarckzeit zu Hitler, Frankfurt am Main 2003

Fest, Joachim, Hitler. Eine Biographie, Berlin 2003

–   Begegnungen. Über nahe und ferne Freunde, Reinbek 2004

Feuersenger, Marianne, Im Vorzimmer der Macht. Aufzeichnungen aus dem Wehrmachtsführungsstab und Führerhauptquartier 1940–1945, München 1999[2]

Fischer, Fritz, Griff nach der Weltmacht. Die Kriegszielpolitik des kaiserlichen Deutschland 1914/18, Düsseldorf 1961

Frank, Hans, Im Angesicht des Galgens. Deutung Hitlers und seiner Zeit auf Grund eigener Erlebnisse und Erkenntnisse, Neuhaus bei Schliersee (Eigenverlag Brigitte Frank) 1955[2]

Freyberg, Alfred, Das Schullandheim, in: Weltanschauung und Schule 3 (1939), 7–14

Friedlander, Henry, Der Weg zum NS-Genozid. Von der Euthanasie bis zur Endlösung, Darmstadt 1997

Fritsch, Theodor, Handbuch der Judenfrage. Die wichtigsten Tatsachen zur Beurteilung des jüdischen Volkes, Leipzig 1936[40] (1887[1])

Gauhl, Karl Werner, Statistische Untersuchungen über Gruppenbildung bei Jugendlichen mit gleichgeschlechtlicher Neigung, Marburg 1940

Geis, Rudolf, Katholische Sexualethik, Paderborn 1929

Gerlach, Christian, Krieg, Ernährung, Völkermord. Forschungen zur deutschen Vernichtungspolitik im Zweiten Weltkrieg, Hamburg 1998

Gersdorff, Ursula von, Frauen im Kriegsdienst 1924–1945, Stuttgart 1969

Giesler, Hermann, Ein anderer Hitler. Bericht seines Architekten Hermann Giesler. Erlebnisse, Gespräche, Reflexionen, Leoni 1977 (2005[7])

Goebbels, Joseph, Das erwachende Berlin, München 1934 (zitiert: „Berlin")

–   Kampf um Berlin. Der Anfang, München 1935 (1934[1]) (zitiert: „Kampf")

–   Vom Kaiserhof zur Reichskanzlei. Eine historische Darstellung in Tagebuchblättern, München 1941 (1934[1]) (zitiert: „Kaiserhof")

–   Signale der neuen Zeit. 25 ausgewählte Reden, München 1934 (zitiert: „Signale")

–   Wetterleuchten. Aufsätze aus der Kampfzeit (2. Bd. „Der Angriff"), hg. von Georg-Wilhelm Müller, München 1939 (zitiert: „Wetterleuchten")

–   Tagebücher 1924–1945. Hg. von Ralf Georg Reuth, 5 Bde., München 1992 (zitiert: „Goebbels/Reuth")

–   Die Tagebücher von Joseph Goebbels, hg. von Elke Fröhlich. 2 Teile, München 1993–2005 (zitiert: „Goebbels/Fröhlich")

Goldhagen, Daniel Jonah, Hitlers willige Vollstrecker. Ganz gewöhnliche Deutsche und der Holocaust, Berlin 1998

Guderian, Heinz, Erinnerungen eines Soldaten, Heidelberg 1951

Günther, Hans F.K., Der nordische Gedanke unter den Deutschen, München 1927[2]

–   Rassenkunde des deutschen Volkes, München 1934[14]

Haffner, Sebastian, Germany: Jekyll & Hyde. 1939 – Deutschland von innen betrachtet, Berlin 1996 (Englisch: 1940)

–   Anmerkungen zu Hitler, Frankfurt am Main 1997 (1978[1])

–   Geschichte eines Deutschen. Die Erinnerungen 1914–1933, Stuttgart 2001[6]

Halder, Generaloberst [Franz], Kriegstagebuch. 3 Bde., Stuttgart 1962–1964

Hamann, Brigitte, Hitlers Wien. Lehrjahre eines Diktators, München 1996

Hanfstaengl, Ernst, Zwischen Weißem und Braunem Haus. Memoiren eines politischen Außenseiters, München 1970

Head, P.M., The Nazi Quest for an Aryan Jesus, in: Journal for the Study of the Historical Jesus 2 (2004), 55–89

Hecht, Cornelia, Deutsche Juden und Antisemitismus in der Weimarer Republik, Bonn 2003

Heep, Stefan, Der Nationalsozialismus – eine jüdisch-christliche Häresie?, in: Hairesis, hg. von Manfred Hetter (u.a.), Münster 2002, 487–510

Heiber, Beatrice u. Helmut, Die Rückseite des Hakenkreuzes. Absonderliches aus den Akten des „Dritten Reiches", München 2001[4] (zitiert: „Rückseite")

Heiber, Helmut (Hg.), Der ganz normale Wahnsinn unterm Hakenkreuz. Triviales und Absonderliches aus den Akten des Dritten Reiches, München 2001[2] (zitiert: „Wahnsinn")

Heinemann, Isabel, „Rasse, Siedlung, deutsches Blut". Das Rasse- und Siedlungshauptamt der SS und die rassenpolitische Neuordnung Europas, Göttingen 2003

Hering, Rainer, Konstruierte Nation. Der Alldeutsche Verband 1890 bis 1930, Hamburg 2003

Hermand, Jost, Als Pimpf in Polen. Erweiterte Kinderlandverschickung 1940–1945, Frankfurt am Main 1994

–　　Der alte Traum vom neuen Reich. Völkische Utopien und Nationalsozialismus, Weinheim 1995[2]

Hermannsen, Walter/Blome, Karl, Warum hat man uns das nicht früher gesagt? Ein Bekenntnis deutscher Jugend zu geschlechtlicher Sauberkeit, München 1941[2] (1940[1])

Hesemann, Michael, Hitlers Religion. Die fatale Heilslehre des Nationalsozialismus, München 2004

Hilberg, Raul: Die Quellen des Holocaust. Entschlüsseln und Interpretieren, Frankfurt am Main 2002

Hildebrand, Klaus, Das Dritte Reich, München 2003[6]

Himmler, Heinrich, Geheimreden 1933 bis 1945 und andere Ansprachen. Hg. von Bradley F. Smith und Agnes E. Peterson, Berlin 1974 (zitiert: „Himmler/Smith/Peterson")

–　　Krausnick, Helmut (Hg.): Denkschrift Himmlers über die Behandlung der Fremdvölkischen im Osten (Mai 1940), in: VZG 5 (1957), 194–198 (zitiert: „Himmler/Krausnick")

Hirschfeld, Gerhard (u.a., Hg.), Enzyklopädie Erster Weltkrieg, Paderborn 2004

Hitler, Adolf, Mein Kampf, München 1933 (2 Bde. mit durchgehender Seitenzählung; zuerst München 1925–1927)

–　　Adolf Hitlers Reden. Hg. v. Ernst Boepple, München 1933 (1925[1]) (zitiert: „Hitler / Boepple")

–　　Der großdeutsche Freiheitskampf. Reden Adolf Hitlers. Hg. von Philipp Bouhler, 3 Bde., München 1943, 2.–4. Aufl. (zitiert: „Hitler/Bouhler")

–　　Adolf Hitler. Monologe im Führer-Hauptquartier 1941–1944. Die Aufzeichnungen Heinrich Heims, hg. von Werner Jochmann, Hamburg 1980 (zitiert: „Hitler/Heim/Jochmann")

– Picker, Henry, Hitlers Tischgespräche im Führerhauptquartier. Entstehung, Struktur, Folgen des Nationalsozialismus, Berlin 1997 (zitiert: „Hitler/Picker")

– Hitlers Lagebesprechungen. Die Protokollfragmente seiner militärischen Konferenzen 1942–1945. Hg. von Helmut Heiber, Stuttgart 1962 (zitiert: „Hitler/Heiber")

– Deutschlands Rüstung im Zweiten Weltkrieg. Hitlers Konferenzen mit Albert Speer 1942–1945. Hg. u. eingeleitet von Willi A. Boelcke, Frankfurt am Main 1969 (zitiert: „Hitler/Speer/Boelcke")

– „Führer-Erlasse" 1939–1945. Edition sämtlicher überlieferter, nicht im Reichsgesetzblatt abgedruckter, von Hitler während des Zweiten Weltkrieges schriftlich erteilter Direktiven aus den Bereichen Staat, Partei, Wirtschaft, Besatzungspolitik und Militärverwaltung. Zusammengestellt u. eingeleitet von Martin Moll, Stuttgart 1997 (zitiert: „Hitler/Moll")

– Hubatsch, Walther, Hitlers Weisungen für die Kriegführung 1939–1945. Dokumente des Oberkommandos der Wehrmacht, Frankfurt am Main 1962 (und Erlangen 1983) (zitiert: „Hitler/Hubatsch")

– Staatsmänner und Diplomaten bei Hitler. Vertrauliche Aufzeichnungen über Unterredungen mit Vertretern des Auslands 1939–1941. Hg. u. erläutert von Andreas Hillgruber. 2 Teile, Frankfurt am Main 1967–1970 (zitiert: „Hitler/Hillgruber")

– „Es spricht der Führer". 7 exemplarische Hitler-Reden. Hg. u. erläutert von Hildegard von Kotze und Helmut Krausnick unter Mitwirkung von F.A. Krummacher, Gütersloh 1966 (zitiert: „Hitler/Kotze/Krausnick")

– Adolf Hitler. Sämtliche Aufzeichnungen 1905–1924. Hg. von Eberhard Jäckel mit Axel Kuhn, Stuttgart 1980 (zitiert: „Hitler/Jäckel/Kuhn")

– Hitler, Reden, Schriften, Anordnungen Februar 1925 bis Januar 1933, hg. vom Institut für Zeitgeschichte, München 1992–1999 (zitiert: „Hitler, Reden etc.")

– Der Hitler-Prozeß 1924. Hg. u. kommentiert von Lothar Gruchmann (u.a.), 4 Teile, München 1997–1999

– Hitlers politisches Testament. Die Bormann Diktate vom Februar und April 1945. Mit einem Essay von Hugh R. Trevor-Roper und einem Nachwort von André François-Poncet, Hamburg 1981 (zitiert: „Hitler/Bormann")

– s. Domarus, Maser, Kublank

Hochmuth, Sturm- und Kampflieder. Hg. durch Propagandaleiter Hochmuth, Berlin-Schöneberg 1933 (unpaginiert)

Hoffmann, Heinrich, Hitler, wie ich ihn sah – Aufzeichnungen seines Leibfotografen, München 1974

Hoffmann, Hilmar, „Und die Fahne führt uns in die Ewigkeit." Propaganda im NS-Film, Frankfurt am Main 1988

Holzmann, Bernhard, Hitler in Pasewalk. Die Hypnose und ihre Folgen, Düsseldorf 2004

Jäckel, Eberhard, Hitlers Weltanschauung. Entwurf einer Herrschaft, Tübingen 1969 (1991[4])

Joachimsthaler, Anton, Hitlers Weg begann in München 1913–1923, München 2000 (1989[1])

–   Hitlers Ende. Legenden und Dokumente, München 2004[2]

Junge, Traudl, Bis zur letzten Stunde. Hitlers Sekretärin erzählt ihr Leben, München 2002

Kaffanke, Eva-Maria, Der deutsche Heiland: Christusdarstellungen um 1900 im Kontext der völkischen Bewegung, Frankfurt am Main/Bern 2001

Kater, Michael H., Hitler-Jugend, Darmstadt 2005

Kaufmann, Günter (Hg.), Langemarck. Das Opfer der Jugend an allen Fronten, Stuttgart [1938]

Kempka, Erich, Die letzten Tage mit Adolf Hitler. Erweitert und erläutert von Erich Kern, Rosenheim 1991 (zitiert: „Kempka/Kern")

Kempowski, Walter, Das Echolot. Barbarossa '41. Ein kollektives Tagebuch, München 2004

Kershaw, Ian, Hitler. 2 Bde., München 2002

Kerutt, Horst, Adolf-Hitler-Marsch der deutschen Jugend, München 1939

Kindermann, Heinz (Hg.), Deutsche Wende. Das Lied der Jungen, Leipzig 1942

Kissel/Witt, Stenographischer Bericht über die Verhandlungen des Kongresses der Arbeiter-, Bauern- und Soldatenräte. Vom 25. Februar bis 8. März 1919 in München. Eingeleitet von Gisela Kissel und Hiltrud Witt, Glashütten im Taunus 1974 (zitiert: „Kissel/Witt")

Klee, Ernst, Das Personenlexikon zum Dritten Reich. Wer war was vor und nach 1945, Frankfurt am Main 2003

Klemperer, Victor, Ich will Zeugnis ablegen bis zum Letzten. Tagebücher 1933–1945, 2 Teile, Berlin 1995[3]

–   LTI. Notizbuch eines Philologen, Leipzig 1995[13]

Kluge, Ulrich, Soldatenräte und Revolution. Studien zur Militärpolitik in Deutschland 1918/19, Göttingen 1975

Knust, Hermann, Die Einheit von Denken, Dichten, Leben und Sterben bei Walter Flex, in: Die deutsche Höhere Schule 4 (1937), 433–441

Koch-Hillebrecht, Manfred, Hitler. Ein Sohn des Krieges. Fronterlebnis und Weltbild, München 2003

Kolb, Eberhard, Die Arbeiterräte in der deutschen Innenpolitik 1918–1919, Frankfurt am Main/Berlin 1978

Kotz, Alfred, Führen und Folgen. Ein Katechismus für Hitlersoldaten, Potsdam 1937[13]

Krausnick, Helmut, s. Himmler

Krumeich, Gerd/Lehmann, Hartmut (Hg.), „Gott mit uns". Nation, Religion und Gewalt im 19. und 20. Jahrhundert, Göttingen 2000

Kubizek, August, Adolf Hitler. Mein Jugendfreund, Graz 1953

Kublank, Walter, Hitler an die deutsche Jugend, Frankfurt am Main 1934 (zitiert: „Hitler/Kublank")

Kühnl, Reinhard, Der deutsche Faschismus in Quellen und Dokumenten, Köln 2000

Kunisch, Johannes, Friedrich der Große. Der König und seine Zeit, München 2004

Lehmann, Hartmut / Oexle, Gerhard Otto (Hg.), Nationalsozialismus in den Kulturwissenschaften, 2 Bde., Göttingen 2004

Leitz, Christian, Nazi Foreign Policy 1933–1941. The Road to Global War, London 2004

Ley, Astrid, Zwangssterilisation und Ärzteschaft. Hintergründe und Ziele ärztlichen Handelns 1934–1945, Frankfurt am Main 2004

Lilje, Hanns, Der Krieg als geistige Leistung, Berlin 1941

Lindenau, Ernst, Was man wissen muß vom Bolschewismus (Spartakismus, Kommunismus). Nach authentischen Quellen dargestellt. 3. Aufl. (21.–30. Tausend), Nürnberg 1919

Lipp, Anne, Meinungslenkung im Krieg. Kriegserfahrungen deutscher Soldaten und ihre Deutung 1914–1918, Göttingen 2003

Longerich, Peter, Der ungeschriebene Befehl. Hitler und der Weg zur „Endlösung", München 2001

Ludwig, Claudia-Yvonne, Die nationalpolitische Bedeutung der Ostsiedlung in der Weimarer Republik und die öffentliche Meinung, Frankfurt am Main 2004

Luther, Tammo, Volkstumspolitik im Deutschen Reich 1933–1938, Stuttgart 2004

Madajczyk, Czeslaw (Hg.), Vom Generalplan Ost zum Generalsiedlungsplan. Dokumente, München 1994

Mallmann, Klaus-Michael / Paul, Gerhard (Hg.), Karrieren der Gewalt. Nationalsozialistische Täterbiographien, Darmstadt 2004

Mann, Thomas, Deutsche Hörer! Europäische Hörer! Radiosendungen nach Deutschland, Frankfurt am Main 1986 und Darmstadt 1986

–   Bruder Hitler, in: Thomas Mann, Gesammelte Schriften, Bd. XII, Frankfurt am Main 1960, 845–852 (= Essay von 1939)

Martius, Goetz-Alexander, 1933–1945 – Auch das geschah in Deutschland, Genealogie – Sonderheft 2002/2003, 469–477

Maser, Werner, Hitlers Briefe und Notizen. Sein Weltbild in handschriftlichen Dokumenten, Graz 2002 (1973[1])

–   (Hg.), Paul Devrient. – Mein Schüler Adolf Hitler. Das Tagebuch seines Lehrers, München 2003 (zitiert: „Maser/Devrient")

May, Werner, Politischer Katechismus für den jungen Deutschen in Schule und Beruf, Breslau 1935[4]

Meinshausen, Hans, Erziehung zum Dritten Reich, Berlin 1934

Meyers Lexikon, Bd. I–IX, Leipzig 1936–1942

Meyer zu Uptrup, Wolfram, Kampf gegen die „jüdische Weltverschwörung". Propaganda und Antisemitismus der Nationalsozialisten 1919 bis 1945, Berlin 2003

Möller, Horst/Wengst, Udo (Hg.), Einführung in die Zeitgeschichte, München 2003

Mommsen, Hans, Der Nationalsozialismus. Kumulative Radikalisierung und Selbstzerstörung des Regimes, in: Meyers Enzyklopädisches Lexikon, Bd. XVI, Mannheim 1976, 785–790

–   Auschwitz, 17. Juli 1942. Der Weg zur europäischen „Endlösung der Judenfrage",
    München 2002

Mommsen, Theodor, Römische Geschichte, Bd. V., München 1976 (1885[1])

Müller, Albert, Sozialpolitische Erziehung, Berlin 1943

Münch, Ingo von (Hg.), Gesetze des NS-Staates. Dokumente eines Unrechtssystems, Pader-
    born 1992[3]

Naimark, Norman M., Fires of Hatred. Ethnic Cleansing in twentieth-century Europe, Cam-
    bridge, Mass., 2002

Naumann, Wilhelm, Feiergestaltung. Eine Nachbetrachtung zur Heldengedenkfeier, in: Völ-
    kische Musikerziehung, Januar 1936, 179–182

Neumayr, Anton, Hitlers Wahnideen, Krankheiten, Perversionen, Wien 2001

Neurath, Paul Martin, Die Gesellschaft des Terrors. Innenansichten der Konzentrationslager
    Dachau und Buchenwald, Frankfurt am Main 2004

Neville, Peter, Mussolini, London 2004

Nolte, Ernst, Vergangenheit, die nicht vergehen will. Eine Rede, die geschrieben, aber nicht
    gehalten werden konnte, in: Historikerstreit. Die Dokumentation der Kontroverse um die
    Einzigartigkeit der nationalsozialistischen Judenvernichtung, München 1995[9], 39–47

Pallmann, Gerhard, Das Soldatenlied in der Volksführung, Diss., Leipzig 1942

Paul, Gerhard, Aufstand der Bilder. Die NS-Propaganda vor 1933, Bonn 1992

Pieper, Josef, Das Arbeitsrecht des neuen Reiches und die Enzyklika Quadragesimo anno,
    Münster i.W. 1934

Pohl, Dieter, Verfolgung und Massenmord in der NS-Zeit: 1933–1945, Darmstadt 2003

Prollius, Michael von, Das Wirtschaftssystem der Nationalsozialisten 1933–1939, Paderborn
    2003

[Der] Prozeß gegen die Hauptkriegsverbrecher vor dem Internationalen Militärgerichtshof,
    Nürnberg, 14. November 1945 – 1. Oktober 1946, Nürnberg 1947–1949; Neudruck
    München 1984

Przyrembel, Alexandra, „Rassenschande". Reinheitsmythos und Vernichtungslegitimation im
    Nationalsozialismus, Göttingen 2003

Rader, Olaf B., Grab und Herrschaft. Politischer Totenkult von Alexander dem Großen bis
    Lenin, München 2003

Rauschning, Hermann, Die Revolution des Nihilismus. Kulisse und Wirklichkeit im Dritten
    Reich, Zürich 1938; neu hg. u. eingeleitet von Golo Mann, 1964

Reinecker, Herbert, Pimpfenwelt, Berlin 1938

Reuth, Ralf Georg, Hitler. Eine politische Biographie, München 2003

Rose, Olaf, Julius Schaub – In Hitlers Schatten. Erinnerungen und Aufzeichnungen des Chef-
    adjutanten 1925–1945, Stegen/Ammersee 2005

Roseman, Mark, Die Wannsee-Konferenz. Wie die NS-Bürokratie den Holocaust organisierte, München 2002

Rosenberg, Alfred, Blut und Ehre. Ein Kampf für deutsche Wiedergeburt. Reden und Aufsätze 1919–1933. Hg. von Thilo von Trotha, München 1934

–   Letzte Aufzeichnungen. Ideale und Idole der nationalsozialistischen Revolution, Göttingen 1955

–   Das politische Tagebuch Alfred Rosenbergs 1934/35 und 1939/40. Hg. von Hans-Günther Seraphim, München 1964 (zuerst 1956) (zitiert: „Rosenberg/Seraphim")

–   s. Eckart

Rüthers, Bernd, Toleranz in einer Gesellschaft im Umbruch, in: Schlaglichter. Ansprachen und Reden an der Rechtswissenschaftlichen Fakultät Münster 3 (2003/2004), 3–35

Salewski, Michael, Der Erste Weltkrieg, Paderborn 2004[2]

Sarfatti, Michele, Grundzüge und Ziele der Judengesetzgebung im faschistischen Italien, QFIAB 83 (2003), 436–444

Sasse, Martin (Hg.), Martin Luther über die Juden: Weg mit Ihnen! Hg. von Landesbischof Martin Sasse, Eisenach. – Freiburg im Breisgau (Sturmhut-Verlag) 1938

Schaller, Hermann, Die Schule im Staate Adolf Hitlers. Eine völkische Grundlegung, Breslau 1935

Schirach, Baldur von, die Feier der neuen Front, 2. Aufl. (o.J. und Ort) (1929[1])

–   Die Hitler-Jugend. Idee und Gestalt, Leipzig 1936

–   Revolution der Erziehung. Reden aus den Jahren des Aufbaus, München 1943[4]

Schlünder, Ernst, Hitlerjugend und Leibesübungen, in: Friedrich Mildner (Hg.), Olympia 1936 und die Leibesübungen im nationalsozialistischen Staat. Erster Bd., Berlin 1936, 366–370

Schmidt, Paul, Statist auf diplomatischer Bühne, 1923–45. Erlebnisse des Chefdolmetschers im Auswärtigen Amt mit den Staatsmännern Europas, Bonn 1949

Schramm, Percy E. (Hg.), Kriegstagebuch des Oberkommandos der Wehrmacht (Wehrmachtführungsstab 1940–1945), 8 Bde. (Bonn o.J., zuerst 1964)

Schreckenberg, Heinz, Die Juden in der Kunst Europas. Ein historischer Bildatlas, Göttingen 1996

–   Lebenswelt und Kriegseinsatz der deutschen Jugend unter Hitler. Anmerkungen zur Literatur, Münster 2001

–   Der Antisemitismus der Hitlerjugendführer und die „Endlösung der Judenfrage in Europa", in: Grenzgänge. Menschen und Schicksale zwischen jüdischer, christlicher und deutscher Identität, hg. von Folker Siegert, Münster 2002, S. 270–307

–   Ideologie und Alltag im Dritten Reich, Frankfurt am Main 2003

–   Der Kronzeuge aus dem gegnerischen Lager, in: Welt und Umwelt der Bibel, Heft 2/2004 (Nr. 32), 46–50

– Erlösungsantisemitismus? Überlegungen zu Hitlers Genozidbefehl im Dezember 1941, in: Christoph Barnbrock / Werner Klän (Hg.), Gottes Wort in der Zeit: verstehen – verkündigen – verbreiten, Münster 2005, 41–61

Schroeder, Christa, Er war mein Chef. Aus dem Nachlaß der Sekretärin von Adolf Hitler. Hg. von Anton Joachimsthaler, München 1985

Schwerin von Krosigk, Lutz Graf von, Es geschah in Deutschland. Menschenbilder unseres Jahrhunderts, Tübingen 1951

Seeliger, Rolf, Die braune Universität. Deutsche Hochschullehrer gestern und heute. Eine Dokumentation, 6 Hefte, München (Selbstverlag) 1961–1968

Seidel, Thomas A., Im Übergang der Diktaturen. Eine Untersuchung zur kirchlichen Neuordnung in Thüringen 1945–1951, Stuttgart 2003

Seipp, Paul, Formung und Auslese im Reichsarbeitsdienst, Berlin 1935

Seipp, Paul / Scheibe, Wolfgang, Spaten und Ähre. Das Handbuch der deutschen Jugend im Reichsarbeitsdienst. Bearbeitet von Paul Seipp und Wolfgang Scheibe, Heidelberg 1939

Seligmann, Rafael, Hitler. Die Deutschen und ihr Führer, München 2004

Speer, Albert, Erinnerungen, Frankfurt am Main / Berlin 1969 (zitiert: „Erinnerungen")

– Spandauer Tagebücher, Berlin 1975 (zitiert: „Tagebücher")

– Der Sklavenstaat. Meine Auseinandersetzung mit der SS, Stuttgart 1981 (zitiert: Sklavenstaat")

– Die Kransberg-Protokolle 1945. Seine ersten Aussagen und Aufzeichnungen (Juni–September), hg. von Ulrich Schlie, München 2003 (zitiert: „Speer/Schlie")

[Der] Sprach-Brockhaus. Deutsches Bildwörterbuch für jedermann, Leipzig 1938[2]

Stark, Johannes, Nationalsozialismus und Katholische Kirche, München 1931[3]

Stellrecht, Helmut, Die Wehrerziehung der deutschen Jugend, Berlin 1938

– Glauben und Handeln. Ein Bekenntnis der jungen Nation, Berlin 1942 (111.–127. Tausend) (zitiert: „Glauben")

– Neue Erziehung, Berlin 1943 (zitiert „Erziehung")

Strenge, Irene, Machtübernahme 1933 – Alles auf legalem Wege?, Berlin 2002

Szliska, Jakob, Erziehung zum Wehrwillen, Stuttgart 1940[2]

Taureck, Bernhard H.F.: Nietzsche und der Faschismus. Ein Politikum, Leipzig 2000

Thamer, Hans-Ulrich, Verführung und Gewalt. Deutschland 1933–1945, Berlin 1986

– Der Nationalsozialismus, Stuttgart 2002

Thoss, Bruno / Volkmann, Hans-Erich (Hg.), Erster Weltkrieg – Zweiter Weltkrieg. Ein Vergleich. Krieg, Kriegserlebnis, Kriegserfahrung in Deutschland, Paderborn 2002

Toland, John, Adolf Hitler. Biographie 1889–1945, Augsburg 2005 (1977[1])

Trever-Roper, Hugh Redwald, Hitlers Kriegsziele, in: VZG 8 (1960), 121–133

Tyrell, Albrecht, Vom ‚Trommler' zum ‚Führer'. Der Wandel von Hitlers Selbstverständnis zwischen 1919 und 1924 und die Entwicklung der NSDAP, München 1975

Unterburger, Klaus, „Wenn die Bischöfe schweigen ...". Eine Denkschrift des Trierer New-man-Forschers und Theologen Matthias Laros an den deutschen Episkopat aus dem Jahre 1934, in: Zeitschrift für Kirchengeschichte 113 (2002), 329–354

[Die] Ur-Katastrophe des 20. Jahrhunderts. SPIEGEL special, Nr. 1/2004

Usadel, Georg, Wissen, Erziehung, Schule, München 1939

Wagener, Otto, Hitler aus nächster Nähe. Aufzeichnungen eines Vertrauten 1929–1932. Hg. von Henry A. Turner, Frankfurt am Main 1987 (1978[1])

Wagner, Wilhelm J., Knaurs Bildatlas Drittes Reich, Augsburg 2001

Wantzen, Paulheinz, Das Leben im Krieg 1939–1946. Ein Tagebuch. Aufgezeichnet in der damaligen Gegenwart, Bad Homburg 2000

Warlimont, Walter, Im Hauptquartier der deutschen Wehrmacht 1939–1945. Grundlagen, Formen, Gestalten, Frankfurt am Main 1962

Wegner, Bernd, vom Lebensraum zum Todesraum. Deutschlands Kriegführung zwischen Moskau und Stalingrad, in: Jürgen Förster (Hg.), Stalingrad. Ereignis – Wirkung – Symbol, München 1992, 17–37

Wegner, Max (Hg.), Wir glauben! Junge Dichtung der Gegenwart, Stuttgart 1937

Wehler, Hans-Ulrich, Deutsche Gesellschaftsgeschichte. Vierter Band. Vom Beginn des Ersten Weltkriegs bis zur Gründung der beiden deutschen Staaten, 1914–1949, München 2003

Wehner, Gerhart, Die rechtliche Stellung der Hitler-Jugend, Dresden 1939

Werckmeister, Walter, Stahlhelm-Bundes-Liederbuch, Halle a.d. Saale 1924

Westenrieder, Norbert, „Deutsche Frauen und Mädchen!". Vom Alltagsleben 1933–1945, Düsseldorf 1984

Wiedemann, Fritz, Der Mann, der Feldherr werden wollte. Erlebnisse und Erfahrungen des Vorgesetzten Hitlers im 1. Weltkrieg und seines späteren Persönlichen Adjutanten, Velbert 1964

Wir rufen. Gedichte der Hitler-Jugend im Land der roten Erde, Bielefeld (NS-Volksblattverlag) [o.J., unpaginiert]

Wistrich, Robert S., Hitler und der Holocaust, Berlin 2003

Wolf, Hubert, Pius XI. und die „Zeitirrtümer". Die Initiativen der römischen Inquisition gegen Rassismus und Nationalismus, in: VZG 53 (2005), 1–42

Ziegler, Matthes, Soldatenglaube, Soldatenehre. Ein deutsches Brevier für Hitler-Soldaten, Berlin 1940 (1939[1])

Bildanhang

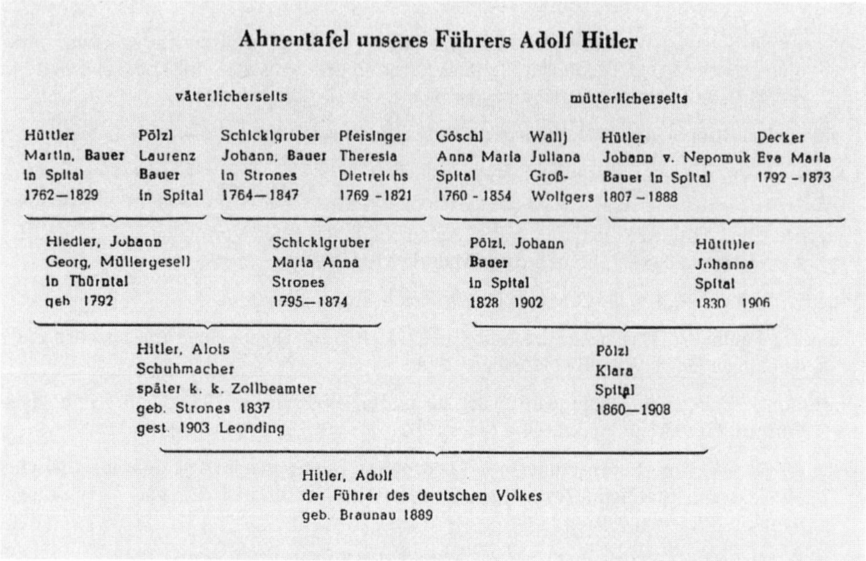

Ahnentafel unseres Führers Adolf Hitler

väterlicherseits				mütterlicherseits			
Hüttler	Pölzl	Schicklgruber	Pfeisinger	Göschl	Wallj	Hütler	Decker
Martin, Bauer	Laurenz	Johann, Bauer	Theresia	Anna Maria	Juliana	Johann v. Nepomuk	Eva Maria
in Spital	Bauer	in Strones	Dietreichs	Spital	Groß-	Bauer in Spital	1792 – 1873
1762—1829	in Spital	1764—1847	1769 –1821	1760 - 1854	Wollgers	1807 – 1888	

Hiedler, Johann	Schicklgruber	Pölzl, Johann	Hüt(t)ler
Georg, Müllergesell	Maria Anna	Bauer	Johanna
in Thörntal	Strones	in Spital	Spital
geb 1792	1795—1874	1828 1902	1830 1906

Hitler, Alois	Pölzl
Schuhmacher	Klara
später k. k. Zollbeamter	Spital
geb. Strones 1837	1860—1908
gest. 1903 Leonding	

Hitler, Adolf
der Führer des deutschen Volkes
geb. Braunau 1889

Abb. 1: Die offizielle Ahnentafel Hitlers im Jahre 1944. Ermittlungen der gegenwärtigen Zeitgeschichtsforschung ergeben ein anderes, nicht retuschiertes Bild. Siehe Hamann 1996, S. 65, und Kershaw I, S. 40–41, sowie Hesemann 2004, 41–45. — Bildquelle: Der HJ-Führer. Führerdienst des Gebietes Niedersachsen, Oktober 1944, S. 4 (innerhalb der Abteilung „Unser Dienst").

Abb. 2   Antibolschewistische und antijüdische völkische Polemik im München des Jahres 1921. Hitler benützt ausgiebig die Gedanken und Anregungen Eckarts und kannte sicher dieses Buch, zu dem Alfred Rosenberg ein in das Thema einleitendes Vorwort schrieb. — Bildquelle: Eckart/Kursell 1921, Titelbild.

Martow=Zederbaum
Mitglied der Exekutive der Arbeiterräte.

Arbeiter sind es, die er stolz vertritt,
Als ob nicht jeder Jude Arbeit haßte!
Umsonst schleppt keiner hin so träg den Schritt —
Verfault und faul, es ist dieselbe Quaste.

Abb. 3:　Dass seit der Oktoberrevolution von 1917 in Russland einige Juden führende Positionen innehatten, wurde nach 1918 im Deutschen Reich zur polemischen Propaganda gegen den Europa bedrohenden „jüdischen Bolschewismus" benutzt. Hitler machte da kräftig mit. — Bildquelle: Eckart/Kursell 1929, S. 15.

Leiba Trotzky-Braunstein

Kriegs- und Marine-Kommissar,
der eigentliche Diktator Rußlands.

Ist das ein Mensch? Ein Teufel? Tretet näher!
Ein Basilisk? Ein tollgeword'ner Faun?,
Sagt alles nur in allem: Ein Hebräer —
Ihr werdet seinesgleichen oft noch schau'n.

Abb. 4: Solche abstoßend karikierende Darstellungen russischer Politiker jüdischer Herkunft sollten im Deutschen Reich Angst schüren und völkischen Propagandisten –
zu denen auch Hitler gehörte – Zulauf bringen. — Bildquelle: Eckart/Kursell 1921,
S. 2.

Parteiprogramm.

Das Programm der Deutschen Arbeiterpartei ist ein Zeit-Programm. Die Führer lehnen es ab, nach Erreichung der im Programm aufgestellten Ziele neue aufzustellen, nur zu dem Zweck, um durch künstlich gesteigerte Unzufriedenheit der Massen das Fortbestehen der Partei zu ermöglichen.

1. Wir fordern den Zusammenschluß aller Deutschen auf Grund des Selbstbestimmungsrechts der Völker zu einem Großdeutschland.

2. Wir fordern die Gleichberechtigung des deutschen Volkes gegenüber den anderen Nationen, Aufhebung der Friedensverträge von Versailles und Saint-Germain.

3. Wir fordern Land und Boden (Kolonien) zur Ernährung unseres Volkes und Ansiedlung unseres Bevölkerungsüberschusses.

4. Staatsbürger kann nur sein, wer Volksgenosse ist. Volksgenosse kann nur sein, wer deutschen Blutes ist, ohne Rücksicht auf Konfession. Kein Jude kann daher Volksgenosse sein.

5. Wer nicht Staatsbürger ist, soll nur als Gast in Deutschland leben können und muß unter Fremdengesetzgebung stehen.

6. Das Recht, über Führung und Gesetze des Staates zu bestimmen, darf nur dem Staatsbürger zustehen. Daher fordern wir, daß jedes öffentliche Amt, gleichgültig welcher Art, ob im Reich, Land oder Gemeinde, nur von Staatsbürgern bekleidet werden darf. Wir bekämpfen die korrumpierende Parlamentswirtschaft, eine Stellenbesetzung nur nach Parteigesichtspunkten ohne Rücksicht auf Charakter und Fähigkeiten.

7. Wir fordern, daß sich der Staat verpflichtet, in erster Linie für die Erwerbs- und Lebensmöglichkeit der Staatsbürger zu sorgen. Wenn es nicht möglich ist, die Gesamtbevölkerung des Staates zu ernähren, so sind die Angehörigen fremder Nationen (Nichtstaatsbürger) aus dem Reiche auszuweisen.

8. Jede weitere Einwanderung Nichtdeutscher ist zu verhindern. Wir fordern, daß alle Nichtdeutschen, die seit dem 2. August 1914 in Deutschland eingewandert sind, sofort zum Verlassen des Reiches gezwungen werden.

9. Alle Staatsbürger müssen gleiche Rechte und Pflichten besitzen.

10. Erste Pflicht jedes Staatsbürgers muß sein, geistig und körperlich zu schaffen. Die Tätigkeit des einzelnen darf nicht gegen die Interessen der Allgemeinheit verstoßen, sondern muß im Rahmen des Gesamten und zum Nutzen aller erfolgen.

Daher fordern wir:

11. Abschaffung des arbeits- und mühelosen Einkommens. Brechung der Zinsknechtschaft.

12. Im Hinblick auf die ungeheuren Opfer an Gut und Blut, die jeder Krieg vom Volke fordert, muß die persönliche Bereicherung durch den Krieg als Verbrechen am Volke bezeichnet werden. Wir fordern daher restlose Einziehung aller Kriegsgewinne.

13. Wir fordern die Verstaatlichung aller (bisher) vergesellschafteten (Trusts) Betriebe.

14. Wir fordern Gewinnbeteiligung an Großbetrieben.

15. Wir fordern einen großzügigen Ausbau der Altersversorgung.

16. Wir fordern die Schaffung eines gesunden Mittelstandes und seine Erhaltung, sofortige Kommunalisierung der Großwarenhäuser und ihre Vermietung zu billigen Preisen an kleine Gewerbetreibende, schärfste Berücksichtigung aller kleinen Gewerbetreibenden bei Lieferungen an den Staat, die Länder oder Gemeinden.

17. Wir fordern eine unserem nationalen Bedürfnis angepaßte Bodenreform, Schaffung eines Gesetzes zur unentgeltlichen Enteignung von Boden für gemeinnützige Zwecke, Abschaffung des Bodenzinses und Verhinderung jeder Bodenspekulation.

18. Wir fordern den rücksichtslosen Kampf gegen diejenigen, die durch ihre Tätigkeit das Gemeinschaftsinteresse schädigen. Gemeine Volksverbrecher, Wucherer, Schieber usw. sind mit dem Tode zu bestrafen, ohne Rücksichtnahme auf Konfession und Rasse.

19. Wir fordern Ersatz für das dem materialistischen Weltordnung dienende römische Recht durch ein deutsches Gemeinrecht.

20. Um jedem fähigen und fleißigen Deutschen das Erreichen höherer Bildung und damit das Einrücken in führende Stellungen zu ermöglichen, hat der Staat für einen gründlichen Ausbau unseres gesamten Volksbildungswesens Sorge zu tragen. Die Lehrpläne aller Bildungsanstalten sind den Erfordernissen des praktischen Lebens anzupassen. Das Erfassen des Staatsgedankens muß bereits mit dem Beginn des Verständnisses durch die Schule (Staatsbürgerkunde) erzielt werden. Wir fordern die Ausbildung geistig besonders veranlagter Kinder armer Eltern ohne Rücksicht auf deren Stand oder Beruf auf Staatskosten.

21. Der Staat hat für die Hebung der Volksgesundheit zu sorgen durch den Schutz der Mutter und des Kindes, durch Verbot der Jugendarbeit, durch Herbeiführung der körperlichen Ertüchtigung mittels gesetzlicher Festlegung einer Turn- und Sportpflicht, durch größte Unterstützung aller sich mit körperlicher Jugendausbildung beschäftigenden Vereine.

22. Wir fordern die Abschaffung der Söldnertruppe und die Bildung eines Volksheeres.

23. Wir fordern den gesetzlichen Kampf gegen die bewußte politische Lüge und ihre Verbreitung durch die Presse. Um die Schaffung einer deutschen Presse zu ermöglichen, fordern wir, daß

a) sämtliche Schriftleiter und Mitarbeiter von Zeitungen, die in deutscher Sprache erscheinen, Volksgenossen sein müssen;

b) nichtdeutsche Zeitungen zu ihrem Erscheinen der ausdrücklichen Genehmigung des Staates bedürfen. Sie dürfen nicht in deutscher Sprache gedruckt werden;

c) jede finanzielle Beteiligung an deutschen Zeitungen oder deren Beeinflussung durch Nichtdeutsche gesetzlich verboten wird und als Strafe für Übertretungen die Schließung einer solchen Zeitung sowie die sofortige Ausweisung der daran beteiligten Nichtdeutschen aus dem Reich. Zeitungen, die gegen das Gemeinwohl verstoßen, sind zu verbieten. Wir fordern den gesetzlichen Kampf gegen eine Kunst- und Literaturrichtung, die einen zersetzenden Einfluß auf unser Volksleben ausübt, und die Schließung von Veranstaltungen, die gegen vorstehende Forderungen verstoßen.

24. Wir fordern die Freiheit aller religiösen Bekenntnisse im Staat, soweit sie nicht dessen Bestand gefährden oder gegen das Sittlichkeits- und Moralgefühl der germanischen Rasse verstoßen. Die Partei als solche vertritt den Standpunkt eines positiven Christentums, ohne sich konfessionell an ein bestimmtes Bekenntnis zu binden. Sie bekämpft den jüdisch-materialistischen Geist in und außer uns und ist überzeugt, daß eine dauernde Genesung unseres Volkes nur erfolgen kann von innen heraus auf der Grundlage: Gemeinnutz geht vor Eigennutz.

25. Zur Durchführung alles dessen fordern wir die Schaffung einer starken Zentralgewalt des Reiches. Unbedingte Autorität des politischen Zentralparlaments über das gesamte Reich und seine Organisationen im allgemeinen. Die Bildung von Stände- und Berufskammern zur Durchführung der vom Reich erlassenen Rahmengesetze in den einzelnen Bundesstaaten.

Die Führer der Partei versprechen, wenn nötig unter Einsatz des eigenen Lebens, für die Durchführung der vorstehenden Punkte rücksichtslos einzutreten.

Zu diesem Programm hat Adolf Hitler am 13. 4. 1928 folgende Erklärung verlautbart:

Erklärung.

Gegenüber den verlogenen Auslegungen des Punktes 17 des Programms der NSDAP. von seiten unserer Gegner ist folgende Feststellung notwendig:

Da die NSDAP. auf dem Boden des Privateigentums steht, ergibt sich von selbst, daß der Passus „unentgeltliche Enteignung" nur auf die Schaffung gesetzlicher Möglichkeiten Bezug hat, Boden, der auf unrechtmäßige Weise erworben wurde oder nicht nach den Gesichtspunkten des Volkswohls verwaltet wird, wenn nötig, zu enteignen. Dies richtet sich demgemäß in erster Linie gegen die jüdischen Grundstücksspekulationsgesellschaften.

Abb. 5: Das Parteiprogramm der „Deutschen Arbeiterpartei" (DAP), von Hitler am 24. Februar 1920 im Festsaal des Münchener Hofbräuhauses vor etwa 2.000 Anwesenden verlesen. Diese DAP-Versammlung galt später als Gründungsversammlung der NSDAP, in welche die DAP hernach umbenannt wurde. — Quelle des Faksimiles: Meyers Lexikon, Band VIII, Leipzig 1940, Sp. 123–124.

Abb. 6: Pseudoreligiöse Sakralisierung der „unsterblichen" germanischen Rasse. — Bildquelle: Jakob Graf, Biologie für höhere Schulen, Band 3, München 1943; Verse von Will Vesper.

Abb. 7:   Antijüdisches Hetzbild aus dem Jahre 1934. Es glossiert aus NS-Sicht den Kra-
           wall-Antisemitismus der SA. — Bildquelle: Joseph Goebbels, Kampf um Berlin,
           München 1935 (1934[1]), S. 235.

Abb. 8:   Der „Ewige Jude" in einer NS-Polemik des Jahres 1939. — Bildquelle: Die vom
Nationalsozialistischen Lehrerbund herausgegebene Schülerzeitschrift „Hilf
mit!", Jg. 1939.

Holzschnitt von Georg Sluyterman v. Langeweyde

Ritter, Tod und Teufel

Nicht Schild und Harnisch dienen dir im Ringen
um deines Volkes Leben und Bestand;
grau ist dein Waffenkleid und ohne Pracht.
Nicht Schreckgestalten gilt es zu bezwingen,
die eines frommen Meisters Kunst erfand;
hart drohende Gefahr rief dich zur Schlacht.

Den Völkertod, der zu vernichten plant,
was seit Jahrtausenden gedieh aus edlem Geist,
zwingt deine Faust, und zornig flammt dein Blick.
Des Übels Ursprung hast du längst geahnt:
Ihn, der mit Recht Europas Erbfeind heißt,
Ahasverus, der Schöpfung Mißgeschick.

Wolf Sluyterman v. Langeweyde

Abb. 9:   Aktualisierung von Dürers „Ritter, Tod und Teufel" und Benutzung christlicher
antijüdischer Traditionen zum „Ewigen Juden" im Jahre 1944. – In einer Rede am
21. April 1921 hatte Hitler u.a. gesagt, er könne sich „den Teufel nur in der jüdischen Fratze vorstellen" (Hitler/Jäckel/Kuhn 1980, S. 367). – Eine begleitende
Unterstützung der „Endlösung der Judenfrage in Europa"? — Bildquelle: Kriegs-
Heimatkalender 1944 für Ruhr und Niederrhein, Duisburg 1944.

„Wenn ihr ein Kreuz seht, dann denkt an den grauenhaften Mord
der Juden auf Golgatha..."

Abb. 10: Hitler und der NS bedienten sich für ihre antijüdische Polemik gern der einschlägigen christlichen Tradition, in welcher die Juden nicht selten als Mörder Jesu
Christi dargestellt waren. — Bildquelle: Der Giftpilz. Ein Stürmerbuch für Jung
und Alt. Erzählungen von Ernst Hiemer. Bilder von Fips, Nürnberg 1938.

Getreue Hände braucht das Land, ein starkes Herz die
Weite, Entbehrung will der Sand, Gefahr ist stets zur
Seite. Neuland glüht im Sonnenbrand...

Ein junges Volk befreit die Welt, zerbricht die alten Bände. Wenn Englands Fahne fällt, sind deutsch die Son-
nenlande. Neuland glüht im Sonnenbrand...

Abb. 11: Worte und Weise dieses 1943 in der Hitlerjugend gesungenen Liedes sind von
Hans Baumann. Es begleitet ideologisch die imperialistische Erweiterung des
deutschen „Lebensraumes". — Quelle des Faksimiles: Wir folgen. Jahrbuch der
Jungmädel 1943 (zur Woche vom 14.–20. Juni 1943).

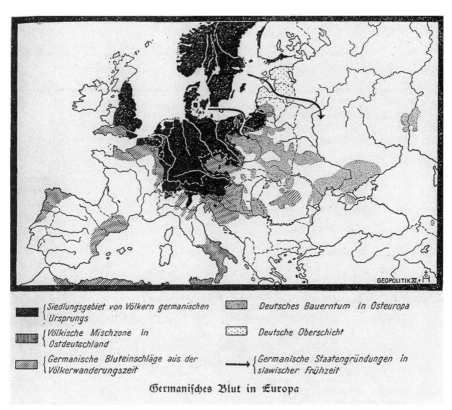

Abb. 12: Geopolitische Ideologie zum „großgermanischen Reich" im Jahre 1938.
— Bildquelle: Spaten und Ähre. Das Handbuch der deutschen Jugend im Reichsarbeitsdienst, Heidelberg 1938, S. 17.

HJ

UNSER DIENST

Unterlagen zur Dienstgestaltung für die Hitler-Jugend
M o n a t   M ä r z   1 9 4 5
Monatsthema: Volk und Rasse

Abb. 13: Eine makabre Illustration zur „Lebensraum"-Eroberung im Osten, nur Wochen
vor dem Ende des Dritten Reiches! Ins Bild gesetzt ist der NS-typische Doppel-
begriff „Schwert und Pflug", wie er z.B. vom obersten HJ-Chef Axmann in der
Führerzeitschrift „Wille und Macht" vom 15. Januar 1942 formuliert ist: „Das
deutsche Schwert hat den Osten befreit. Nun folgt der Bauer mit dem Pflug".
— Bildquelle: Der HJ-Führer. Führerdienst des Gebietes Niedersachsen (innerhalb der Abteilung „Unser Dienst", Titelbild), März 1945.

Nationalsozialistische Deutsche
Gliederungen und angeschlossenen
tionen des nationalsozialistischen
Staates: 1 Hoheitszeichen der NSDAP.
2 Goldenes Ehrenzeichen der Partei. 3 Parteiabzeichen. 4 Zivilabzeichen der SA. 5 Zivilabzeichen
der SS. 6 NSKK. 7 Ehrenzeichen der HJ. 8 Abzeichen der HJ. und des BDM. 9 Deutsches
Jungvolk. 10 Leistungsabzeichen der HJ. 11 Ehrenzeichen des NSD.-Studentenbundes. 12 Abzeichen des NSD.-Studentenbundes. 13 NS.-Frauenschaft. 14 NSBO. 15 Deutsche Arbeitsfront.
16 NS.-Volkswohlfahrt. 17 Reichsbund Deutscher Beamter. 18 NS.-Rechtswahrerbund. 19 NS.-
Lehrerbund. 20 NS.-Kriegsopferversorgung. 21 Deutsches Frauenwerk. 22 NS.-Kulturgemeinde.
23 Reichsbund der Kinderreichen. 24 NS.-Studentenkampfhilfe. 25 Opferring. 26 Förderndes
Mitglied der SS. 27 Arbeitsdank. 28 Reichsnährstand. 29 Reichsstand des deutschen Handwerks.
30 Reichskulturkammer. 31 NS.-Fliegerkorps. 32 Reichsluftschutzbund. 33 Technische Nothilfe.
34 VDA (Volksbund für das Deutschtum im Auslande). 35 Bund Deutscher Osten. 36 Reichs-
kolonialbund. 37 Deutscher Reichsbund für Leibesübungen. 38 Deutscher Reichskriegerbund Kyff-
häuser. 39 Soldatenbund. 40 Wehrmacht-Zivilabzeichen.

Abb. 14: Abzeichen (als Unterscheidungs- und Zugehörigkeitskennzeichen) hatten im Nationalsozialismus eine überragende Bedeutung für die totale Erfassung und Struk-
turierung der „Volksgemeinschaft" in Gliederungen, Bünden und Organisationen
aller Art. — Bildquelle: Der Neue Brockhaus, Band 3, Leipzig 1937, S. 343.

Abb. 15   Euthanasie-Propaganda in einem Schulbuch des Jahres 1943. Im Bildhintergrund
eine luxuriöse, palastartige Pflegeanstalt. — Bildquelle: Jakob Graf, Biologie für
höhere Schulen, Band 3, München 1943.

Hebt euch, Ge-fähr-ten, von der
kühlen Erd, im Feld versinkt die Nacht.
Klir-ren Eisen, stampft ein Pferd
und wit-tert die Schlacht.

Hebt eure Degen in das Firmament, der Morgen küßt den Stahl. Steigt die Sonne, der Helmrand brennt, und Glut säumt das Tal.

Jubelt die Sonne, unser Ritt beginnt, das weite Feld erbebt. Sinken Reiter, Blut verrinnt – die Fahne, sie lebt!

Abb. 16   Eines der Lieder von Hans Baumann, des bekanntesten NS-Barden. – Mit solchen Gesängen wurde in den Kriegsjahren das Sterben deutscher Soldaten für die Fahne romantisiert. — Quelle des Faksimiles: Wir schaffen. Jahrbuch des Bundes Deutscher Mädel 1943, S. 169.

Abb. 17   Linolschnitt von Georg Sluyterman von Langeweyde, um 1938. Düsterer, nihilisti-
          scher Heroismus, wie er von der NS-Ideologie in vielen Liedern und Bildern kulti-
          viert wurde: Kampf um des Kampfes willen; Kampf als gleichsam normale Lebens-
          form des germanischen Menschen; Kampf, von dem das Sterben des Feindes und
          der eigene Tod ein selbstverständlicher Teil ist. – Im Zusammenhang mit dem Er-
          ziehungsziel „Wehrtüchtigkeit im Kriege" glorifizierte die HJ-Zeitschrift „Das jun-
          ge Deutschland" (37, 1943, S. 155) eine solche Haltung: „Wir Deutschen brauchen
          nicht mehr gefühlvoll in die griechische Antike zu blicken, um unser Idealbild zu
          erkennen. Es steht vor uns in der aufrechten Haltung des deutschen Grenadiers, des-
          sen sehnengestraffter Körper zusammen mit dem im Anblick des Todes hart gewor-
          denen Antlitz jene Harmonie verrät, die dem ganzen Volk zum Maßstab der Kraft
          seiner Männer geworden ist." Schillers Lied aus „Wallensteins Lager" war in sol-
          chem Kontext immer willkommen. — Quelle: Lied im Volk, Band 2, Leipzig 1942,
          S. 189.

Register

Rudolf Günter Huber

Gerd von Rundstedt

Sein Leben und Wirken im Spannungsfeld gesellschaftlicher Einflüsse und persönlicher Standortbestimmung

Frankfurt am Main, Berlin, Bern, Bruxelles, New York, Oxford, Wien, 2004.
XIII, 465 S., zahlr. Abb.
ISBN 3-631-51933-8 · br. € 74.50*

Die Biographie beschreibt und analysiert Leben und Wirken des in Kaiserreich, Weimarer Republik und Dritten Reich allmählich bis zum Generalfeldmarschall aufgestiegenen preußischen Offiziers Gerd von Rundstedt. Im Vordergrund steht vornehmlich sein zwiespältiges Verhältnis zu Hitler und zum Nationalsozialismus. So stand er Hitlers Anordnungen zeitweise skeptisch und ablehnend, in bestimmten Fällen allerdings auch positiv gegenüber. In dem Zusammenhang werden sein Anteil an Kriegsplänen sowie seine Billigung von Maßnahmen gegen Juden und sowjetische Führungskräfte hinterfragt. Problematisiert wird ebenso seine Rolle als Vorsitzender des „Ehrenhofs des Heeres". Hier trug er erheblichen Anteil an der Überstellung von am Attentat vom 20. Juli 1944 beteiligten Offizierskameraden an den Volksgerichtshof.

Aus dem Inhalt: Kindheit und Herkunft · Militärischer Werdegang in Kaiserreich, Weimarer Republik und NS-Staat · Preußenschlag vom 20. Juli 1932 · Röhm-Putsch – Staatsstreichpläne? · Kriegspläne und Kriegsverläufe im Zweiten Weltkrieg · Ambivalentes Verhältnis zu Hitler · 20. Juli 1944 und Ehrenhof · Kriegsverbrecher?

Frankfurt am Main · Berlin · Bern · Bruxelles · New York · Oxford · Wien
Auslieferung: Verlag Peter Lang AG
Moosstr. 1, CH-2542 Pieterlen
Telefax 00 41 (0) 32 / 376 17 27

*inklusive der in Deutschland gültigen Mehrwertsteuer
Preisänderungen vorbehalten
Homepage http://www.peterlang.de